南京理工大学知识产权学院文库

知识产权保护与高质量发展

戚　涌　董新凯◎主编

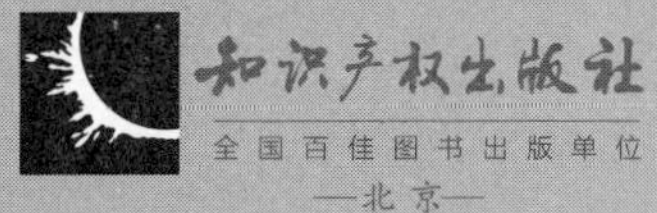

知识产权出版社
全国百佳图书出版单位
—北京—

图书在版编目（CIP）数据

知识产权保护与高质量发展／戚湧，董新凯主编．—北京：知识产权出版社，2019.11
ISBN 978-7-5130-6563-4

Ⅰ.①知… Ⅱ.①戚…②董… Ⅲ.①知识产权保护—研究—中国 Ⅳ.①D923.404

中国版本图书馆 CIP 数据核字（2019）第 236625 号

责任编辑：刘　睿　刘　江　　　　责任校对：谷　洋
封面设计：SUN 工作室　　　　　　责任印制：刘译文

知识产权保护与高质量发展
戚　湧　董新凯　主编

出版发行：知识产权出版社有限责任公司　　网　址：http：//www.ipph.cn
社　址：北京市海淀区气象路 50 号院　　邮　编：100081
责编电话：010-82000860 转 8344　　责编邮箱：liujiang@ cnipr.com
发行电话：010-82000860 转 8101/8102　　发行传真：010-82000893/82005070/82000270
印　刷：保定市中画美凯印刷有限公司　　经　销：各大网上书店、新华书店及相关专业书店
开　本：720mm×960mm　1/16　　印　张：21
版　次：2019 年 11 月第 1 版　　印　次：2019 年 11 月第 1 次印刷
字　数：320 千字　　定　价：82.00 元
ISBN 978-7-5130-6563-4

谨以此书献给

为南京理工大学知识产权学院的建设作出贡献以及为之不懈奋斗的人们

研究支持单位：

江苏省知识产权发展研究中心

江苏省知识产权思想库

江苏省版权研究中心

知识产权与区域发展协同创新中心

南京理工大学国防知识产权研究中心

目　　录

第一编　加强知识产权保护　促进区域产业发展

第二编　完善著作权制度　促进文化创意产业发展

第三编　有效运用专利制度　促进创新发展

第四编　加大商标保护力度　促进品牌高质量发展

第一编

加强知识产权保护　促进区域产业发展

知识产权保护与区域经济高质量发展
——技术进步的中介调节作用

戚　湧*

内容提要　党的十九大报告提出我国经济转向高质量发展阶段。党的十八大以来，以习近平同志为核心的党中央高度重视知识产权工作，作出了加快知识产权强国建设的战略部署。知识产权一头连着创新，另一头连着市场，是我国实现经济高质量发展的重要因素。一方面，知识产权保护作为一种生产要素，可以激发创新，提高全要素生产率；另一方面，知识产权保护作为营商环境中的重要一环，对吸引国外先进技术、促进经济发展的作用不可忽视。目前，我国知识产权保护面临法律、金融、人才等层面的瓶颈，本文依据理论分析，从促进创新和优化营商环境两个角度提出对策建议，为完善知识产权、促进我国经济高质量发展提供借鉴。

关键词　知识产权保护；高质量发展；技术进步

引　言

党的十九大报告在“贯彻新发展理念，建设现代化经济体系”中作出了“我国经济已由高速增长阶段转向高质量发展阶段”的重大判断。当前及今

* 戚湧，南京理工大学知识产权学院常务副院长，博士，教授、博士生导师。

后一个时期，全球正在经历百年不遇的大变局，中国社会主要矛盾、经济社会发展条件和发展趋势都在发生深刻变化，推动经济高质量发展，既面临重大机遇，也面临诸多难题和困境。推动经济高质量发展意味着必须不断提升全要素生产率，不断增强发展新动力、新活力。既要不断提高产品和服务的质量，也要不断推出能够更好满足人民需求的新产品新服务；既要不断降低产品和服务的成本，也要尽可能减少对生态环境的破坏。实现这些要求，离不开创新。

知识产权一头连着创新，另一头连着市场，是科技成果向现实生产力转化的重要桥梁和纽带。知识产权制度作为维护市场秩序的一种有效制度安排，是推动经济高质量发展的制度环境中不可或缺的关键一环。知识产权保护的实质，就是保护实体经济的成果，从而形成良好的经济生态，促进经济高效可持续增长，并在政府推动和市场驱动下，实现资源要素有效供给、质量提升和高效配置。习近平总书记强调，加强知识产权保护是完善产权保护制度最重要的内容，也是提高中国经济竞争力最大的激励。李克强总理在 2019 年政府工作报告中指出，要全面加强知识产权保护。新时代，党中央、国务院对知识产权保护工作提出了新的更高要求。中国现代知识产权制度经过 40 年的发展，已经形成符合国际通行规则、门类齐全的法律体系，知识产权执法保护日趋严格，为我国改革开放提供了有效的支撑保障。但在知识产权保护方面，还存在不少短板。特别是，随着我国经济由高速增长阶段转向高质量发展阶段，各类创新主体和全社会对知识产权保护有了更高期待。调查表明，2018 年，全社会对知识产权保护的满意度得分为 76.88 分，虽然相比之前有较大进步，但仍然存在较大提升空间。进一步加强知识产权保护体系建设，全面加强知识产权保护的任务重要而紧迫。

西方国家对于知识产权的研究比中国早。从 20 世纪 90 年代开始，经济学家就开始建立各种模型来研究知识产权保护与各国经济发展之间的关系。早期的学者代表海普曼（Helpman）和埃尔赫南（Elhanan），通过假设仅有北方国家进行创新活动开发新产品，南方国家只进行模仿，从而建立南北国家的动态一般均衡模型，结果显示如果南方国家增加知识产权保护，则该国的整体社会福利将受到损害；而北方国家的社会福利是否受损害，结果并不显著。❶ 之后有学者基于南北国家这一动态模型，认为加强知识产权保护会抑制南方国家的模仿行为，同时也会恶化南方国家的贸易条件，进而扼制南方国家的技术进步，还会导致全球创新速度变慢。❷ 同时还有研究发现，若激励企业出口其专利商品到强知识产权保护国家，降低了专利商品被模仿或盗用风险，有利于巩固企业的垄断地位，企业可能会选择提升产品的市场价格来增加其单位利润。❸ 综上所述，早期的学者对知识产权保护能否推动技术进步、增加社会福利和促进经济发展，是持有怀疑态度的。

然而在一定条件下，强知识产权保护水平确实会促进创新水平提高，推动经济增长，同时也为外商进入提供更好的条件。赖（Lai）指出，发展中国家提升创新能力的重要方式是来自发达国家的技术扩散。❹ 古尔德（Gould）和格鲁本（Gruben）研究得出知识产权保护对经济增长有更加显著的正向促进作用。❺ 汤普森（Thompson）和拉欣（Rushing）采用同样的方法进行回归分析，结果表明知识产权保护水平对经济有正向的影响，但是并不显著。❻ 坎瓦尔（Kanwar）和埃文森（Evenson）在其两阶段面板模型中检验得知，知识产权保护对研发支出有显著的正向作用。❼

近年来，关于知识产权保护与发展中国家（地区）的经济发展之间是否

---

❶ Helpman, Elhanan. Innovation, imitation, and intellectual property rights [J]. Econometrica, 1993, 61 (6): 1247-1280.

❷ Amy J G, Kamal S. Intellectual property rights and foreign direct investment [J]. Journal of International Economics, 2002, 56 (2): 387-410.

❸ Keith E M, Mohan P. How trade-related are intellectual property rights? [J]. Journal of International Economics, 1995, 39 (3/4): 227-248.

❹ Lai E L. International intellectual property rights protection and the rate of production innovation [J]. Journal of Development Economics, 1998, 55 (1): 133-153.

❺ Gould D M, Gruben W C. The role of intelectual property rights in economic growth [J]. Journal of Development Economics, 1996, 48 (2): 323- 350.

❻ Thompson M, Rushing F. An empirical analysis of the impact of patent protection on economic growth [J]. Journal of Economic Development, 1999, 24 (1): 67-76.

❼ Kanwar S, Evenson R. Does intellectual property protection Spur technological change [J]. Oxford Economic Papers, 2003, 55 (2): 235-264.

存在积极的影响，成为一个热议的话题。陈（Chen）和普提坦（Puttitanun）在对发展中国家的技术进步原因进行分析后，认为知识产权保护对技术革新率的影响是非线性的。❶ 帕雷洛（Parello）认为，从长远来看，加强知识产权保护，可以激发发展中国家的私人研发机构，开展研发活动就可以对本国的经济发展提供动力。❷ 伊夫斯（Ivus）的研究表明，发展中国家加强知识产权保护只能使高新技术产品的数量上升，并不能提高产品的价格。❸ 韩玉雄和李怀祖认为，跟随国的知识产权保护力度的提高对社会整体福利水平的影响与其初始的保护力度相关。❹ 易先忠等发现，知识产权保护对技术进步的效用在于技术水平和模仿能力是否达到某种程度。❺ 王林和顾江对 85 个发展中国家（或地区）的面板数据进行分析，结论是对发展中国家来说知识产权保护水平对经济的增长效应的高低，取决于该国技术水平与世界技术前沿的差距。❻ 吴凯等把技术创新水平内生化，认为在中国现有经济发展水平下加强知识产权保护能够促进中国经济的发展。❼ 周宏和胡亚权对经济发达地区和中等发达地区的知识产权保护与人均 GDP 增长率的关系进行研究，结果表明其影响不显著。而对经济欠发达地区的研究表明，在知识产权制度的初始发展时期，知识产权保护对人均 GDP 增长率有正向促进作用；但到了快

---

❶ Chen Y M, Puttitanun T. Intellectual property rights and innovation in developing countries [J]. Journal of Development Economics, 2005, 78 (2): 474-493.

❷ Parello C P. An north south model of intellectual property rights protection and skill accumulation [J]. Journal of Development Economics, 2008, 85 (1/2): 253-281.

❸ Ivus O. Do stronger patent rights raise high-tech exports to the developing world? [J]. Journal of International Economics, 2008, 81 (1): 38-47.

❹ 韩玉雄，李怀祖．知识产权保护对经济增长的影响：一个基于垂直创新的技术扩散模型［J］．当代经济科学，2003（25）．

❺ 易先忠，张亚斌，刘智勇．自主创新、国外模仿与后发国知识产权保护［J］．世界经济，2007（3）．

❻ 王林，顾江．发展中国家的知识产权保护与经济增长——基于跨国数据的实证分析［J］．世界经济研究，2009（5）．

❼ 吴凯，蔡虹，蒋仁爱．中国知识产权保护与经济增长的实证研究［J］．科学学研究，2010（28）．

速发展时期，知识产权保护对经济增长又有阻碍作用。[1] 吴凯等却认为加强知识产权保护对经济增长有正向的促进作用，加强知识产权保护水平和扩大国际贸易对经济增长的促进作用显著，加强知识产权保护水平和 R&D 活动对经济增长的促进作用不显著。[2]

综上所述，关于知识产权保护对于经济的影响，学者们从多个角度进行了有益的探索，主要立足于宏观经济模型，研究国与国（国与地区）之间的影响。本文从制度层面出发，依据知识产权保护蕴含的两个重要机制，即创新激励机制和有效的市场资源配置机制，详细阐述知识产权保护对创新的作用机理，以及知识产权司法保护和行政执法保护“双轨制”下如何有效驱动我国经济高质量发展。

一、知识产权保护的经济价值

根据新制度经济学的代表人物诺思（North，1981[3]，1990[4]）的论述，“制度是一系列被制定出来的规则，守法程序和行为的道德伦理规范，它旨在约束追求主体福利或效用最大化利益的个人行为”。也就是说，“制度是一个社会的游戏规则”，“就是人为设定的规范人们相互交往活动的各种约束”。[5] 由此可见，新制度经济学所说的制度，是一个综合的概念，包括一个社会有关政治和经济等方面的各种“正式的成文规则和作为正式规则基础与补充的典型非成文行为准则”。“一个政治—经济体制是由彼此间具有特殊联

---

[1] 周宏，胡亚权．知识产权保护对我国人均 GDP 增长率影响的地区差异性研究——基于 1997~2006 年省际面板数据［J］．统计研究，2010（27）．

[2] 吴凯，蔡虹，GARY H J．知识产权保护对经济增长的作用研究［J］．管理科学，2012（25）．

[3] North D C. Structure and change in economic history［M］. New York：W. W. Norton & Company Inc.，1981.

[4] North D C. Institutions，institutional change，and economic performance［M］. Cambridge：Cambridge University Press，1990.

[5] North D C. Structure and change in economic history［M］. New York：W. W. Norton & Company Inc.，1981.

系的一套复杂的制度构成的。”

一个国家的政治—经济体制中最基础的制度是产权制度，“统治者将界定一套产权，通过监督和测量每个环节的投入与产出，来确保它对每个不同的经济实体的垄断租金最大化”，并在此架构中“降低交易费用以使社会产出最大”。“实际上，产权的出现是国家统治者的欲望与交换当事人努力降低交易费用的企图彼此合作的结果”。基于产权结构而建立的各种组织是经济活动的主体，“贯穿历史的经济活动通过多种多样的组织形式表现出来”，“政治和经济组织的结构决定着一个经济的实绩及知识和技术存量的增长速率”。

知识产权保护是产权制度中重要的一环，简单地说，知识产权保护是通过给予创新者一定时期内在新产品生产和销售上的垄断权从而帮助他们回收创新费用并获得投资收益的一套制度，目的是鼓励创新，所授予的垄断权即为知识产权，包括专利、版权和商标等，分别为相应的技术发明、艺术创作和产品商誉提供产权保护。技术发明等创新成果之所以需要通过法律和国家强制力进行保护，是因为这些知识产品属于知识和信息的范畴，具有公共品的一些基本特征：（1）知识产品可以同时被众多的用户使用，即有公用性；（2）知识产品一旦公之于众，它的创作者便无法阻止他人使用该产品，即不具有排他性。这些特征决定了知识产品的生产者通常不能像其他产品的生产者一样通过销售产品获得收益。但创新行为通常要花费高昂的时间、人力和物力成本，如果创新成果不能带来相应的经济收益，那么创新者就会失去动力，创新的源泉就可能枯竭。

这就解释了为什么世界各国都通过专利、版权和商标等法律对技术发明等知识产品进行保护。这些法律授予知识产品生产者在一定期限内的知识产权，或者说是对相应知识产品的独占权，而这种独占权可以帮助创新者回收创新成本并获取经济收益。创新者既可以通过独家生产和销售相应知识产品获得垄断利润，也可以通过出售知识产权的使用权来获取知识产权的使用费，还可以通过出售知识产权来获得知识产权的转让费。这些权利及其他衍生权利，如质押权、抵押权等，为创新者提供了有效的激励机制，使知识产权保护成为现代经济体中促进创新的主要手段。早期的相关经济理论模型也推断更强的专利保护会带来创新速度的提高（Gilbert and Shapiro，1990[1]；Kamien and Schwartz，1974[2]；Waterson，1990[3]）。

学者们对知识产权保护作用机理进行了大量深入研究，一致认为知识产权借助技术进步这一中介变量对经济增长具有促进作用，可将知识产权保护效用作用路径概括为两种。第一种是直接传导路径：知识产权保护→技术创新力度和技术转移速度→经济发展；第二种是间接传导路径：知识产权保护→FDI 和国际贸易→技术创新力度和技术转移速度→经济发展。

1. 以技术进步为直接中介变量

内生增长模型认为，技术进步是经济增长的最终源泉，[4] 而技术进步的两个重要来源为自主创新和对外界技术的引进、模仿与学习。学者对知识产权保护促进自主创新的原因进行了如下解释：（1）有效的知识产权保护制度可以克服知识的非排他性和非竞争性，专利制度通过赋予技术发明者在未来一段期限内的垄断收益权，一定程度上修正了创新产出的正外部性，为研发活动提供了经济激励，“激励是经济绩效的根本决定因素”，因此知识产权保护可鼓励知识创新及增加知识存量，同时，专利制度本质上是发明者“以公开换保护”，促进了技术信息的公开与传播，帮助避免重复研发，并为未来的研发活动提供知识积累，越来越大的“知识库”增强了创新主体间的“知识溢出”效应，并推动了跨学科、跨领域、跨主体的合作创新。（2）既有知识产权保护促进创新的发现。知识产权保护可减少经济交往中的机会主义行为，市场经济中的效率损失一部分原因来自于双方的信息不对称，尤其是一

---

[1] Gilbert R，Shapiro C. Optimal patent length and breadth [J]. The RAND Journal of Economics，1990，21 (1)：106-112.

[2] Kamien M I，Schwartz N L. Patent life and R and D rivalry [J]. The American Economic Review，1974，64 (1)：183-187.

[3] Waterson Michael. The economics of product patents [J]. The American Economic Review，1990，80 (4)：860-869.

[4] Grossman M，Helpman E. Innovation and growth in the global economy [M]. Cambridge，MA：The Press，1991.

方有更多私人信息，知识产权制度能够通过将发明者的公开信息予以保护为手段，提高创新者主动共享其信息的积极性，并进一步提高创新行为结果的可预见性。[1]（3）知识产权保护通过影响转形成本与交易费用来影响生产总成本。“生产的总成本包括土地、劳动力以及资本的投入，这些投入有些与物品的物理转形（尺寸、重量、颜色、地点、化学成分，等等）有关，有些则与交易费用有关，即用于界定、保护以及实施物品的产权（使用的权利、受益的权利、排他的权利以及交换的权利）的部分。”“生产成本是转形成本与交易费用的加总。”知识产权将同时影响转形成本和交易费用。知识产权之所以影响交易费用，是因为其为交易提供外部环境，与交易费用有直接的联系；而知识产权保护之所以也影响转形成本，则是通过影响所用技术而产生。因此，“知识产权保护与所用技术一起影响交易费用和转形成本。”

对于中国这样处于转型升级的新兴经济体而言，增强自主创新能力十分关键。一方面，提高自主创新能力和水平，能增加我国产品附加值、提高产品竞争力，摆脱发达国家设置的贸易壁垒，使我国外向型经济得到健康发展；另一方面，只有依靠自主创新，才能彻底解决国内产业受困于“专利池”和专利标准化的困境，实现我国产业结构优化升级，从而推动经济高质量发展。

2. 以技术进步为间接中介变量

知识产权制度作为促进技术进步的重要制度安排和影响技术扩散的重要因素，不仅影 响一国自主创新，也影响跨国公司技术扩散方式的选择，最终影响一国经济发展。埃德温（Edwin）[2] 指出，南方强化知识产权保护效应取决于从北方向南方转移的生产渠道，一般认为技术转移主要有 FDI 和国际贸易两种途径。

渠道之一：FDI。学者们认为，东道国强化知识产权保护经常被看作吸

---

[1] 唐保庆，黄繁华，杨继军．服务贸易出口、知识产权保护与经济增长［J］．经济学，2012（11）．

[2] Edwin L. International intellectual property rights protection and the rate of product innovation［J］. Journal of Development Economics，1998，55（1）：133-153.

引 FDI 的一个重要决定因素。[❶] 以 FDI 为渠道时，强化知识产权保护有利于技术进步的原因在于：当南方国家提高知识产权保护水平时，拥有高质量产品的北方国家更愿意利用全球价值链分工，选择在成本较低的南方国家进行生产，增加全球技术转移的可能性。[❷] 但王华指出，跨国公司先进生产技术经常由母公司内部化技术转移直接实现，造成国际技术扩散对本土研发的“替代效应”。[❸] 此外，外资企业进入东道国后的“市场窃取”效应会使本土企业通过自主创新缩小与世界先进国家技术水平之间差距的努力付诸东流。

渠道之二：国际贸易。杨（Yang）和马斯库斯（Maskus）指出，拥有较高技术水平的北方国家企业基于南方市场知识产权政策，选择商品出口或者以许可形式进行技术转移，以供应南方市场。[❹] 具体而言：一是通过技术许可贸易，在南方国家强知识产权保护下，北方国家可通过许可形式增加技术转移，减少南方企业边际生产成本，增加其收益。二是通过一般贸易，就发展中国家而言，国际贸易（特别是高新技术产品进口）是实现国际技术转移的重要渠道。陈丽静和顾国达指出，进口是中国企业获取“技术溢出效应”的重要渠道，提高知识产权保护强度能够加大企业模仿成本，不利于中国进口商品结构改善。[❺] 原因在于，中国企业技术吸收能力有限，导致形成“引进—模仿—创新”的良性循环。

知识产权保护作用在技术创新中地位重要，但是要适度。过度和不足的知识产权保护均会阻碍技术创新。知识产权保护过度会造成市场中知识产权相关产品的价格提高，产品的销售和推广受挫，创新的速度减缓，创新的成

---

❶ Mathew A J, Mukherjee A. Intellectual property rights, southern innovation and foreign direct investment [J]. International Review of Economics & Finance, 2014 (31): 128-137.

❷ 顾振华，沈瑶．知识产权保护、技术创新与技术转移——基于全球价值链分工的视角［J］．国际贸易问题，2015（3）．

❸ 王华．更严厉的知识产权保护制度有利于技术创新吗［J］．经济研究，2011（S2）．

❹ Yang L, Maskus K E. Intellectual property rights, technology transfer and exports in developing countries [J]. Journal of Development Economics, 2009 (90): 231-236.

❺ 陈丽静，顾国达．技术创新、知识产权保护对中国进口商品结构的影响——基于1986~2007年时间序列数据的实证分析［J］．国际贸易问题，2011（5）．

本增加；保护不足则会造成企业创新利益降低，技术创新的热情降低。因此，知识产权保护和产品技术创新之间的均衡协调发展才是促进经济发展的重要因素。

根据以上论述，可以归纳得出知识产权保护对社会总产出和经济高质量发展的影响途径和作用机制基本有两条：一是知识产权作为一种先进的生产要素，通过影响资源的配置与集聚进而影响产出与经济发展；二是知识产权保护作为经济高质量发展的一种保障，强化知识产权保护优化区域营商环境，通过影响生产要素的技术效率进而影响产出和经济发展。首先，不同的知识产权保护水平，资源配置的方式就会不同，在知识产权保护水平与区域经济发展水平相适应时，知识产权立法和执法，能够提升区域法制化水平，减少侵权行为；加强知识产权保护，知识产权创造和运用能够激励创新，优化分配机制，促进人才和高端产业集聚，从而优化区域经济的就业结构和产业结构，知识产权制度能够有效促进资源的合理有效配置，知识产权保护水平较高，资源配置主要通过市场完成，而通过政府指令和企业内部权威指令配置资源的比例较小，资源配置过程中所消耗的交易费用就会不同，资源配置效率也会不同，从而将影响社会总产出的数量和经济发展的质量。其次，知识产权保护水平的不同，提供的激励机制也不同，知识产权保护不仅能够带来高端人才的流入和知识产权密集型产业的迅速发展，而且加大知识产权犯罪打击力度，可以有效阻断非法侵犯创新者创新成果的行为发生，以此为全社会的创新活动营造一个公平有序的竞争环境，通过保障投资收益，有利于引入外来投资，扩大投资规模，更公平的利益分配机制也对消费规模的扩大产生一定的积极影响，将会影响社会知识的积累与技术创新的速率，以及劳动者技能提高的速率，从而影响社会总产出的数量和经济发展的质量。

二、知识产权保护与经济高质量发展中问题

随着我国向世界技术前沿收敛，可供模仿的技术空间收窄，经济增长的引擎逐渐切换为原创性的技术发明，此时如果知识产权保护仍然薄弱，创新

成果易被侵占，则我国理性的个人和企业便没有激励开展研发活动，整个经济难以实现向中高水平的突破发展。

目前我国知识产权保护发展水平稳中有升。2017 年在知识产权保护方面，专利行政执法办案 6.7 万件，同比增长 36.3%。商标行政执法办案 3.01 万件，其金额 3.33 亿元。“剑网”行动检查网站 6.3 万个，删除侵权盗版链接 71 万条；海关查获进出口侵权货物 1.91 万批次，涉及侵权货物 4094 万余件，案值 1.82 亿元；南京、苏州、武汉等 11 家知识产权法庭相继挂牌成立。法院新增知识产权方面的民事、行政、刑事案件 21.35 万件，同比增长 40.37%，审结 20.30 万件，同比增长 38.38%。检察机关关于侵犯知识产权案件起诉 3880 件涉及 7157 人，批捕犯罪案 2510 件涉及 4272 人。公安机关破获侵犯知识产权和制售假冒伪劣商品犯罪案件 1.7 万起，涉案金额达 64.6 亿元。全国开展了“护航”“雷霆”“清风”“龙腾”“剑网”“溯源”等执法专项行动，新设立 14 家知识产权保护中心，建立企业商标海外维权协调机制，知识产权维权援助与举报投诉网络已经覆盖全国大部分地区。中国现代知识产权制度经过 40 年的发展，已经形成符合国际通行规则、门类齐全的法律体系，知识产权执法保护日趋严格，为我国改革开放提供了有效的支撑保障。但在知识产权保护方面，还存在不少短板。特别是，随着我国经济由高速增长阶段转向高质量发展阶段，各类创新主体和全社会对知识产权保护有了更高期待。调查表明，2018 年，全社会对知识产权保护的满意度得分为 76.88 分，虽然相比之前有较大进步，但仍然存在较大提升空间。进一步加强知识产权保护体系建设，全面加强知识产权保护使之适应我国经济高质量发展的任务重要而紧迫。

1. 法律层面维权难度大

我国建设知识产权强国，已经进入全面深化、全面落实的关键阶段，尽管目前我国知识产权保护已经设立一系列法律法规，建立强有力的知识产权“双轨制”保护方式，从司法和执法对侵权案件予以处罚，知识产权的各级行政管理部门执法水平逐步强化和提高。尽管如此，在司法上，知识产权保护依然有许多改进空间。

例如，在知识产权的诉讼方面，司法流程消耗时间长成为法人维护自身权益的难题。此类案件一审时长至少3个月，而一些复杂案件往往长达1年。除此以外，我国法律规定，主张权利的一方负有举证责任，即“谁主张谁举证”，但取证不容易。取证和打假成本过高，使得维权方在维护自身权利时相当困难。因此，在保护知识产权方面，现有的制度往往使被侵权方的利益保护落地难。除司法流程问题外，判决结果也往往无法达到被侵权人的预期，严重阻碍了被侵权人进一步创新。这主要是因为，我国判罚主要以补偿损失为原则，而不带有较强惩罚性。此外，还存在侵权案件往往是集体侵权，取证调查判罚的难度大等问题。综上所述，我国在知识产权保护制度方面，维权成本高、侵权成本低的现象突出。无论在流程上，还是在判决上，制度对于知识产权的保护都应进一步加强。

2. 与知识产权保护相关的金融制度有待充分建立

为维护维权人的权益，法律之外的支持制度也相当必要。在知识产权的资金支持方面，相关的制度和机构仍然可以作进一步探索。除必要的知识产权融资外，在知识产权保护方面，也有建立资金保护的需求。如对于被侵权人的保险制度。在我国，专利保险正在不断发展。但是也应看到，这种保险对于义务的界定范围不明确、保率也不高，仍需要对其加强研发。我国在知识产权定价上才刚刚起步，为了进一步保护知识产权，必须在知识产权的定价方面加以完善。可以通过建立大数据中心和相应的信息平台，对业态以及知识产权做合理分析，以作出妥善的价值评估。对知识产权的价值计量，会对与知识产权相关的金融产品研发起到至关重要的作用。反过来，通过有效的筛选，以及通过金融支持知识产权，将有利于知识产权的保护。尤其是通过评估，可对其中新兴的、未来有价值的知识产权作出进一步支持。

3. 培养知识产权保护意识的制度作用有限

我国对知识产权的保护性制度在不断完善政府等管理部门的硬性职能之外，还应加大对知识产权意识的培养，并且这种培养有必要落实到制度上。对于知识产权人而言，应当树立相应的知识产权意识，以保护其权利不受他人侵犯。对于潜在的侵权方而言，首先应当通过法律意识杜绝有意识侵权，其次需要通过加强知识产权保护意识防止无意识侵权。

4. 知识产权管理领域人才队伍缺口大

我国应加强对知识产权人才的培养与管理，充分发挥知识产权类人才的价值。在人才需求和企业知识产权内审方面，专利管理工程师供不应求。在企业知识产权申请方面，代理机构也良莠不齐，难以为企业选择合适的渠道和方式较好地申请和保护其知识产权。在法务方面，优秀的知识产权律师相当缺乏，为企业从事知识产权服务的律师往往并非专门从事知识产权业务，在服务质量上有待提高。

5. 企业对知识产权保护重要性认识不足

目前，各类企业对知识产权的申请和保护越来越重视，也产生越来越多的咨询服务需求。但大部分企业往往不会安排专人（知识产权工程师）来对知识产权的相关工作进行管理，一般企业均安排法律顾问代为管理，更小的企业往往是由技术负责人监管，这些人员一般都没有经过知识产权工程师培训。大部分企业认为知识产权申请和管理成本较高，会占用企业宝贵的生产资源。

除考虑成本因素外，大部分企业没有充分认识到知识产权的战略意义，很多企业仅将其作为高新技术认证的“敲门砖”，这就直接导致知识产权从申请环节就出现问题。虽然与新加坡、日本和瑞士等发达经济体相比，我国无论在专利申请还是授权上数据都是可圈可点的，但专利的申请数量增长已成疲态，申请数量直接影响未来授权数量。

由于知识产权相关工作是环环相扣的，申请环节的问题会直接影响后续保护的相关工作。如若企业较难养成知识产权保护的自主意识，其主要的产权成果就会缺乏必要的正规流程和途径，从而导致事后保护的工作量大大加剧，政府资源进一步投入，从而形成一个“政府事后主导—企业事前疏忽—侵权行为加剧—政府更加事后主导”的“恶性循环”。要打破这个循环，需要政府在保证事后保护的同时，加大事前保护乃至知识产权管理中前期工作的投入，要让企业规范知识产权管理和申请的相关工作，这既可以让企业养成良好的产权意识，也能大大减轻事后保护的工作负担。

6. 知识产权管理专业门槛较高、差异化严重、申请成本较高

知识产权管理工作较为复杂，非专业人员与专业人员之间、甚至专业人员内部之间水平差异较大，具有较高的专业知识门槛。以专利申请为例，市场上专利代理的费用可以相差数十倍，虽然大部分都能获得授权，但实际侵权发生时大部分“廉价”代理书写的专利往往缺乏保护力度，最后损失的还是企业自己。而且，在关键产权拆分、知识成果申请布局、侵权时的取证手段甚至最后的诉讼策略，都是知识产权管理所涉及的相关领域。这是一个非常完整的体系。不同行业对于知识产权保护的需求差异化非常严重，重资产企业的知识产权建立在相关生产设备的基础之上，侵权门槛相对较高，产权管理和保护工作相对容易；而轻资产企业的知识产权往往可以较快复制，产权管理和保护工作较难开展。以软件行业为例，企业对于软件著作权的保护力度都持怀疑态度，一旦企业内部代码管理出现问题导致代码泄露，很容易出现稍做修改的“山寨软件”且无法顺利维权。如果选择产权保护力度较高的专利，也就意味着企业的核心算法必须公开，许多企业对此均表示顾虑，所以目前就软件行业而言，企业大多采用外观界面专利加软件著作权的方式，对核心产权的保护力度非常有限，侵权现象频出，而且维权行动大多是不了了之。

此外，除去维权成本，企业申请知识产权的成本也不低。以保护力度最强的发明专利申请为例，综合考虑所有因素，企业申请一项有保护能力专利的平均成本一般在5万~10万元，一些高新技术行业申请十几个专利就需占用企业上百万元的现金流，科技型小企业尤其是创业企业由于现金流紧张只能选择不申请，专利申请费用和保护力度的不确定性让企业仍觉得成本较难承担。

科技创新是经济高质量发展的主要驱动力，而由于知识产权保护不力，企业加大研发投入的动力不足。科技成果的产权界定不清晰、产权不完整或者产权主体模糊等问题仍未转变，严重影响科技研发和成果转化。对知识产权侵权案件处理程序耗时过长、惩罚力度小，部分受到地方保护主义的干扰，违法成本低，受害企业的追责成本高，这已经成为目前我国经济高质量发展过程中科技创新的瓶颈问题。

三、发挥知识产权保护对经济高质量发展的保障支持作用

充分发挥知识产权保护对高质量发展的支撑作用，关键在于：一是用知识产权保护激励社会主体创新，推动创新成果转移转化，进而提高全要素生产率，实现经济高质量发展；二是通过强化知识产权保护改善区域营商环境，吸引外资与国外高技术参与本国经济发展，为我国经济高质量发展提供坚强支撑。

1. 知识产权保护激励创新

（1）以实体经济为主体，强化知识产权保护为对实体经济成果的保护。知识产权保护的实质是对企业成果的保护，从而进一步改善企业的生产经营环境。由于行业的差异，实体经济对产权保护的力度和需求不尽相同，越是高新技术密集型企业对知识产权保护制度和服务的需求越是强烈，所以在知识产权保护落实过程中需要多管齐下，以实体经济的导向为改革和完善目标，充分挖掘企业的真实需求，解决知识产权保护、孵化到成果落地的一系列问题。

（2）以金融服务为纽带，以投资驱动增强保护力度。以金融服务为纽带和催化剂，进一步扩大完善知识产权和新兴技术产业相关的各链条环节，在现有知识产权保险产品、知识产权抵押贷款等金融产品的基础上，根据企业差异化需求推陈出新。同时也需要认识到投资环境的改善对于知识产权保护而言，既是目标也是手段。

（3）构建企业能动机制。强化企业的知识产权意识和创新意识，培育知识产权文化。建立人才培养机制，积极培训和引进知识产权人才。建立符合企业实际情况的知识产权管理机构。应做好知识产权的战略应用，综合运用商业秘密、专利、商标等多种知识产权工具，对自己企业的核心资产进行保护，充分发挥在知识产权建设方面的主体作用。

（4）加快推进和完善知识产权质押融资。基于发达国家的实践经验看，

知识产权质押融资能够较好地助推科技创新企业持续创新，也能够为商业和社会化资金进入科技创新企业和创新领域起到积极的推动和指引作用。为了加快推进创新驱动发展战略，推动中国经济高质量发展，国家层面持续出台新的政策，目的在于有效推动知识产权质押融资。地方政府也加速开展此项工作，以鼓励金融机构能够为科技型企业授信，真正解决其融资难的核心问题。

2. 改善营商环境

（1）完善中国的知识产权保护法律体系。目前我国的知识产权保护相关的立法强度虽然与发达国家较为接近，但是有些法律是为了与国际接轨而设立的，存在制度风险，可能与我国的实际情况不相符，从而可能对本国的技术创新和市场竞争造成不利影响，因此，应完善我国的知识产权保护法律体系，建立适合我国国情的知识产权保护制度，进一步完善平等保护产权的法律制度，完善物权、合同、知识产权相关法律制度，将平等保护作为规范财产关系的基本原则。加强对各类产权的司法保护，依法严肃查处各类侵权行为。

（2）加强知识产权保护的执法力度。司法保护虽然具有全面性和终局性等优势，但常常因为法律规定不够详尽及司法人才质量和经验均有改进的余地，造成司法保护的有效性受损，因此提高知识产权保护的执法水平是加强知识产权保护的重要途径。政府应加强对知识产权保护专业人才的培养，提供快速便捷的知识产权维权渠道，逐渐增加专门的知识产权法院的数量，完善与互联网相关的新领域的知识产权界定和保护机制，注重知识产权保护相关的教育和宣传，通过公益影片、公益讲座和出版相关图书及宣传册等方式树立社会公众的知识产权意识。

（3）实施与地区发展情况相适应的知识产权战略。对于东、中部地区，应通过立法、司法和执法各个方面提高知识产权保护水平，最大限度发挥知识产权保护的积极效应，通过知识产权战略激励自主创新，加快技术成果的转化，吸引国外先进技术的流入，提高经济发展效率。对于西部地区，应实施与地区经济发展和技术水平相适应的知识产权战略，通过政策引导和资金支持，短期内降低企业的模仿成本，充分利用知识产权的外溢效应，从长远来看，仍然需要逐步提高知识产权保护水平，打破企业的模仿惯性，鼓励企业自主创新，从而实现技术进步和经济增长质量的提升。

（4）“疏”“堵”双管齐下，打造投资环境改善的良性循环。由于知识产权的正外部性，所以政府应加强对知识产权市场的规范和监管力度，“堵”住潜在风险缺口。基于以产业园区为主体的线下信息渠道与以大数据和互联网为主体的线上信息渠道的结合，在基础信息建设的基础上，构建完整的“事前—事中—事后”知识产权保护机制。其中，事前保护包括产权战略规划、产权法律查询以及产权申请指导等；事中保护涉及疑似侵权鉴定、保护力度分析、产权诉讼规划以及后续诉讼安排等；事后保护包括相关法律援助、证据支持服务、判例研读分析以及判决后续，同时发挥金融市场应有的资源调配能力，便可“疏通”知识产权成果和资本市场之间的隔阂，实现以“投融资带动产权保护，以产权保护促进投融资”的良性循环。在政府介入和市场驱动的双重机制下，完善投资者保护机制，把握好适度宽松和风险隐患防范之间的平衡，完善市场生态环境，最后促进实体经济的发展。

论中国医疗器械行业的知识产权保护与发展

孙　煜*

内容提要　医疗器械涉及计算机、电子、机械、材料等多学科领域，是多学科、跨领域的新兴行业，其产品由于技术含量高、利润丰厚的特点，因此成为各科技大国和跨国公司的“香饽饽”，目前我国医疗器械市场发展的速度虽然较快，但以小微企业、中低端市场为主导，自主研发的力量较为薄弱，如何能够在未来竞争激烈的市场占有一席之地甚至弯道超车需要知识产权的保驾护航。

关键词　医疗器械；知识产权；专利

引　言

受人口老龄化、医疗消费需求增长等因素的影响，全球医疗器械市场保持较快的增长速度，2016 年全球医疗器械销售规模为 3922 亿美元，预计 2022 年将超过 5300 亿美元，其间年均增长率将保持 5.50%。中国作为全球最大的发展中国家，医疗消费需求增长，自 2006 年起，我国医疗器械市场规模由 434 亿元增长到 2015 年超过 3080 亿元（见图 1）。❶

---

* 孙煜，南京理工大学知识产权学院研究生，入学前在医疗器械行业任职多年，主要从事产品的开发与运营。

❶ 2018 年中国医疗器械行业发展现状及发展趋势分析［EB/OL］.［2018-10-08］. http：//www.chyxx.com/industry/201803/616066.html.

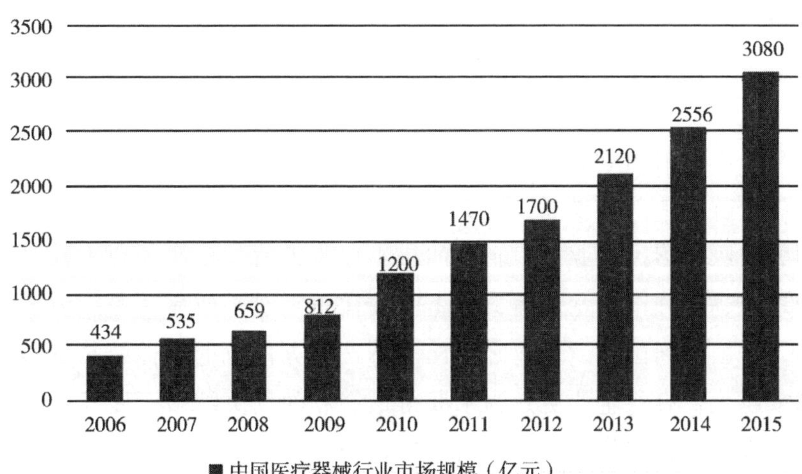

图 1　医疗器械行业市场规模变化

数据来源：根据公开资料整理

医疗器械行业属于国家重点支持的战略新兴产业，尤其是高端医疗器械将成为重点发展目标，从《中国制造 2025》，“十三五”规划以及发改委、工信部等一系列文件中均有提到加大发展该行业，随着经济快速发展，医疗器械越来越成为人们生活不可或缺的一部分，小到体温计、引流管，大到CT、核磁共振仪，种类繁多，样式各异。在国家政策积极的扶持下及科学技术的日新月异，中国医疗器械行业快速发展。但是我国整个行业的缺陷十分明显，起步晚，技术落后，企业规模小，知识产权保护及发展乏力等，目前国内 80% 的市场被国外企业占领，而高端医疗器械市场甚至达到 90%，这样的结果是令人痛心的。笔者在入学之前一直在医疗器械企业工作，服务了三家公司，对该行业的短处尤其是知识产权方面体会甚深，本文从知识产权保护及发展的角度向大家分享我的观点。

一、浅谈中国医疗器械行业的知识产权保护

随着行业的快速发展以及国内外巨大的市场潜力，成千上万的医疗器械

企业如雨后春笋般涌现出来，谁能抢占制高点，谁就能成为这个行业的执牛耳者。一个企业能够发展壮大，离不开良好的企业文化、创新能力、执行力等因素，而创新能力是企业发展最重要的环节。那些低端的、缺乏创新意识的企业在创新的浪潮下必将出局，而那些勇于创新、敢于创新的企业如何在竞争激烈的行业中独领风骚，知识产权必然是最重要的秘密武器。在与人们息息相关的医疗器械产业中，企业的核心竞争力就是市场的独占权，为了稳固自身地位，提升市场竞争力，各企业往往想给对手致命一击。为了达到这一目的，从国际到国内，企业之间相互诉讼对方侵权的案件越来越多、标的额也越来越大，有的企业更是为了获得最有利的判决结果而展开持久的知识产权诉讼大战，官司持续多年的情况比比皆是。笔者下面列举两个国内外知识产权诉讼的经典案例，说明企业如何保护自己的知识产权，维护合法的自身利益。

1. 迈瑞生物 VS 理邦医疗

背景回放：迈瑞生物自 1991 年成立以来，不仅成为国内的行业领军企业，也是我国自主知识产权医疗器械产品国际化发展和进军欧美发达市场的龙头企业，公司的主打产品有监护仪、彩超、体外诊断等，不仅在国内市场打破国外高端产品的垄断，而且逐步成为领域内的主流产品，成为中国医疗器械行业自主知识产权产品在国际竞争中的代表。

迈瑞生物与理邦医疗渊源颇深，两个公司的掌舵人师出同门，之前均就职于深圳安科医疗且诉讼之前都是很好的合作伙伴。随着理邦医疗快速的崛起，市场占有份额越来越大，二者在产品的相关领域又有重合，迈瑞生物在行业龙头的地位受到很大冲击，在这样的背景下，迈瑞生物发起了知识产权诉讼，认为理邦医疗侵犯其专利权和商业秘密，提起 20 多起诉讼，指控后者生产的多种设备侵权，索赔金额高达 1 亿元，这起纠纷历时 5 年。最终，该诉讼以迈瑞生物撤讼、理邦医疗赔偿迈瑞生物 2600 余万元经济损失和维权费。[1]

[1] 国内最大医械知识产权案落槌！迈瑞和理邦谁赢了［EB/OL］.［2018-10-08］. https: //www. sohu. com/a/120694865_ 423241.

案件总结：虽然两家公司师出同门，业务上又有千丝万缕的关系，但在对方威胁到自己利益的时候，毫不犹豫地出手，以法律为武器，痛击对方知识产权的软肋。迈瑞生物之所以能够在这次持久战中大获全胜，除了公司强大的物力、财力及科技力量外，更主要的是该企业平时注重知识产权的保护，该企业很早就建立了自己的知识产权部门，有一套完善的知产保护体系并对自己的核心专利技术做了重点保护和提前布局。截至 2018 年，其授权专利 3107 件、著作权 100 件、商标 260 件，如此丰硕的成果，同行们都被远远甩在身后，打赢这场旷日持久的知识产权大战也是理所当然的，我们为能有这样的民族企业感到骄傲和自豪。

这是一场万众瞩目的大战，也是一场知识产权保卫战，迈瑞生物笑到了最后，有人认为是赢得面子输了里子，整个诉讼耗时 5 年半，虽获得高额的赔偿费，但期间花费甚巨，支出与收益相抵，而被诉侵权的部分产品已经下线。但笔者不这么认为，其一，此次胜诉保卫了自己的合法利益，夺回了部分失去的市场，其潜在利益巨大。其二，如此高额的赔偿是国内医疗器械行业知识产权侵权案的最高赔偿，引起了巨大的关注度，有利于今后拓展更大的市场。其三，宣传公司的正面形象，体现出完全自主知识产权高新企业该有的格局。其四，给各行各业灌输了知识产权保护意识，尤其是国内医疗器械行业，促进该行业的健康发展。所以，笔者认为这是巩固迈瑞生物在中国医疗器械行业巨头地位的关键一战，其深远的战略意义远大于赔偿数额，也为其在国际舞台上崭露头角提供了良好的契机。

2. 西门子医疗 VS 上海联影

背景回放：西门子医疗是国际医疗器械行业三巨头之一，以生产高端医疗设备为主，其主打产品 MRI，CT，X 光机一直引领全球医疗器械行业，成为各大医院的“宠儿”，GPS（GE，Siemens，Philips）三大跨国公司已经占据中国 80% 的高端医疗设备市场，而西门子的比例是最大的，其先进的技术、优质的服务让人惊叹不已，但费用也让人瞠目结舌。上海联影医疗技术有限公司自 2010 年成立，迅速进入了多个高端市场，包括 X 射线计算机断层扫描仪（CT）、分子影像（MI）、磁共振（MR）、高端放疗（RT）设备等。上海联影所进入的领域均为国际巨头垄断的市场，其发展速度令人惊讶，产品的性价比较高，以“黑马”的姿态迅速占领市场，大有打破之前三足鼎立的格局。因此，西门子主动发难，就无线槽技术方案以后者侵犯其实用新型专利权及涉案结构图和实施例图的著作权为由，要求停止侵权并赔偿经济损失60余万元。针对西门子的指控，上海联影积极应对，认为涉案的无线槽技术属于公知技术，西门子对该技术不享有任何专有权利。最终，上海二中院驳回了西门子的全部诉讼请求，西门子败诉。另外，上海联影的技术人员通过对公知技术的深入研究，在无线槽领域内获得自主的专利权，并建立起严密的专利墙保护，充分保护了自己的智力成果。[1]

案件总结：随着中国医疗器械的快速崛起，一直被GPS垄断的高端市场受到了不小的冲击，但我国绝大部分企业还是“追随者”，不得不在国内外严密的知识产权布局夹缝中求生存，我国医疗器械企业屡次遭受国外专利利器的打压，专利、知识产权问题已经成为制约企业发展的瓶颈。此次上海联影能够取得胜利并不是偶然，该企业十分重视技术研发，有自己的核心技术，并建立起一整套的知识产权保护体系，在此次对战中并没有被西门子气势汹汹所吓退，而是不慌不忙，从容应战，以事实为依据，以法律为准绳，从而赢得了这场诉讼战。近几年来，国内医疗器械企业一直饱受国外企业的打压，因此我们要稳扎稳打，除了加大企业研发，提高有效管理外，还要在重点核心技术提前做好专利布局，建立专利预警机制，有效地规避专利风险，有一整套的知识产权管理策略，这样才能在一场场不对称的知识产权战争中把握主动权。在愈演愈烈的市场竞争中，如何实现弯道超车还需要共同努力，尤其是知识产权工作者更要戒骄戒躁，踏踏实实地做好每一项工作。

二、如何促进中国医疗器械行业知识产权的发展

众所周知，我国近几年知识产权事业发展十分迅速，许多领域做到了量

---

[1] 西门子与联影医疗器械专利之争升级［N/OL］.［2018-10-08］. http：//www.eepw.com.cn/article/275984_ 2.htm.

的第一，除了企业自身的努力外，与国家政策大力扶助是分不开的，尤其是医疗器械行业，国家给了足够多的政策和红利，但地方政府及企业在追求量的同时忽视了质的发展，因此在国际竞争中吃了不少亏，如何让我们的企业回到健康快速的轨道上来，需要我们进行深刻的反思。兵法云："知彼知己，百战不殆"，首先分析一下医疗器械行业知识产权的特点：（1）研发费用高，回报丰厚，与知识产权紧密联系；（2）学科涉及面很广，知识产权及创新点很多；（3）知识产权价值普遍比较高，专利许可费尤为可观。其次看一下国内医疗器械行业知识产权的缺点：（1）低端产品充斥市场且竞争比较激烈；（2）缺乏创新和品牌意识；（3）对新产品没有及时申报，缺乏知识产权保护意识；（4）对商业秘密保护不佳。

根据医疗器械行业的特点及我国行业的缺点来看，我们要以战略的眼光做好知识产权规划，以积极的态度去应对行业知识产权不断变化的格局，这样才能以不变应万变，快速有效地促进行业知识产权健康发展。

（一）做好知识产权分析

如何做好知识产权分析，需要从研发、市场、决策三个方面考虑。

（1）研发环节。对于研发团队来讲，IP 对其的需求无非是两点：第一，通过检索、筛选来规避已有的技术方案，以免造成人力、物力的浪费，确保自己的技术方案能顺利进行。医疗器械行业是一个"烧钱"的行业，钱用对地方可以赚得盆满钵满，用错地方则会赔得血本无归，所以一定要在产品立项之前确立正确的研究方向。第二，通过对竞争对手技术方案的研究、改进，获得启发，形成自己的知识产权，并能够有效地进行专利布局，可以为企业节省大量的成本，中国 95% 以上都是中小企业，控制成本才能更有效地发展企业。[1]

（2）市场环节。不少人认为市场与 IP 关系不大，其实这是一个误区。随着技术飞速地发展，产品更新的速度越来越快，如果提前知悉对手的动

[1] 支苏平．企业知识产权管理实务［M］．北京：知识产权出版社，2016：353-355.

向，做好应对准备，对市场的占有是十分重要的。如何去做呢？第一，建立专利预警机制，及时跟踪对手近期公开或公告的专利信息，通过分析去预测该公司产品的动向。第二，收集有效的情报，随着全球经济一体化进程的加速，公司的收购、合作、转让都会涉及专利、产品、市场，这也为我们在全球经济中纵横捭阖提供了契机。我们不能被传统的思维所束缚，让二者有效地结合，从一个更宽更广的角度去思考问题。

(3) 决策层环节。一个决策往往会影响整个公司的运转，那么如何帮领导制定一个好的决策呢？第一，企业在行业中的定位，从企业的技术为切入口，分析该技术的优势、智力成果的转化率。第二，市场前景如何，该技术转化为产品后市场的占有程度。第三，知识产权的风险及价值如何，通过知识产权的布局可以有效地遏制打击竞争对手，通过转让、许可等方式为企业获得更大的盈利。

总而言之，知识产权本身就具有技术、法律、市场等属性，企业在做分析报告时，应跳出传统的格局，从实际出发，发挥其应有的功能。

（二）知识产权巧妙布局

首先要有一个正确的认识，知识产权布局并不是各种专利的堆砌，不是谁拥有的专利多谁就有优势。我们要通过对市场和对手的分析，通过知识产权布局去确立自己的优势，尤其在医疗器械行业国内外实力悬殊的情况下，如何巧用知识产权布局从而达到四两拨千斤的效果至关重要。

(1) 扬长避短，有的放矢。首先应该洞悉对手的专利情况，可以使用矩阵图将对手的产品分解，以最直观的方式呈现出对手的专利申请概况，分析出竞争对手的技术优势及薄弱点，这样布局就有了方向：第一，竞争对手专利重点部署的地方，一般为行业的研发热点，企业根据自身的情况选择侧重点进行研发、布局，无法攻破的点可以战略性放弃。第二，竞争对手忽略的薄弱环节，企业要重点发展布局，在未来的竞争中就会占有优势，至少可以获得与对手交叉许可谈判的筹码。

(2) 天网恢恢，疏而不漏。一个新的技术问题，可能会有多种解决方案，一般研发人员都会择优而选去进行专利布局，这样就给对手留有空间了，那些稍差的方案就会被对手回避掉，竞争对手可以采用技术效果差一点的方案，再运用一些销售的技巧，同样也能取得很好的销售市场。因此，重要的产品和方案还是采取围墙式的布局，这样对手就很难回避了。

（3）围点打援，聚而歼之。面对对手开发的新专利，在其保护力度不强的情况下，可以对其进行技术改良然后再申请专利保护，一般原创性技术耗费大量的人力、物力，研发周期较长、成本较高，而改良型专利耗时较短、成本低且专利申请时间较晚，从而决定了其有更强的生命力，企业可以在原专利周围布局一些改进的专利，形成一个包围圈，越往后优势越明显，到最后反倒成了该技术的主导。我国医疗器械行业发展比较晚，技术较薄弱，在研发和布局上，这种方法不妨用来试一试，可以达到事半功倍的效果。

（4）高瞻远瞩，未雨绸缪。人工智能的时代已经来临，医疗器械行业作为科学领域的前沿阵地必将面临一场翻天覆地的革新，数字化、智能化医疗将会成为行业的主流，在未来的几十年里这些领域内创新将层出不穷，因此我们要提前布局，以发展的眼光去对待新兴事物，往各个方向多布局专利，尽量占住坑位，避免在人工智能时代成为行业的配角。

古语有云："不谋全局者不足谋一域，不谋万世者不足谋一时。"专利布局讲究的是一个"谋"字，方法千变万化，只要关键时刻能克敌制胜就行。

（三）知识产权有效管理

在医疗器械行业生产研发中，知识产权涉及方方面面，一些企业在新产品开发过程中没有重视 IP 的管理，导致后续的风险不断出现，甚至项目中途而废，耗费大量的公司资源，这对于企业的打击是致命的，因此，一定要做好 IP 管理工作。

（1）市场调研阶段的知识产权管理。当企业决定进入一个新的领域时，必须要充分地进行市场调研，负责这项工作的人员应该第一时间从技术、知识产权方面作为切入点，充分了解该行业的技术优势、专利布局、对手的实力等情况，收集尽可能全面的信息给业务部门及决策层作为参考，从而更准

确地确立自己研发的方向，制定自己的知识产权战略，少走弯路，避免重复研发。❶

（2）研发阶段的知识产权管理。公司的研发团队是企业的核心，在产业不断转型及创新企业不断地涌现的今天，谁的研发力量强，谁就有话语权。GPS 三大跨国企业及国内的联影、迈瑞、东软等每年都投入巨大的资金用作研发。IP 团队在研发阶段扮演着十分重要的角色，通过检索分析向研发人员提供相关的技术资料和专利情报，规避产品在开发过程中出现的专利风险，持续跟踪竞争对手的研发进度，做好风险预警，与研发部门做好知识产权布局与规划，及时对研发成果做好申请、注册、管控工作。❷

（3）采购环节的知识产权管理。产品绝大部分的零部件都是采购的，那么对供应商的把控就十分重要了，应该主动及时地对供应商进行排查，对有知识产权风险的供应商应果断采取措施，另外可以考察一下竞争对手的上下游供应商，如发现有风险点，配合公司的战略予以打击。

（4）生产环节的知识产权管理。我国绝大部分医疗器械企业有一个通病，就是研发与生产相脱节，部门之间缺少有效的沟通，许多技术方案在生产中才能发现问题，从生产中追溯研发的问题并及时修改的同时，IP 团队也应该及时做出相应的调整。另外在生产工艺、装配测试、维修组装等工序中都会出现很多的创新点，以及商标标识、商业秘密、员工的流动产生的知识产权风险，都需要我们的团队去合理部署，生产中的知识产权事项多而杂，需要团队去细心挖掘和有效管理。

（5）销售阶段的知识产权管理。为了能够使产品顺利进入市场，我们要对专利、商标、包装、域名等知识产权做详细梳理和审核，避免成为别人打击的目标，在产品进入市场后及时跟踪，发现有侵权行为，应合理维权。

事实上，随着知识产权竞争越来越激烈，风险多元化，不管是企业的员工、管理者还是决策者都应具备良好的知识产权意识，让知识产权管理工作渗透每一个工作环节，让知识产权成为企业源源不竭的财富。

---

❶ 柯晓鹏，林炮勤 . IP 之道［M］. 北京：企业管理出版社，2017：81.

❷ 柯晓鹏，林炮勤 . IP 之道［M］. 北京：企业管理出版社，2017：82-83.

（四）有效应对知识产权诉讼

近几年来各种侵权案件频频发生，而在医疗器械行业内，国产医疗器械企业和进口企业之间互诉侵权的案例也屡见不鲜。我国在该领域起步较晚，在诸多方面受制于国外，使得在知识产权保护上往往处于不利地位，尤其是在出口方面，往往因为国外专利纠纷而难以拓展海外市场。突破这一瓶颈需注意以下几个方面。

（1）把控专利质量。写好一件专利申请文件是非常难的事情，即使是简单的技术方案，在撰写时稍不留神就会留下漏洞，往往会成为对手拼命攻击的对象，因此无论是申请专利还是主张侵权的时候都要反复进行评估，可以找专业的代理人、有关的技术专家或者资深的工程师，在确保专利比较稳定时才能继续推进下一步工作。

（2）完善证据链。打官司其实就是打的证据，谁的证据全面、有说服力，谁的赢面就会大。搜集证据时最好在公证员的陪同下去完成，取样后封存，这样证据的瑕疵就会很小，法庭一般都会认可。在研发、生产、销售阶段，同样需要保留各式各样的证据，只有这样才能在诉讼中有据可依。

（3）讲究诉讼策略。知识产权诉讼是企业保护自己智力成果的主要手段，如何合理运用这一利器使自己的利益最大化，需要从多方面考虑，胜负只是其中一方面，只要战略目的达到就行。有时是为了震慑对方，有的时候是为了促进谈判，有的时候是为了企业的潜在市场，还有的时候是为了获取高额赔偿，目的不同，策略也就不一样。

（4）扩大品牌影响。在日常生活中，有些知识产权案件，败诉一方其产品销量不减反增，例如加多宝 VS 王老吉的商标之争，自诉讼开始加多宝就把该事件当成扩大影响的营销，败诉结果传得越广，其影响力就越大，对于后期的市场占有就越有利，最后其品牌凉茶成为当年凉茶销售榜的首位。企业的每一分钱都要花得有价值，尤其是中小企业，即使在诉讼中败了也要败得有价值。所以，面对国外医疗器械公司来势汹汹的知识诉讼时更要冷静处理，既要把它当成挑战也要把它当成机遇。

（5）做好法务工作。随着我国医疗器械行业的快速崛起，必将面临国际行业巨头的联合围剿，所以近几年的知识产权诉讼案件越来越多，因此我们的司法和法务要时刻准备着，尤其是在出口遇到被诉侵权时，更要积极予以回击。在竞争激烈的环境中，我们更需要用法律的手段维护自己合法的利益，企业的成长发展离不开法务的保驾护航。

结语

医疗器械尤其是高端医疗设备作为高新技术领域的产品，是多学科多领域的交叉，一定程度上反映该国的综合国力，我们不能总在低端产品市场内相互拼杀，需要向高端产品市场进军。行业内有句广为流传的话，“专利，知识产权永远是医疗器械企业的核心，谁拥有它谁就有绝对话语权”。令人欣慰的是，在一些高精尖领域，我国与国外相差不大，甚至有些领域有领先的势头。所以，我们要尽早建立自己的知识产权体系，做好专利布局，有些高科技专利需要尽早申请而建立优势，这样就不会在与国外医疗器械企业竞争中落败，在经济不断转型的今天，知识产权作为核心竞争力成为经济振兴的强大引擎，是真正实现从“中国制造”到“中国智造”再到“中国创造”，让中国医疗器械行业真正崛起的利器。

知识产权强度与策略研究
——以中国服装和电子行业为例

马　可*

内容提要　当今世界经济趋于一体，国际竞争激烈，这对中国市场经济发展来说既是难得的机遇，也是严峻的挑战。要想把握机遇、迎接挑战，除了要有开放的市场环境，合理的经济政策，更应该注重产业创新，实现创新驱动。制定一个合理的知识产权制度是促进行业活力、激励行业发展的重要工具。制定合理的知识产权制度，应该以对行业是否有促进为出发点，针对不同产业特点的行业，从知识产权强度与实施策略等方面综合考虑。笔者就此以相对具有代表性的服装和电子行业为例，基于行业的发展历程、发展现状和现实需求提出合理的知识产权策略，并总体强化知识产权保护力度，同时就行业特性不同，区别化地制定策略：服装行业重点打击“盗版现象”以改变行业现今的原创匮乏的现状；电子行业提倡国际合作，合理化相互借鉴学习。

关键词　知识产权；创新驱动；创新型产业；自主品牌

近年我国越来越重视知识产权保护问题，为了不断推进国家的高新技术产业和战略性新兴产业跨越式发展，陆续颁布以知识产权为核心支撑的战略目标与实施措施——国务院在2008年发布的《国家知识产权战略纲要》提

* 马可，扬州大学法学院研究生。

出要实施国家知识产权战略，提高知识产权创造、运用、保护和管理水平。2012 年党的十八大报告中明确提出要深入实施知识产权战略，着重提出要加强知识产权保护。2017 年全国各省陆续完善了专利资助补贴，是对知识产权保护制度的进一步完善，有利于创新驱动的优化和持续进行。

一、知识产权与知识产权强度

（一）知识产权定义

知识产权是指人们就其智力劳动成果所依法享有的专有权利，通常是国家赋予创造者对其智力成果在一定时期内享有的专有权或独占权。知识产权主要针对个人或集体，是对其在科学、技术、文学艺术领域创造的精神财富所依法享有的专有权，是一种无形资产。[1]

当今时代知识是第一生产力，知识产权背后所反映的一国创新活力和知识经济的实力已在企业的市场竞争和国家核心竞争力等多个方面显现出它的重要地位。

但是，伴随着全球科技、经济的高速发展，知识产权包括主客体、范围、状态在内的很多实质内容都受到影响而产生巨大的变化，这些因素不断向现行的知识产权制度发起挑战，在知识产权的理论研究中不断提出新的命题和方向。可见，对知识产权强度、策略等领域深入地进行动态研究必不可少。

（二）知识产权强度定义

知识产权强度是指一个国家知识产权立法强度，但更应该是知识产权立法完善性和执法严格性的综合指标。知识产权强度决定着一国知识产权的实际保护情况、政府市场管理能力、行业创新实力和活力。

---

[1] 知识产权［EB/OL］.［2018-08-28］. https://baike.baidu.com/item/%E7%9F%A5%E8%AF%86%E4%BA%A7%E6%9D%83/85044?fr=aladdin.

研究数据显示，1985~2010年我国知识产权实际保护强度呈逐年小幅增长态势，年均增幅为5.4%，变化幅度不显著，并表现出“前快后慢”的特点；1992年和2001年是指数变化最大的两个年份，但较上一年也只有10.9%和7.8%的增幅。❶

可见，我国的知识产权保护强度远远不够，对产业创新的驱动力不足。因此，更应该探索知识产权强度在行业发展中的合理区间，以期找到我国知识产权制度进步的方向。除了知识产权强度的量化分析之外，结合实际，就各行业现状和多样性，能够更加全面开阔地分析知识产权强度和策略的合理内容。

二、知识产权现状与思考

（一）知识产权保护现状

目前中国的知识产权保护制度不健全，市场规则不完善，一些行业或产品的盗版与模仿现象盛行，这就提出了加快建设完善的中国市场规则及加强知识产权的保护力度要求。

欧美市场起步较早，其市场规则建立的已较为完善，例如早在十多年前就已全面树立了对产品商标的保护制度，这也使欧美国家市场在许多行业的国际贸易中占据主动权，这对中国市场制度的建设有重要的参考价值和借鉴作用。

由于中国市场制度建立较迟，近些年才对知识产权真正重视起来。因此，我国知识产权保护制度也建立较晚，尚存许多不完善的方面，使我国在国际贸易甚至政治领域都因知识产权问题吃过亏。

由于国际贸易的行业、领域不断扩大，目前国际上关于知识产权的理论、标准和论证依据都有了很多的改进，很多全新的观念被运用到保护知识

---

❶ 吕敏，张亚斌．中国知识产权实质保护强度度量［J］．技术进步与对策，2013（10）．

产权的理论中，这为我国完善知识产权制度和市场体系创造了契机和空间。

对企业而言，为尽可能获得更大的商业利润，必须在市场竞争中占据优势、把握主动权，因此企业需要进行自主创新，提高产品的特色、创意性、竞争力，建立自主品牌；同时，为了保障企业的竞争优势，实现长期平稳发展，企业要不断增强知识产权保护意识，防止盗版的乘虚而入。

对国家而言，为提高整体的竞争优势，除了重视本土文化的输出，更要使现行的知识产权保护制度合理、完善地贴合国情需要，要唤醒本国企业对知识产权的保护意识，不断完善相应的市场制度体系，不给盗版现象滋生的空间，使国家产业发展更加完善、稳定、健康。

中国现行的知识产权保护制度体系并没有充分实现上述目标，因此，继续加强知识产权保护、促进经济持续健康稳定发展，依旧是国家发展的重点，可以从国际贸易的一些行业中和活动方式中探索出最佳的解决方法。

（二）强度问题的辩证

加大知识产权保护力度对于中国的知识产权保护现状来说的确是刻不容缓的。但在加强知识产权保护强度的同时，需要考虑到不同行业的行业现状、产业形势的差别。由于对技术和知识产权的要求不同，对一些行业过度地强调知识产权保护强度，可能会导致行业持续落后、恶性发展，或者产生市场垄断，遏制市场竞争给经济发展带来的活力。

回顾一些创新型行业的发展历史，借鉴前人的创意成果，在学习吸收的基础上辩证发展、自主创新的情况不胜枚举，这种模仿已不是简单的“盗版”，而是突破技术壁垒的重要一步。在模仿中夹杂着创意，学习与吸取经验进行成长创新，在技术密集型产业中尤为突出。

我们应当认识到：在确定知识产权保护强度时，“创意”与“盗版”并不是完全对立的，它们在一定条件下相辅相伴，相互推动——创新吸引来模仿，而模仿在探索中产生全新的创意。为了更好地促进行业发展、实施创新驱动的目的，我们应当在禁止不正当模仿盗版和鼓励技术共享、创新型借鉴之间寻找一个平衡。

一些以创新驱动的技术密集型产业，无法简单地模仿，需要一定的开发研究。如果不对全盘“盗版”的行为进行管制，不但会损害开发者的创新热情，导致行业内恶性竞争的情况，而且会使全行业陷入依赖模仿、不思进取的被动局面中，长远看来违背国家的创新驱动战略，抑制行业创新能力。

然而，如一味加强知识产权的保护强度，对智力成果进行隔绝式保护，对一切形式的模仿予以否认，会严重妨碍知识的传播，使新兴行业无法取得技术上的突破，造成资源浪费，严重打击行业的创新热情与潜力。

也就是说，只有将知识产权的保护强度控制在适当范围内，才可发挥创新对经济增长的最大作用。因此，知识产权保护强度和策略就成为一个值得探讨的问题。

三、“盗版”仿制产生的原因与影响

（一）“盗版问题”产生的原因

1. 中低消费人群对某些产品的需求旺盛

在国家经济发展的同时，中国人民的消费水平和购买能力也在提高，中低消费人群不断扩大，导致他们对某些高端品牌的产品有一定的需求，但这些产品价格不菲对其经济造成一定压力。

在这样的情况下，盗版仿制品就有了滋生的环境。这些产品往往拥有和高端品牌产品相似的性能和外观，并且价格较之高端品牌产品低廉很多，可以满足中低端人群的消费需求，吸引了一定的消费人群，导致“盗版问题”的产生和不断持续。

2. 满足企业对利润的追求

在实力强劲的品牌夹击之下，一些起步较晚、竞争力较弱的企业没有能力和资本寻求突破，因此，企业为了满足经营目的，这种既能吸引消费人群，又能降低发明、创新成本的“盗版”模仿的生产方式，便成为这类企业的选择。

"盗版"仿制行为能使消费者花费低廉的价格就能享受到和大品牌相似的产品，从而打开了产品的销售空间，实现企业低价制胜的掠夺性销售策略，又只需企业承担很小的风险和成本，这成为中国市场"盗版"品牌屡见不鲜的原因。

3. 中国知识产权保护力度不够

中国对知识产权问题的重视和保护较晚，加之现中国行业市场复杂多样，知识产权的保护仍然存在制度不完善，实施效果不明显，服务水平较差，整体意识未能觉醒，地区发展不平衡等诸多问题。这也是导致我国市场"盗版"仿制问题突出的最直接原因。

值得欣慰的是，中国已逐渐在立法、执法等各方面加大了对知识产权保护的力度。知识产权保护整体进入稳定发展阶段，综合水平不断提升，人民知识产权的保护意识也在不断进步，有关知识产权的侵权诉讼案件也逐年递增，可以说我国的知识产权保护已进入一个全面稳定发展的新阶段。

（二）"盗版"仿制对产业的负面影响

1. 行业技术水平持续落后

企业为实现经营目的和更小的投入而选择"盗版"仿制，这样的生产方式容易使企业沉浸于表浅的利益而忽视企业的发展要求。不思进取的观念在企业间相互影响，导致中国市场整体环境和企业风气恶化，使中国市场行业创新乏力，整体经济和行业在较低的水平止足不前。

2. 有损品牌利益和国家形象

"盗版"仿制严重影响被盗版企业的利益。如服装行业有人戏称"巴黎时装周刚展示的新品，半小时后淘宝就能买到百元左右的仿品"。这种"盗版"已经产生专业化的模式和团队，严重损害了国际大品牌在中国的经济利益，不仅影响其产品在中国市场的销售，而且直接损害了品牌的整体形象。

更重要的是，此类现象的频繁发生，严重损害了中国的国际形象，使中国经济贸易形象和信用都遭受到严重质疑，甚至会影响市场引进投资等决策性问题，造成极端负面的影响。

3. 损害了消费者的利益

“盗版”仿制行为损害了仿制品购买者的利益。“盗版”问题发展至今，已发展成为假冒伪劣产品的问题，许多消费者误以为自己购买了正牌产品，实则消费的都是假冒产品，从而侵害了消费者的权益。

同时，“盗版”仿制行为也会损害正品消费者的利益。这类消费者购买品牌产品就是为了产品的身价与特色，而“盗版”行为使品牌的形象、价值严重受损，无疑也伤害了正品消费者的权益。

4. 破坏市场法则和经济秩序

“盗版”仿制现象对行业的发展同样产生了严重的负面影响，它抑制了产业创新能力，违反了经济市场诚实信用原则，破坏了我国初步建立起来的市场经济秩序、挑战了国家法则，不利于我国市场经济的良性发展，是对我国市场法则和经济秩序的一种极大破坏。

（三）“盗版”仿制对产业的正面影响

1.“盗版”仿制是创新苗头，或成为经济发展的动力

对个别行业而言，技术要求较高、技术壁垒较多，要求这些行业零起步发展，几乎不可能。因此，他们只能通过仿制进行技术起步，实现行业入门。在此基础上，企业可以通过研究和自主创新，完成对相关技术的消化吸收，使之成为自己的技术。当企业实力和技术有了一定发展后，就能通过再创新，实现技术上的突破，从而推动产业技术上巨大的发展，创立强有力的自主品牌。

2.“盗版”仿制是具突破意识的行为主体的努力和尝试

“盗版”仿制行为往往出现在发展水平较为落后的行业中，而这些行业在技术落后的情况下，一味地选择用进口或依赖他国技术等形式来弥补行业的不足，不但远远不能满足行业内部的需求，而且会导致国内有关行业的持续落后，永远没有发展的可能性。而“盗版”仿制有时可以成为寻求突破、实现发展的另辟蹊径的一步，是已具有突破意识的行为主体的一种大胆的追寻和尝试。

3.“盗版”仿制是实现超越和发展的双重目标的一个特殊阶段

“盗版”仿制特定条件下可以作为入门和创新的跳板，是实现超越和发展的特殊阶段。在这一阶段，仿制可以使企业接触和吸收新兴技术，并在此过程中将其消化成为自己的技术，实现技术上的再创新，为全行业未来的发展创造出无限的可能。

四、知识产权策略在典型行业中的辩证分析

（一）服装业

服装业整体的发展已趋于成熟稳定，除了服装款式造型外几乎没有太多的创新空间，属于非技术密集型产业。服装行业主要存在的侵权问题在于对名牌服装的款式、外形的盗版，由于服饰的造型设计的模仿几乎无技术壁垒，盗版成本极低，操作的可行性大，因此盗版模仿对服装行业的影响很容易扩散，对服装行业内盗版现象的管制必然是知识产权保护的重点。

1. 行业竞争角度分析

在国内市场上，服装行业冒牌、高仿现象俨然成风。无论在传统商务模式还是电子商务模式里，款式完全相同的服装挂上不同的品牌商标，就能以全新的身价进行销售，或者干脆照搬大牌的设计理念对服装配饰、色彩稍作改变就假称是自己的品牌设计。国内一般品牌抄袭国内大品牌，国内大品牌抄袭国外品牌，已成为一个怪圈。

究其原因，如今品牌竞争已经成为服装行业竞争的核心，中国的纺织行业虽然相对发达，但是品牌意识不足，也没有太多有实力的企业建立起有竞争力的品牌，导致现在的中国市场没有充分滋养品牌和树立大牌的环境和实力。但是国内消费者对品牌的追求在不断提高，鉴于这种追捧名牌的现象，许多企业便选择了盗版大牌产品或拷贝大牌特色这一捷径。通过简单的仿制行为，对“盗版”产品大批量生产，不仅节省了设计、市场调查等多方面的费用与精力，而且能获得巨大的利润。

其实这种投机取巧商业行为并不会增强行业整体竞争力，却偏偏逐渐成为行业内所默认的生产模式，这无疑是对国内那些有志向发挥自己设计才能、进行创新设计的年轻设计师的沉重打击，使得行业创新乏力，更加依赖盗版行为带来的利润。这种恶性循环长期存在对服装业来说会是致命的打击。

这种盗版恶习盛行的根本原因还在于国家知识产权保护不到位。因此，服装行业的知识产权保护政策必须是严格的、保护力度必须够大才能打破现在行业竞争中的怪圈，以强力手段打消企业不思进取、图捷径的心理，从而激发行业的创新活力，为服装行业净化出一片有利于创新的清新环境。

2. 行业生产角度分析

从行业生产角度分析，我国服装行业特殊的生产方式，是行业内“盗版”现象泛滥的又一重要原因。

马云于2016年在《华尔街日报》上发表的言论曾引起广泛的关注，其具体介绍了中国行业内的一种特殊生产模式，即代工生产模式（OEM）——由于中国国内生产力旺盛，劳动力低廉，许多国际大品牌都选择在中国建立代工厂，中国便因此拥有了全世界最多的OEM企业。

事实上，20多年前中国就已经有为奢侈品做代工的现象。而现在国际各著名奢侈品大品牌将其代工厂设置在中国，也早就不是什么秘密了。英国品牌Burberry就曾将它在英国的主要厂房的生产线全部转移到中国。除了一些世界著名的奢侈品牌，许多最近流行的时尚潮牌也早早在中国占据了一定数量的代工企业。广东东莞、深圳，山东青岛等沿海城市则是代工厂主要集中地。

国内服装业代工生产形式主要有：成衣加工工厂与辅料供应商。但OEM模式下的代工厂实则在商品生产流动过程中只能获得极少的收益，为了维系生产，这些代工厂很轻易就能使用到国际大品牌的生产线，生产出“正宗”的高仿货。在丰厚的利润诱惑之下，他们很轻易地可以通过各种渠道销售不见得比正品差的产品，这些产品与品牌正品皆出自同一生产线，属于同一工厂产出。而他们的价格更有优势，这已然成为一种新的“商业模式”，严重损害了品牌企业的权益，侵犯了知识产权。

因此，针对生产角度，我们应该考虑到品牌商和代工厂之间的链条关系。服装行业的“盗版”现象除了有知识产权管理不健全的原因外，更是因为生产商没有自主意识和知识产权保护观念，一味地依赖代工模式。可见，服装行业强化知识产权保护强度，必须不断提高全行业的知识产权保护意识，从而遏制生产环节的盗版现象出现，从根本上解决侵犯知识产权的现象，促进全行业生产模式的变化，摆脱对代工模式的依赖，真正创立自己的品牌。

3. 总结分析

（1）通过代工模式可以了解到，我国许多服装制造业公司的产品质量、制作技术已经不再是企业的问题和发展的障碍，既然服装行业的工艺技术已经达标，为什么还会出现盗版仿制的情况呢？那就反映出第二点。

（2）服装业品牌竞争激烈，而我国服装制造企业安于现状，明明有技术但不思上进，只求假借名牌的名声和设计理念抢占低端市场，获取自以为丰厚的利润。

（3）知识产权保护的缺乏，使得企业既缺乏知识产权意识，又没有因侵权而受到应有的惩罚，肆无忌惮地打着外国名牌的品牌进行盗版销售，从而更助长了这种现象的滋生，成为服装行业创新乏力的根本原因。

综上所述，作为非技术密集型产业的服装设计行业，知识产权强度必须加强，并且强度应该较大，保护策略更应当是全面而严格的。这样才能让企业充分树立知识产权意识，抑制企业模仿获利、寻求捷径的商业心理，同时刺激他们不得不摆脱低级的盗版途径，进行品牌的创新，进一步促进行业真正的发展。

（二）电子行业

电子行业的行业特点与服装业却恰恰相反，电子行业大多为技术密集型产业，以创新驱动行业发展，电子行业的销售重点包括功能、性能、核心技术，所以该行业的模仿不再是简单的外形设计的模仿，而是核心技术上的模仿，因此，就会存在一定的技术壁垒，模仿的难度较高。电子行业产品较多，而手机行业可以作为一个典型代表。

近年来，国产手机已成功地在手机消费市场上取得有力的竞争力，但是在国产手机未能实现起步的十多年前，国产智能机因其一味模仿外国手机的外形、功能等，还被戏称为“山寨机”，然而它成了中国手机行业的起点，此后中国手机产业突破瓶颈、迅猛发展，达到新高度，直到成就现在这样繁荣景象。

纵观“山寨机”发展的历史全过程，我们必须承认“山寨机”有明显的盗版侵权现象，完全是知识产权保护不足导致的这类地下灰色产业滋生，说明我国的知识产权管制手段尚需进一步规范化和法制化。然而，我们无法忽视“山寨机”以盗版模仿的方式得到起步之后，以极端蓬勃的生机和强势的姿态迅速成长发展起来，并开始了自我的创新性发展，在现今国内乃至世界手机市场上占据一席之地。

分析来看，作为技术密集型产业的电子行业的代表，手机行业在产业形式、模仿模式上与其他非创新型产业相比具有一些新的特点，需要我们进行深入的探索。

1.“山寨机”发展过程总览

在“山寨”手机发展的初期，由于物以稀为贵，再加上政府一定强度的管制手段，进口手机生产商垄断了经营权。进口手机的销售价格普遍较高、利润空间极大，吸引了众多生产企业纷纷涉足，使得“山寨机”层出不穷。而这一时期，生产商的追求较低，只是为了尽可能获得较大的利润。尽量降低研发费用、逃避税收与政府监管成为他们的首要目的。而仿制著名大品牌手机的设计，成为降低成本的最好方法，因此在知识产权保护强度不足、策略低效的背景下，山寨手机一时数量剧增、难以管理和禁止。

此后，随着技术的普及和技术壁垒的攻破，相关集成芯片的研发技术越发进步，“山寨机”俨然开始成为一种相对成熟的产品，样式、功能开始拥有自己的特色，质量也有了一定的保障，在产品技术设计上也逐渐有了针对国内市场的需求性创新，呈现出多样性的趋势。

而到了后期，通过一定的手续取得合法身份之后，手机制造企业纷纷树立起自主的品牌。人们逐渐忘记它们的原身，它们开始拥有各自个性化的设计与多样性的功能，并不断培养研发人才、组织技术团队，以期在某一方面取得特别突出和新颖的成果，使手机拥有突出亮眼的功能而增强自己的竞争优势，以相对积极的姿态投入手机行业的竞争中。

2. 政府作用

在手机行业的发展过程中，政府的作用尤为明显，其在不同时期适当地改变了管制行为和管制强度，直接决定了手机行业的发展方式和方向。

政府的管制行为主要分为两个阶段：

第一阶段，政府实施牌照管制的方法，导致少数大厂商垄断了利润丰厚的市场。但显然这一时期的知识产权保护的力度依旧不够到位，无法制止被垄断利润所吸引而产生的小型生产企业，从而导致山寨手机的出现。而这些小型企业的出现意外地推动了集成芯片技术的普及，加速了 MTK 芯片的出现和流行。

第二阶段，在“山寨机”开始自主创新，国内手机行业发展趋于成熟后，政府审视市场现状，适时地降低了手机行业的进入门槛。继手机行业的技术问题解决之后，又从制度上帮助它步入正轨，从而直接推动手机行业包括其配套行业的发展。

由此可见，由于电子行业的技术属于创新驱动型技术，本身技术壁垒较多，如果一味地以知识产权为依据对山寨手机进行打压，山寨手机将没有机会经历从模仿到打破技术壁垒再到自主创新的过程，而被扼杀在刚起步时。

3. 总结分析

同样是模仿，为何服装业因“盗版”盛行而难以崛起，手机行业却因“山寨机”而得到起步的机会，从而进一步创造了自己的自主品牌？可见，不同的行业对待模仿的反映是不同的。

而政府在这一过程中对“盗版”现象的管制手段，即加强知识产权的保护力度和完善保护策略起了至关重要的作用。服装行业缺乏知识产权保护则不利于行业发展，而手机行业如果一味地去寻求知识产权的保护，则会抑制行业进步。可见，政府应当以更巧妙的方式来促使新兴产业的成长。

五、知识产权强度与策略——个例到普遍

1. 非技术密集型产业适用的知识产权强度

非创新型产业几乎无技术壁垒，因此它的模仿成本过低、模仿形式简单，产生的利润却很大，致使这一类行业进入较为容易，模仿的可操作性也很强。

在这种特点之下，如果不进行有效的知识产权管理，企业只注重经济利益，而不思进取，将会导致恶性循环。因此，此类产业必须要重点进行知识产权的保护，从生产、销售等各个环节和阶段加强知识产权保护强度，为行业净化出一片滋养创新的沃土，从而唤醒行业创新活力，促进自主品牌的建立，刺激行业全面发展。

2. 技术密集型产业适用的知识产权强度

技术密集型产业因为其产品的销售点本身就在于产品的功能和特色，在生产产品的过程中企业已经变相开始进行技术的研究。当然这类产业增强知识产权保护力度依旧是很重要的，只有做好知识产权保护工作，才能保证市场稳定，产业持续发展，市场竞争充满活力。

但也需考虑到，这样的行业在起步较晚，过分落后的情况下，零基础起步的困难性，所以需要给其学习和引进先进技术的空间，不能一味地增强知识产权强度，否则会阻碍它的进一步发展，抑制行业活力，挤压行业上升空间。

因此，可以采取前期一定程度给它们提供发展空间，提倡学习与协作创新，后期由政府看准时机强化知识产权强度，刺激产业再创新，主动引领产业创新变革。

3. 知识产权保护策略

就我国目前知识产权保护现状来看，完善知识产权保护措施，加强知识产权保护力度是不容忽视、绝无特权的重点。完善制度规则不仅能稳定市

场、净化市场环境，而且能激励行业创新的积极性，促进高新技术引入，为我国市场未来的良性发展建立基础。

对于有技术壁垒，需要通过一定学习借鉴来取得进步、获得创新起步和灵感支持的新兴的技术密集型产业，尽管需要对它的知识产权保护的强度进行适当安排和特殊考虑，但是就立法、实施等方面而言依旧应该一视同仁，不能作为特例。因此，就这类行业，国家应进行积极的引导，发挥国家的组织、促进作用。可以通过官方途径，进行行业、国际的合作开发、互利学习，将盲目的、违反法律法规的“盗版”模仿行为，转为积极的交流合作行为，促进国际范围内全行业的共同进步。

第二编

完善著作权制度　促进文化创意产业发展

网络环境下版权制度的挑战和完善

罗雨闲*

内容提要 网络信息技术的普及，不仅提高了信息的传播速度、拓宽了传播范围，也催生出一系列新的产业形态，如网络文学、数字音乐、交易平台、网络直播、多媒体作品等。网络环境下的信息共享与版权保护之间的冲突，对现有的版权制度提出新的挑战，应当在坚持司法行政双轨制的保护模式下，明确网络环境下版权侵权的判断标准，并设立广义的传播和复制权，为版权保护提供更为健全的制度支撑。

关键词 侵权类型；版权制度的挑战；版权制度的完善

一、引　言

电子信息技术的飞速发展，使互联网与社会生活的联系日益密切，不断影响着人们的交往方式、生活水平、工作模式等。一方面，网络技术加快了信息的传播，使网络环境下信息的获得更具备实时性和快捷性，实现了信息的交互和共享，拓宽了信息获取的渠道和来源，同时，关键词的设置可以有条件地进行过滤筛选，使信息更为准确和专业。另一方面，网络技术催生了新的信息产业，如网易云等数字音乐运营商、优酷等网络视频平台、微信、

---

* 罗雨闲，南京理工大学知识产权学院研究生。

知乎等移动阅读平台。便捷的信息供给方式、庞大的网民群体，为网络版权产业的蓬勃发展提供了不可或缺的推动力。同时，国家相关的产业政策也发挥着强劲的促进作用。2017 年 1~2 月，国务院先后出台两部知识产权相关的“十三五”规划文件，将知识产权保护提上国家规划日程，对国家版权工作提出具体明确的目标和建设任务，其中就全国文学艺术作品要求登记数量至 2020 年达到 220 万件；[1] 是年 3 月，《中华人民共和国电影产业促进法》开始施行，为影视作品的发展营造健康有序的市场环境；同期国务院发布《关于规范电子版作品登记证书的通知》，为符合版权保护的电子形式作品出具证书，明确权利的归属。据有关数据显示，2016 年中国网络核心版权产业的行业规模突破 5000 亿元，比 2015 年同比增长 31.3%。[2] 随着相关战略和政策的深入实施，网络版权产业得到井喷式发展的同时，由于信息获取便捷性、随时性和隐蔽性，以及处理行为的简捷化和低成本化，亦带来了一系列的潜在威胁，导致网络版权的侵权行为日益猖獗。

二、网络环境下的版权侵权行为

为更有针对性地规制网络环境下的版权侵权行为，根据侵犯权利对象的类型，对侵权行为进行具体划分，总结起来大致有以下几种类型。

（一）数字音乐作品侵权

由于信息网络技术的飞速发展，从 Web1.0 到现在的 Web4.0，信息传播的交互性、及时性、整合性得到了全面提升。与以往的网络运营商间的信息共享不同，现在的网络环境将直接实现网络用户之间的信息共享。[3] 上传下载行为的便捷性，使得数字音乐在娱乐活动中所占的比例日益增大，由于传播方式的改变，数字音乐的传播不再依赖于传统的唱片、胶卷等媒介，互联

[1] 参见《“十三五”国家知识产权保护和运用规划》。

[2] 孙悦．2017 年中国版权发展及热点问题回顾［J］．新闻战线，2018（1）．

[3] 吴汉东．网络版权的技术革命、产业变革与制度创新［J］．中国版权，2016（6）．

网网络的数字化使得其传播具备了快捷性、无形性和极易复制性。如在酷狗、网易云等数字音乐运营商平台上，通过搜索便可获得相应的音频，不少网络歌手亦会对中意的音频进行翻唱和演绎，并不用为此支付任何费用，侵犯了权利人的专有权并在一定程度上占领了本属于权利人的市场份额，影响了权利人的既得和可期待利益。从规范数字音乐市场秩序的角度出发，国家版权局对网络音乐服务商平台提出了整顿要求，责令其在限定期限内下线全部未得到授权的音乐作品。

（二）网络视频作品侵权

影视产业的蓬勃发展，催生出一系列如优酷、爱奇艺、腾讯等视频分享网站。视频分享网站改变了视频作品通过电视电影作为媒介进行传播的方式，具有及时性且不受时间、地理位置等限制，越来越多的人选择通过视频网站来观看视频作品。但网站类型的多样化，获取途径的便捷性，使得侵权行为日益频发。众多优质电影在线下影院上映的初期，视频网页或者网络云盘等线上服务模式的网站就开始盛行盗版视频，以链接的方式“上传下达”供网络用户自行观看，以至于发展成为转载经营从事非法牟利活动的产业链行为，严重影响了影视作品的市场潜在利益；《白夜追凶》《致我们美好的小时光》等网络电视剧亦难逃此劫，“提供这些链接的多是侵权者利用海外域名、海外服务器开设的小网站”。[1] 此外，利用原有影视作品的布景、故事情节等片段进行剪辑等再创作的行为也一直颇受争议，早在 2005 年胡戈利用电影《无极》的片段和元素进行二次创作，组合成戏谑性作品《一个馒头引发的血案》，学界就戏谑作品是否构成侵权进行了广泛讨论。2018 年 3 月，国家新闻出版广电总局发布的《关于进一步规范网络视听节目传播秩序的通知》对此类行为进行了盖棺定论，其坚决禁止对视听节目作品进行剪拼改编的行为，视频剪辑行为被定性为网络侵权行为，是否存在免责适用如合理使用等情形、网站服务提供者是否承担责任，属于技术性问题本节不再赘述。

---

[1] 巴丹．电影网络发行中版权问题与版权运营研究［J］．西南政法大学学报，2018（4）．

（三）网络文学艺术作品侵权

网络技术的发展改变了版权主体的界定标准。从创作行为的角度而言，作家身份并不是进行创作的先决条件，其不再是一个身份职业行为，而是所有人都可以进行的一项活动；从资料获取的角度而言，信息网络技术的发展，使得创作人查询文字资料具有便捷性和易获取性，其可以对资料进行修改或改编，也可以通过独特或个性化的艺术手法、表达方式进行全新的创作。由于语言文字、表达习惯存在一定的相似性，加上获取资源的便捷性，对公有领域文学资料的再创作很可能与原作品构成一定程度上的相似或元素表达的相同，导致文学艺术作品领域的侵权现象也是甚嚣尘上。同人作品作为文学创作的一种重要表现形式，在版权领域引发了不少争议。在“摸金校尉”和“鬼吹灯”侵权纠纷案中，“尽管前者使用了与后者相同的人物名称、关系、盗墓规矩等要素，但形成了一个全新的故事，不构成对原告著作权的侵害”。[1] 同人作品由于其创作的初衷和对原作品的天然依赖性，大众普遍认为其带有违法的原罪。但传统的版权体系采取思想表达二分法的立法模式，仅对具有独创性特征的表达予以保护，倘若同人作品对原作品的使用仅涉及角色、名称等元素，未构成实质性相似，片面将其认定为侵权行为确是有失公允。

（四）网络软件侵权

该种侵权行为的表现形式主要是网页设链和网页抓取行为，但是否依据行为主体追求利益最大化作为最终目的，来认定其行为是否承担侵权责任，则需要结合具体的情况进行分析。有学者就其行为的具体表现形式阐述如下，如果设链者通过一系列技术措施，如加框链接或者将他人作品作为自己网页或客户端的一部分向公众展示，此时用户不需要打开原有网站即可浏览相应的作品内容，此时该设链网页的行为应当认定为积极从诉争标的的传播

[1] 参见判决书（2016）沪 0115 民初 41773 号之一。

过程中谋求实质性利益，应将其视为作品的提供者而非仅提供平台的居间人，承担相应的侵权责任。❶ 司法实践过程中，法院亦是采取相似的判断标准，“在网页或软件上主动抓取独家所属版权作品，用户可以不受时间和地点的限制获取诉争的作品，属于未经许可侵害了权利人的信息网络传播权，应当承担相应的侵权责任”。❷

（五）网络游戏侵权

现行法律体系通过著作权法等一系列法律法规，保护设计完成的游戏软件中的独创性要素，但由于网络信息技术的发展，盗版、非法复制等问题日渐猖獗。判断实行行为是否构成网络游戏侵权，依据何种标准进行判断，是司法实践过程中的难题。笔者认为应当立足于著作权法的本质要义，着眼于思想和表达两方面，就游戏人物服化、背景图片、色彩搭配等方面进行综合考量，假使构成全新的故事布局、发展情节，则不应将其认定为侵权行为。与之相关联的一个热点问题是，游戏直播画面是否能够获得著作权法的保护。法院在“梦幻西游 2”纠纷一案中认为游戏玩家的操作不属于独创性，未产生新作品从而进行侵权认定。其混淆了游戏整体画面的使用和玩家实时操作形成的画面，由于直播过程中对游戏网页画面的使用具有不可逆转性，片面地将其认定为同一画面不仅导致权利归属认定的混论，也遭致侵权判断标准的不一，并在一定程度上克减了游戏市场的潜在利益价值。❸

（六）网络云盘侵权

网络云盘侵权行为是指网盘服务提供商利用网络信息技术，通过作品在境外和境内点播的时间差，将影视作品、小说、数字音乐等多种类型的数据化作品以链接的方式上传至包括百度云盘、微盘等在内的网络云盘，用户可以自主选择感兴趣的内容进行在线观看或者下载，甚至可以进行再次设链分

---

❶ 陈绍玲．再论网络中设链行为的法律定性［J］．知识产权，2016（10）．

❷ 参见判决书（2017）京 0108 民初 23749 号。

❸ 宋晓珊，阮开欣．直播电子游戏的著作权问题研究［J］．科技与法律，2018（3）．

享。为有效规制网络云盘市场秩序、解决日益猖獗的侵权问题，《关于规范网盘服务版权秩序的通知》从权利人合作、自身管理和用户管理三方面，对网盘服务提供者课以具体翔实的义务。首先，网盘服务商应采取明示的方式，告知权利人异议、投诉等维护合法权益的途径，并及时处理权利人的通知和投诉；其次，网盘服务商不得为用户的违法行为提供便利条件，应当尽到合理的审查注意义务，在明知或应知用户存在上传、存储并分享侵权盗版作品行为时，及时采取措施加以制止；最后，网盘服务提供商应建立健全用户信息管理系统，在发生侵权损害时能够配合国家版权监管部门的工作，并及时采取暂停、终止服务等技术手段对网盘侵权行为进行规制，引导用户尊重他人版权。❶

三、网络环境对现有版权制度的挑战

（一）信息共享性与版权专有性之间的冲突

首先，在网络环境信息共享的模式下，形成新型的三方法律关系，版权所有人、网络服务提供者和版权利用者。版权利用者可以利用获取的资源对作品进行改编或者通过个性化方式进行独立创作，但是在现有的版权制度体系下，就网络改编作品而言，难以认定版权利用人与版权所有人构成何种法律关系，是合作关系还是独立个体，从而确认改编作品的权利归属。同时网民人数众多，电子交易地址具有实时性和易变更性，侵权行为具有多样性、复杂性、隐秘性，事前许可制度在实践过程中也难以落实。其次，著作权法作为权利法，其制度的核心是对权利人利益的保护，维护权利人就作品享有的复制、发行、信息网络传播等专有权利。但随着网络对人们生活方式的改变，网络用户的创作和传播行为衍化为一种社会生活的参与方式。比较常见的如在朋友圈、微博发表或转载短篇文字作品、分享视频或数字音乐等行

❶ 田小军，柏玉珊．我国版权制度演变的现状、挑战及应对［J］．中国版权，2016(3).

为，其主要目的是社会参与和自我意志的表达，而非追求期待利益。参与动机的多元化，使得作品利用方式完全偏离了著作权法基于产业模式设计的权利体系，打破了传统的侵权认定模式，网络用户通过社交媒体分享作品，实现网络社会的资源共享，究竟属于合理使用还是侵权行为，已无明显的区分标准。❶

（二）网络技术对传统版权的冲击

复制权和信息网络传播权是网络环境下极易受到侵害的权利。就复制权而言，印刷技术的问世，使出版商们遭受了前所未有的打击，文学艺术作品的复制不再是出版商享有的特许权利。而网络技术的发展，对出版商而言无疑是末日般的存在。网络用户可以不受时间、地点的限制，随时随意地复制网络上的作品，并具有快捷性和便宜性。但复制权是属于作者享有的版权，作品是版权人治理创作的成果，作者可以通过将权利许可给出版商，从而获得财产利益以补偿自己的劳动，在这种局面下，网络盗版的盛行势必严重侵害了作者和出版商的权益。就信息网络传播权而言，其与社会公众获取知识信息的需求之间存在天然的冲突性。专有权人有权决定其作品是否进入公有领域，而网络社会具有信息共享性，网络传播更是演变成获取信息的主要媒介。《信息网络传播权保护条例》就在平衡权利人利益和社会公众利益的博弈中应运而生，其规定了信息网络传播权的合理使用范围，凡此种种，皆可不受专有权的限制。❷ 但在网络环境下，合理使用的范围是难以明确的，列举式的规定不足以应对复杂多变的侵权行为。条例规定档案馆可以不经著作权人许可，向本馆馆舍内服务对象提供合法出版的数字作品，但根据该条规定其无法禁止行为人通过合法使用权限，从事将获取的文献资料提供给非合法用户或进行非法牟利的行为。

---

❶ 吴汉东．网络版权的技术革命、产业变革与制度创新［J］．中国版权，2016（6）．

❷ 孙肖冀．论信息共享与版权保护的利益平衡［J］．河北法学，2010（1）．

（三）侵权判断标准的多样性

网络侵权行为复杂多变，具有不同的样式形态，不仅包括直接侵权行为也涵盖了间接侵权行为，如提供便利条件扩大损害结果。采取何种标准进行预判其是否符合侵权的一般构成要件，是否需要承担相应的赔偿责任，学界存在不同的看法。就文学作品而言，一般存在“充分描述”标准理论、“叙述故事”标准理论、“实质性相似”判断原则。就创作角色是否具有可版权性，“充分描述”标准理论汉德（Hand）法官根据长期审判经验得出，通过控诉双方对角色程度的不同理解，探寻角色本身应有的性格特性以及不同角色之间的差异性，从而认定角色借鉴、角色模仿行为的程度。该判断标准，过度强调了角色本身的主观特性，割裂了其与故事情节、脉络之间的客观联系，就我国目前的版权体系而言，其并不保护单独的虚拟角色；同时该标准依赖于当事人的主观判断性，但证据本身应当具备充分的客观性和正当性，其并不具备相当的说服力。“叙述故事”标准理论，具体而言当该虚拟角色仅仅是叙述故事的棋子，本身与故事情节之间的关系不具备密不可分性，应当认定其不具有可版权性；反之，该虚拟角色围绕主线脉络，推动故事情节的发展，同时其个性特征在故事叙述的过程中得到升华和雕琢，具有显著性和饱满性，则应当认定其具有可版权性。[1] 由于法官自由裁量权的存在，不同的判断方法得出的结论可能不同，从而影响司法的权威性和公正性。就网络服务商而言，其承担间接侵权责任，往往以通知、删除为先决要件，通知要件往往强调其应知或明知的主观恶性，删除要件是认定其存在不作为的侵权行为的标准。但就其主观过错的认定、合理注意义务的履行，司法裁判和有关规定却存在不一致。《最高人民法院关于审理侵害信息网络传播权民事纠纷案件适用法律若干问题的规定》认为，法院不能根据网络服务商没有主动审查网络用户的行为的事实认定其具有过错。该规定表明了最高人民法院在审理类似案件的态度，即课以网络服务提供者的合理注意义务，并不是要

---

[1] 刘国龙，魏芳．虚构角色版权保护问题研究——以同人作品为研究视角［J］．知识产权，2017（3）．

求其积极作为的一个义务，对于网络服务提供者权益的保护开始向避风港原则倾斜。但在“疯狂的石头”一案中，法院认为网络服务提供者可以采取审慎的态度，对存在重大侵权可能性的频道节目进行重点审查，从而避免网络平台上存在明显的侵权信息。[1] 在司法实践过程中，法院赋予网络服务提供者积极作为的现实义务，但有悖于相关的立法规定，司法实践和法律法规的不一致性，将影响法律的稳定性和权威性。

四、版权制度的完善建议

（一）设定广义的复制权和传播权

自然权利和经济原因是版权产生的核心理由，基于核心理论基础构建的版权体系，强调版权是私人财产权，通过思想表达形式的二元区分进行权利范围的界分，保障权利人对这一特定资源享有的实际经济利益，以及采取许可等使用手段可获得的潜在经济利益。复制、信息网络传播是传统版权人实现作品经济价值的重要手段，但传统的复制和信息网络传播仅涉及信息的交互使用，无法规制实时侵权的行为，其利用网络仅限于数据的交换和传播。根据我国现行版权体系的规定，版权人的专有权均有其特定的表达方式和边界范围，如果不拘泥于现有权利表达形式的类型，在复制、信息网络传播中加入利用电子信息技术等手段，实现复制权和信息网络传播权权利的扩张，其范围将超出现有版权法限定的范围，涵盖具有实时性的权利实施形态，能够更好地保护权利人的利益。但广泛意义上的复制、信息网络传播权也会引发一些潜在的威胁，最直观的体现是原来属于公有领域的资源将处于权利人的控制之下，网络用户未经权利人许可，不得复制、转载、利用互联网络获取的资源信息。此时权利人行使的复制权、信息网络传播权等专有权利，不仅限制了他人对其作品的下载和传播的行为，亦限制了公众对文学作品等信

[1] 崔国斌．网络服务商共同侵权制度之重塑［J］．法学研究，2013（4）．

息的获取和使用。但版权仅仅是针对自己作品的独占权，而绝不是一种垄断权。[1] 从激励创新的角度出发，版权也不应排斥他人利用已有信息进行独立创作的行为。著作权法的修改历经多年，公众仍未达成一致意见，但立法者已经意识到传统的版权体系难以立足于复杂多变的网络环境，故而在第三次修改的草案中其对版权人的权利表达类型进行了修订。就复制权而言，将以数字化等电子信息技术重现作品的行为均定性为复制行为，扩展了复制权的权利边界范围；就信息网络传播权而言，网络传播由交互式扩张为直播、转播等方式。某一权利的扩张，往往意味着另一权利的克减。扩张式的权利范围带来公众利益的克减，这一潜在的威胁亦不容小觑，对合理限制的适用提出了更高的要求，现有的版权体系列举式的方式很可能不能应对复杂多变的网络环境，实现权利人利益和社会公众利益的平衡。

（二）明确侵权判断标准

就文学作品侵权行为的判断来看，尽管我国版权法体系尚未将“实质性相似”作为法定衡量标准，但在司法实践过程中，多数法院在审理案件过程中判定行为人是否构成侵权还是采用了该标准，具体而言，即两作品实质性相似+接触-合理抗辩=侵权成立。[2] 根据实质性相似判断标准的定义，实践过程中通常采取“整体观感法”以及“抽象分离法”两种判断方式。庄羽诉郭敬明案中，法院采取了整体观感法，认为诉争作品情节、语句表达等构成相似的部分占全文比重甚高，已经超出合理使用或者巧合的界定，结合被告能够接触到原告作品的事实，从而推定诉争作品不是独立创作的结果，被告行为构成侵权。李鹏诉石钟山等案中，法院采取了抽象分离法，认为著作权法并不保护单一的思想，公有领域的文字、素材的运用势必会造成表达方式、故事情节的相似，但情节的发展脉络具体到一定程度，能够体现作者个性化的表达和艺术手法，成为推动作品发展的不可或缺的部分，体现了作品

---

[1] 王素玉．网络版权保护的经济分析［J］．当代法学，2006（6）．

[2] 梁志文．版权法上实质性相似的判断［J］．法学家，2015（6）．

的灵魂，就应当受到著作权法的保护。争议颇多的同人作品，亦可以依据该标准判断是否构成侵权，当诉争作品使用的角色元素与相应的情节和内容共同组成表达本身，该作品与原作品即构成实质性相似或存在延续关系。[1] 从法院的判决不难看出，著作权法保护的是个性化的表达方式，即是否具有个性化特征是判断侵权的重要标准，是否接触仅是构成侵权行为的认定过程。

就网络服务者侵权行为的判断来看，首先应当明确其归责原则。直接侵权行为，是指网络服务者明知或应知存在侵权行为的情况下，主动诉争的权利人作品中积极寻求经济利益，此时网络服务提供者应当认定为行为实施者，采取完全责任原则承担侵权责任；间接侵权行为，是指网络服务提供者未尽到合理审查义务。就具体的侵权行为形态下网络服务提供者承担的责任列举如下，倘若网络服务提供者仅提供平台供用户自主进行存储、查询等服务，此时网络服务提供者只是提供技术手段的居间人，并不需要主动审查用户行为；倘若权利人发现网络用户通过提供者平台，从事了侵害其专有权的行为，可以及时通知、投诉至网络平台，网络服务提供者应当及时采取删除、撤销等措施阻止损害结果的扩大，如平台采取了有效措施则不承担责任，如平台未采取措施应当就损失的扩大部分与行为人承担连带责任。[2]

（三）拓宽治理渠道

公法模式以行政权力为核心推进要素，经过宪法审查以司法保留方式解决版权保护引发的权利冲突问题。私法模式下制度建立通过协商谈判达成，制度设计体现出各方利益的微妙平衡。[3] 行政保护以行政权的履行为主导，具有高效性和便捷性；司法保护是权利保障的最后一道屏障，具有权威性和公正性。为最大限度得保障权利人的权益，我国采取了行政保护加司法保护

---

[1] 骆天纬．同人作品的著作权问题研究——以此间的少年为例［J］．知识产权，2017（8）．

[2] 梅术文．消费者运动与数字著作权法的完善［J］．法学，2013（8）．

[3] 刘娟．网络版权保护逐步反应制度的公、私法模式及借鉴［J］．知识产权，2015（6）．

的“双轨制”模式。

首先，行政保护对版权保护具有先天的优势和不可或缺的重要性。知识产权行政管理部门可以自上而下地规制竞争市场秩序，推进知识产权保护战略的深入实施，为新型的互联网版权产业营造秩序良好的市场环境；同时强化与司法机关的联动治理机制，严厉打击侵权盗版行为，充分实现专有权人的经济诉求；推动网络失信名单系统的建立，以强有力的技术手段，引导公众认识到保护版权的重要性，管理和扶持正版付费行为。其次，版权的私权属性决定了在权利保护和救济手段上可适用民法领域的和解、调解、诉讼等基本制度，这就使得司法救济在版权保护方面发挥着重要的作用。除却上述在司法实践过程中，能够明确文学作品侵权的裁判范围、网络服务者的规则原则外，司法过程较行政保护具有程序保障和有效监督，能够有效制止权利的滥用。这主要是由我国行政体系内部结构决定的，知识产权的管理主体同时拥有授权和处罚职能，使得其执法过程中缺乏必要的法律监督，司法机关恰恰弥补了这一缺失。❶ 最后，在网络行业层面，应当调动行业主体的主动参与性，在行政司法保护模式外探究自治规范。如适当引进屏蔽网站禁令制度，作为一种及时止损的技术方案，在权利人权利受到侵害时，可以采取暂停或终止服务等技术手段及时阻止侵权作品的传播避免损失的扩大。尽管其可能存在一定的不足，如影响网站的正常经营、增加经营成本等。❷ 但在多元化的治理格局下，行业能够更为贴切地了解版权保护的现实需求，亦更易获取相关用户的信息情况，从而更能适应网络环境下主动保护的版权要求，提高公众的主动参与性，发挥行业主体的力量。

结　语

在网络信息技术高速发展的今天，知识创新和制度创新呈现出相互促进的态势。网络技术一方面促进了知识产品的跌宕更替，另一方面也对权利保

---

❶ 吴汉东，锁福涛．中国知识产权保护的理念与政策［J］．当代法学，2013（6）．

❷ 胡开忠．屏蔽网站禁令的制度分析及其对我国的启示［J］．法学，2017（3）．

护提出了新的要求。互联网络社会信息的共享性、社会公众获取知识信息的需求与权利人专有权之间的矛盾，新型侵权行为与传统版权界分表达形态之间的矛盾，以及侵权判断标准立法与实践之间的矛盾，都冲击着现有的版权体系。在网络环境下完善版权制度，首先应当立足于版权法的立法核心，即作为权利法其只保护作品中的独创性表达，对公有领域的思想加以利用并不构成著作权法意义上的侵权，在此基础上考虑将以电子数据等形式重现作品的行为视为复制行为，将利用网络实时直播、转播的行为视为信息网络传播行为；其次，明确不同侵权行为的判断标准，无形的网络环境对网络服务提供者提出了更高的审查注意义务；最后，坚持行政和司法的双轨制保护模式，辅以行业自治规范。通过行政执法的便捷性和强硬性，为版权的发展营造良好有序的网络环境，司法提供私法意义上的权利救济并对行政执法行为加以监督，行业自律提高了各类主体参与版权保护的主动性，从而促进版权产业的高质量发展，推进中国特色社会主义文化建设。

数字音乐独家授权模式问题研究

薛东昇*

内容提要 近几年，我国数字音乐正版市场快速发展，涌现出各种网络音乐平台，其中最具代表性的就是腾讯音乐和网易云音乐。这些音乐平台普遍采用独家授权模式，获得录音制作者的信息网络传播权。这种独家授权模式对解决盗版和侵权问题效果明显，但随着腾讯音乐和网易云音乐争端的爆发，此种模式是否构成垄断行为成为热议话题。本文从独家授权的定义出发，合理分析其利与弊，深挖网络音乐服务商之间争端的实质，同时从反垄断角度提出一些规制的建议。

关键词 独家授权；数字音乐；垄断

引　言

近年来，随着国家法治体系逐渐完善，在知识产权领域掀起一波打击盗版、保护原创的浪潮。自2002年伊始，互联网数字音乐逐渐普及，网络上充斥着各种盗版音乐作品，网络数字音乐产生了诸多的侵权问题。直到2015年国家版权局正式发布《关于责令网络音乐服务商停止未经授权传播音乐作品的通知》后，互联网数字音乐市场才得到初步的改善和净化。在新的制度

* 薛东昇，南京师范大学法学院研究生。

框架下，网络音乐巨头的独家授权之争又成为新的问题。早在 2013 年，腾讯音娱集团就与环球、索尼、华纳等诸多唱片公司订立了合作协议，取得了部分音乐的独家授权。阿里音乐也取得了华研、寰亚、相信和滚石等音乐的独家授权。❶ 同时，主打用户体验和社交的网易云音乐早期因曲量少一度处于停滞状态，但随着近两年网易云音乐的不断扩张，其平台上的多首音乐因为未获得授权而被迫下架，互联网数字音乐平台由此进入“军阀割据，多方混战”的状态。❷ 2017 年 8 月，腾讯音乐正式向深圳市中院提起诉讼，涉案主体包括网易云音乐旗下的三家公司。随后，国家版权局出面调停了本次争端，并要求各大互联网音乐平台在购买音乐版权时应当遵循公平合理原则、符合市场规律和国际惯例，不得哄抬物价、恶性竞价，避免采购独家授权。要积极促进网络音乐广泛传播，推动网络音乐作品转授权，消除影响网络音乐广泛授权和传播的不合法、不合理障碍。❸

此次风波中的独家授权到底是什么？其是否具有可持续性？各大平台争议的背后实质又是什么？随着版权时代的到来，法律该如何兼顾著作权人的利益和消费者的利益？这些问题都值得探讨与研究。独家授权模式作为中国互联网版权时代下的产物，顺应了国家打击盗版音乐的政策，也起到了激励创新的作用，可谓是为天才之火浇上利益之油。本文在综合分析独家授权模式的基础上，提出一些拙见，希望对我国的互联网音乐市场发展有所裨益。

一、概念明晰

（一）数字音乐的定义

根据音乐传播形式的分类，可以分为数字音乐和实体（传统）音乐。数

---

❶ 黄恒．版权时代下的数字音乐独家版权割据问题［J］．新媒体研究，2017（19）．

❷ 宁立志．叫停网络音乐市场版权独家交易的竞争法思考［J］．法学，2018（8）．

❸ 国家版权局约谈主要网络音乐服务商 要求全面授权广泛传播音乐作品［EB/OL］．［2018-09-01］．http：//www.ncac.gov.cn/chinacopyright/contents/518/349213.html.

字音乐，是指用二进制数字格式传输，存储于一定介质中的音乐。数字音乐可细分为在线音乐和无线音乐，前者是通过有线传输的方式在电脑终端收取并播放的音乐，后者是通过无线通信网络传输到手机终端上的音乐。实体音乐，是指一种通过磁带、CD 等实体产品存储并传播的音乐。在目前的音乐市场上，数字音乐正逐步取代实体音乐。❶

（二）音乐作品的许可方式

音乐作品的许可方式可以分为三类：授权许可、法定许可和强制许可。授权许可是指许可方和被许可方通过订立协议约定音乐作品的使用方式；法定许可是指依照法律明文规定，不经著作权人同意有偿使用他人已经发表作品的行为，例如广播电台播放已经出版的录音制品；强制许可同法定许可一样，类似于合理使用，是对作品权利的一种限制。❷ 本文仅讨论授权许可方式。

依据许可主体的差异，授权许可可以分为集体（传统）授权和个人授权两种模式。集体授权是传统的许可模式，是指音乐作品的著作权人加入著作权集体管理组织成为会员，其将作品的部分权利信托给集体管理组织，再由管理组织以自己的名义将作品授权给被许可方使用的方式，其目的在于统一管理和保护作品的著作权。个人授权是指著作权人以自己名义将其所享有的著作权的部分财产性权利授权给被许可方使用的方式（著作权中人身权不可授权他人使用）。个人授权虽然给了著作权人更多的自由空间，但由于作品的传播范围广、保护时效长、受众面多的原因，个人在维护权利方面缺乏充分保障。

依据许可的形式，授权许可可分为专有许可和非专有许可。专有许可是指在指定期间内，权利人许可他人独享权利，在此期间内权利人不得再许可第三方使用；除合同约定外，被许可人许可第三方使用同一权利，必须征得

❶ 钱晓强．网络时代下数字音乐市场独家版权模式探析［J］．电子知识产权，2018（8）．

❷ 宁立志．叫停网络音乐市场版权独家交易的竞争法思考［J］．法学，2018（8）．

权利人的同意。非专有许可是指权利人在许可他人使用作品的同时，仍然保留许可第三方使用作品的权利。

（三）独家授权模式的定义

独家授权模式早先被新闻媒体称为“独家版权”，其用词并不严谨，容易给公众产生误导。而独家版权的实质，是指由录音制作者（唱片公司）将信息网络传播权独家授予数字音乐传播主体。[1] 根据我国《著作权法》第 10 条规定，信息网络传播权是 12 种著作财产权之一，是伴随科技发展而产生的一种重要的新兴权利。首先，独家授权模式没有采用传统的著作权集体授权方式，而是采用了个人授权许可方式。由录音制作者（唱片公司）直接将作品的部分权利授权给网络音乐服务商。其授予的权利主要包括音乐作品的信息网络传播权、转授权和保护音乐作品的权利。例如 2017 年腾讯音乐娱乐集团与环球音乐集团签订独家授权协议，腾讯音乐获得海量的优质曲库内容，以及全球知名歌手版权资源的运营、推广、开发等权益，并成为环球音乐集团在中国大陆地区分销业务的独家合作伙伴。[2] 根据中国版权资源信息中心的公示公告表明，独家授权模式获取的版权登记为专有许可。尽管独家授权模式属于专有许可，唱片公司无法将作品再次许可给第三方，但是协议中通常约定转授权条款，要求网络音乐服务商履行转授权给第三方的合同义务，以扩大音乐作品的传播范围。

由此可知，独家授权模式主要具备两个特征：(1) 唱片公司或者个人将信息网络传播权、转授权和维护自身著作权的权利许可给网络音乐服务商；(2) 网络音乐服务商虽然得到专有许可，但同时必须承担转授权给第三方的义务。

在实践中，网络音乐服务商的转授权方式主要有两种：第一种称为“窗

---

[1] 丛立先．网络音乐独家版权与独家版权代理的区别［N］．中国新闻出版广电报，2017-09-28（5）．

[2] 环球音乐与腾讯音乐达成版权战略合作，共同拓展中国音乐市场［EB/OL］．［2018-09-01］．http：//tech. qq. com/a/20170516/040078. htm.

口期”模式，即歌曲出版发行后先在某一个网络平台上上线，过了一定期限后（窗口期）在全网上线。[1] 例如德雷克（Drake）的《观点》（*Views*）在苹果音乐独家上线两周后，才在声田（Spotify）等其他音乐流媒体平台上线。第二种是独家代理模式，将转授权的权利和义务同时给予给网络音乐服务商，目前国内大部分网络音乐服务商就是采用此种模式，例如腾讯音乐与华纳、寰亚等唱片公司的合作方式。

二、独家授权模式的利弊分析

从打击盗版的角度来说，独家授权模式效果显著，不少学者对此予以肯定，但其随之又产生垄断争议，其有可能构成的纵向垄断协议，滥用市场支配地位中的高价转售，拒绝交易和搭售等都严重违背了民法中的意思自治和诚信等基本原则。

（一）独家授权模式的普遍性

在对独家授权模式进行利弊分析之前，我们应当认识到，独家授权模式具有很强的开放性。实际上，独家授权模式并不是一个新兴的商业模式，也不是音乐作品中专有的模式。在当前的知识产权商业化时代，独家授权模式十分普遍，比如2018年世界杯，咪咕视频获得了转播权，一度让腾讯体育和新浪体育等互联网媒体只能通过图片和动画形式呈现世界杯，在文学作品领域更是如此，多数作者将其作品独家授权给某个出版社，比如莫言独家授权给浙江文艺出版社。[2] 因此，独家授权模式在数字音乐领域适用完全具备可行性。同时，它是商业化催生的产物，在“法无禁止即可为”的私法领域，理应受到适当的宽容，数字音乐的商业运营，不能永远处在赔本赚吆喝的状态，著作权持有方扭亏为盈的正常交易活动，应当予以支持和包容。

---

[1] 王峰．争议“独家版权”国家版权局介入网络音乐平台乱战［N］．21世纪经济报道，2017-09-15（11）．

[2] 方燕．数字音乐版权独家授权的经济分析及其启示［J］．法商研究，2018（5）．

（二）独家授权模式的优势

1. 激励作者创新，降低交易成本

独家授权模式击中了音乐权利人授权和收取著作权费用渠道分散的痛点，通过竞相出价方式按约定将音乐著作权授权一家信誉较好、市场影响力较大的网络音乐服务商独家代理、在独家授权花落谁家的竞争过程中帮助权利人获得更高的版权费用，同时降低交易成本。[1] 中国音乐创作者和表演者，正迎接着音乐版权正版化、音乐消费多元化、音乐市场分众化、数字音乐商业化所带来的红利期，稳定和增长的版权以及演出收入，帮助他们拥有更多的资金和动力投入到音乐创作和内容生产中。

2. 打击盗版、侵权行为

通过高价竞争购买得到独家授权的网络音乐服务商，拥有强烈的维权动力；同时独家授权也保证了事后的营销和维权努力带来的好处不会“外溢”，该平台不用担心出现在非独家授权下其他平台怠于营销和维权而搭便车的现象出现。[2] 正因为与网络音乐服务商独家授权合作，让音乐在著作权上有唯一的“主人”、成功地规避了非独家授权下事后投入的外部性问题。平台运营商的这些所作所为，直接促使大量未经授权音乐作品迅速下线和有偿采购正版音乐作品，有力净化了版权环境和促成了互联网音乐平台的行业自律，维护了合法版权持有者的应得利益。长期来看不单单激发了处于数字音乐产业链上游各环节的主体从事音乐创作、整合和传播的积极性，保证数字音乐产品提供的长期健康繁荣。同时，各家音乐平台服务商通过打造从音乐付费下载到数字专辑付费购买，从会员曲库特权到粉丝等级升级、封面解锁等新玩法，教育和培养了绝大部分一直以来并不具有严谨契约精神和版权意识的中国音乐消费者，最终，达到打击盗版、侵权行为的效果。

---

[1] 熊琦．数字音乐跨平台获取将会怎样［N］．中国新闻出版广播报，2017-05-22（4）．

[2] 方燕．数字音乐版权、独家授权和集体管理组织：一个简要的经济分析［J］．竞争政策研究，2018（2）．

3. 促进数字音乐市场的发展

我国数字音乐市场逐步向正版化付费方向发展，仅凭借用户流量套取广告费的模式并不是最佳的方式，逐渐向用户收取作品版权费用将成为重要的盈利方式，收取音乐的版权费数额与音乐的质量密不可分。[❶] 独家授权模式不仅促进了网络音乐服务商购买正版音乐，同时也激发了网络音乐服务商提高库存音乐的质量的动力；消费群体的扩张从反面进一步激励了音乐服务商对正版音乐购买的投入，促进音乐服务商从单一的产品走向数条产品线多管齐下，进而促进音乐产业更好地良性循环。

（三）独家授权模式的不足

1. 不利于市场自由竞争，限制中小网络音乐服务平台生存空间

独家授权模式中的数字音乐许可过程有两部分，一次是由唱片公司授权许可，另一次是网络音乐服务商的转授权许可。在第一次购买独家授权时，会产生竞价行为，最后竞价成功的往往是凭借背后雄厚的资本实力，如阿里音乐、腾讯音乐娱乐集团、百度音乐等，从目前市场上来看，超过 90% 的歌曲独家授权都被腾讯音乐收入囊中，处于优势地位的腾讯有极大可能主导音乐的定价权。[❷]

在第二阶段（转授权），独家授权协议尽管要求网络音乐服务商履行转授权的义务，但是转授权的价格、数量、标的等则是由转授权的多方进行商讨和谈判。手握巨量音乐的服务商在竞争中处于优势地位，中小音乐服务商在与其订立合同时根本没有谈判的空间和议价的可能，其极大地限制了中小音乐平台的生存空间，制约了市场的自由竞争。以网易云音乐和腾讯之间这场旷日持久的“拉锯战”为例，自 2015 年开始，双方就在转授权和侵权方面相互指责和推诿，并不断提起诉讼，2017 年下半年，由于腾讯终止了转授

---

❶ 方燕．数字音乐版权独家授权的经济学分析及其启示［J］．法商研究，2018（5）．

❷ 腾讯音乐占有中国总曲库的 90% 但版权垄断将彻底毁掉音乐市场［EB/OL］．［2018-09-01］．http：//tech. ifeng. com/a/20170908/44676954_ 0. shtml.

权合同，网易云音乐大量歌曲被迫下架，❶ 酷狗音乐（腾讯音乐旗下平台）甚至打出“就是歌多”的广告词公开挑衅网易云音乐。最后，在国家版权局的调解下，双方才重新达成转授权协议。网易集团作为国内屈指可数的互联网集团，在订立合同时尚且受到如此大阻力，更不要提中小网络音乐服务商的处境了。

2. 易造成滥用市场支配地位，缺乏规制手段

如前述，腾讯音乐拥有90%的音乐存量，其市场支配地位明显，如若缺乏规制手段，势必会造成滥用市场支配地位。根据艾瑞咨询《2016年中国在线音乐行业研究报告》，腾讯音娱旗下的QQ音乐、酷狗音乐和酷我音乐等所包含的版权库在整体版权库中占90%。❷ 倘若网络音乐平台凭借独家授权所获得的支配地位实施与价格相关或与价格无关的反竞争行为，产生排除、限制竞争效果，则必须受到反垄断法的规制。

国内目前对此种模式产生的负面影响缺乏规制手段，只能通过国家版权局出面调解的方式解决，但这可谓“头痛医头，脚痛医脚”，并不是一个长久之策，因此我国应当强化法律的规制，从相关的反垄断法律上进行规制。

综上，从独家授权模式的利弊分析来看，独家授权模式并不是导致网络数字音乐纷争的主要症结，笔者认为，独家授权模式是在商业利益下催生的一种保护著作权的途径，其利大于弊。同时，在此模式下产生的不利后果也可以从法律上进行规制。

三、独家授权模式争议的实质

如前述，独家授权模式并不是网络数字音乐纷争的主要症结，其纷争背后的实质是众多网络音乐平台的流量之争。❸

---

❶ 赵一洲．我国网络音乐市场的现实困境与法律制度完善［J］．网络信息法学研究，2018（1）．

❷ 2016年中国在线音乐行业研究报告［R］//艾瑞咨询系列研究报告，2016（7）．

❸ David S. Evans．网络平台的注意力竞争［J］．电子知识产权，2013（9）．

（一）互联网平台的竞争实质

互联网的产生极大地改变了人类生活、工作和学习的方式，互联网拥有特别的商业模式："免费传播+广告间接收入+增值服务收费"。❶ 因此，互联网企业安身立命之根本在于扩大流量，互联网平台之间的竞争就是流量的竞争。近年来国内的互联网企业都在打造综合性平台，比如腾讯集团、阿里巴巴集团都不断地扩张自己的功能范围，在平台上尽量抓住更多的用户，提供更多的功能。流量越多的互联网平台，越容易取得竞争优势并且将这种竞争优势转变为胜势。

（二）互联网音乐服务商的社交平台和泛娱乐平台

近几年，随着"私人定制"商业模式的兴起，网络音乐服务商在其平台上也推出了多种个性化选择，并且构筑了自己的生态链，其中有两种模式十分突出：第一种是网络音乐平台采用关联账号登录和歌曲点评的方式，突出其社交功能，网民将此类网络音乐平台称为网络音乐社交平台。比如网易云音乐的首席执行官朱一闻曾介绍，网易云音乐产品自上线以来，就不只是一个音乐播放器，而是音乐社交平台，未来也会继续深化音乐社交方向。❷ 第二种是网络音乐平台逐渐成为泛娱乐平台，比如腾讯音乐推出的在线 K 歌、网络直播和原创音乐人等多种社交和娱乐体验，在音乐馆中，腾讯音乐推出了"相声评书""有声小说""脱口秀""综合娱乐"等多种栏目，同时推出了电台服务。网易云音乐在 2018 年推出了各种音乐产品，如音乐蓝牙耳机、音乐背包和各种服装，不但使用户乐享音乐的魅力，还借此进一步敲开用户的钱包，多种途径获得收益。在互联网高度发达的今天，线上线下的互动体验早已不是新鲜事物，但正是由于互联网企业的利益扩大，冲突也就在所难免。

---

❶ 孟兆平. 我国网络音乐产业发展的现状、问题与解决对策［J］. 兰州学刊，2016（3）.

❷ 王健. 数字音乐相关市场界定的思考［J］. 法商研究，2018（5）.

综上，独家授权引发的数字音乐著作权之争，本质上是流量之争。数字音乐平台采用互联网特有的商业模式运行，平台通过诸如“广告”“游戏模式”“社交平台”和其他增值服务方式等获取收益。根据各大互联网音乐平台透露的消息来看，各大数字音乐平台都处在亏本状态，即使拥有庞大库存量的音乐巨头，也并未因此而获得可观的利益。[1] 平台核心的竞争力是通过曲目吸引更多的在线消费流量，争取更多的独家授权是其必要的手段，笔者认为，这种流量之争其最终损害的是消费者的利益，独家授权并不是纷争的主要因素，将互联网音乐服务商之间的竞争纳入正常的轨道上才是解决问题的核心。

四、独家授权模式下对网络音乐服务商的垄断规制问题

在巨大的市场利益下，国内网络音乐服务商采用的独家授权模式一度成为千夫所指，有学者建议应对独家授权予以限制或禁止，还有学者认为应将独家授权模式列为垄断行为，用反垄断法去规制，但结合上文分析，独家授权模式并不是问题的关键，笔者认为，网络音乐服务商采用的版权独家授权不应当被叫停，其只是一种商业手段，但对于采用独家授权模式的各大运营商来说，采取适当的法律规制是必要的。同时，反垄断法也不否认独家授权模式，其关注点在于此种模式对市场竞争的影响，所针对的对象是各大音乐服务平台对同业竞争者和消费者利益的损害，当损害达到一定程度，反垄断法才会对其进行必要的限制、约束和禁止。

（一）网络音乐服务商是否构成垄断的认定

在独家授权模式下，首先应对网络音乐服务商是否构成垄断地位进行认定，具体认定可以从以下几个方面展开。

1. 评估独家授权模式双方主体的市场势力

独家授权合同包括许可方和被许可方，评估结果无非有三种：（1）交易

---

[1] 徐士英．数字音乐版权独家授权引发的竞争问题思考［J］．法商研究，2018（5）．

双方都不具有市场势力，其对市场竞争的损害较小；（2）交易双方有一方具有市场势力，其对市场竞争可能产生损害应予以警惕；（3）交易双方均具有市场势力，此时可能对市场产生较大负面影响，应当启动相应调查和预警措施。

2. 评估独家授权行为的影响范围

独家授权行为的影响范围主要包括：（1）数字音乐作品本身所涉及的范围；（2）作品保护的地域范围；（3）作品的受众面范围。这些影响范围越广，对市场竞争的损害越大。

3. 评估独家授权行为的合同内容和积极效应

合同法给予双方主体在合理范围内的自由协商空间，对于合同内容应当进行评估，具体分为以下几类：（1）许可作品版权的数量。独家授权的数量越大，对市场影响越大。（2）独家授权的期限。期限越长则对市场影响越大。（3）是否具有转授权条款和合理价格要求，此为评估的核心，如果有则说明对市场竞争的影响相对较小。（4）合同的签订是否构成对市场的封锁。

独家授权模式产生了降低交易成本，减少商业风险，限制搭便车行为，提高竞争效率和促进创新等一系列的积极效应，我们应当辩证地看待目前所产生的问题。

（二）网络音乐服务商的潜在垄断危害

独家授权模式下，网络音乐服务商可能利用其市场支配地位提高价格，拒绝交易或者附加不合理的条件，从而引发封锁市场的风险。❶ 同时，还会产生以下几种利益损害：第一种是控制出版自由、表达自由、信息自由和言论自由；第二种是损害公众的选择权，以至于破坏整个市场制约机制；第三种是音乐作品的不充分传播，而作品的生命力就在于传播。因此，对其进行垄断规制是必要的。

❶ 董新凯．独家交易协议的反垄断法规制研究［M］．南京：江苏人民出版社，2008：42.

（三）独家授权模式垄断规制原则

1. 同等对待原则

同等对待原则是指对待知识产权应当与其他财产权一样，在认定是否构成反垄断的条件中，将归为无形财产的知识产权和其他财产权同等对待，不偏不倚，既不能因为知识产权本身具有合法的垄断性质而脱离反垄断法的规制，同时也不能因为无形财产给权利人带来某些优势而受到更严厉的规制。同等对待原则的合理性来源于知识产权保护和反垄断法的互补理论，是产权保护历史上人们吸取过去将知识产权在反垄断法上予以特殊对待因而产生要么抑制创新、要么放纵垄断这一教训基础上所得出的经验。独家授权模式下，网络音乐服务商享有的信息网络传播权同样要受到同等对待，在反垄断法的规制下，促进公平合理交易，保护市场的竞争性和可预测性，避免出现不正当竞争，损害社会公共利益。

2. 合理分析原则

反垄断法在适用上有两个经典的基本原则，一个是本身违法原则，另一个是合理分析原则。[1] 本文认为，就独家版权模式下音乐服务服务商的交易行为的评估应采用合理分析原则。其背后的原因有如下 3 点：（1）反垄断法中纵向交易的价格限制采用本身违法原则，但独家授权模式下唱片公司和数字音乐服务商的独家交易行为是非价格的限制，应当采用合理分析原则。（2）获得独家授权的数字音乐服务商可能成为具有市场支配地位的主体，从而滥用市场地位，对其是否构成滥用市场地位应采用合理分析原则。（3）独家授权模式是一种具体的知识产权交易方式，犹如一把"双刃剑"，其背后对市场竞争存在积极推动和消极压制的双重影响，合理分析原则最大的优势在于权衡利弊，正好符合判定独家授权行为和数字音乐服务商是否构成垄断的良方。

3. 分层规制原则

独家授权模式在版权时代应用十分广泛，针对不同的著作权类型可

---

[1] 刘维．中国知识产权裁判中过度财产化现象批判［J］．知识产权，2018（7）．

以细分为多种，通过具体的实践考察，从内容上看，可以分为数据类和非数据类，❶ 当内容是数据时，数字音乐服务商的垄断风险随之增加，数据具有锁定效应、网络效应和互联网平台的多边市场等特征。因此，依据独家授权的标的不同，可以将其区分为数据类和非数据类进行分别规制：(1) 数据类著作权独家授权的垄断风险较大，比如前述的数字音乐独家授权，以及数字广播权的独家授权、计算机软件独家授权许可等。(2) 非数据类著作权独家授权的垄断风险较小，比如文学作品的独家出版、美术作品的独家出版、影视作品的独播权、版面设计的独家授权等。最后，本文认为，不同形式的独家授权模式对市场的影响不同，数字音乐平台通过作品的反复使用增加用户的黏度，其拥有独特的控制特点，其构成垄断的风险比其他数据类著作权更大。

(四) 独家授权模式后的垄断规制措施

1. 独家授权模式中垄断的风险控制

垄断规制措施有许多种，但对于独家授权模式的控制措施，应当在维持现有的产权保护成果前提下，进行必要的法律规制，其核心是避免数字音乐服务商滥用市场支配地位，具体而言，可以分为以下几个方面：(1) 界定好事前控制措施的范围。事前控制主要在于预防措施，2009 年商务部禁止可口可乐收购汇源案就是典型的事前控制措施，❷ 国内各大数字音乐商在购买独家授权时，应考虑其市场的份额，针对有垄断可能性的行为，应当予以适当控制，但其不同于已经发生的损害，如果一味地对其限制，将导致政府过度干预经济，耗费大量成本，基于适度干预理论和必要性，❸ 仅当著作权独家授权有高度的垄断可能性时，才应纳入事前控制措施的范围。前文所述的计算机软件独家授权、数字音乐独家授权都应当列入事前控制范围。(2) 明确

---

❶ 吕明瑜．数字音乐版权独家授权的垄断规制问题［J］．法商研究，2018 (5).

❷ 潘志成．析商务部禁止可口可乐收购汇源的相关理由［J］．法学，2009 (7).

❸ 孙晋．共享经济的政府监管路径选择——以公平竞争审查为分析视角［J］．法律适用，2018 (7).

需要采取控制措施的条件。市场交易是一个自由的行为，不能因为几家巨头的争端而导致整个市场被控制，导致整个环境缺乏活力，只有达到条件的独家授权才会受到控制措施的规制，同时条件要综合考虑数字音乐被许可者的市场份额、交易的期限、交易的数量和质量等。(3) 进行竞争状态的系统性评估和预警。通过定量和定性的方法，对具有垄断风险的数字音乐服务商进行系统性的评估，通过对其是否存在经营者集中、是否滥用市场竞争地位，构筑交易壁垒等情况的分析，建立预警措施。(4) 确立垄断风险的个案审定制度。对于一些交易不会产生损害或者利大于弊的案件，尽量进行调解，避免造成更大的公共资源和司法资源浪费。

2. 独家授权模式中竞争损害的救济

独家授权模式下造成的经营者集中、滥用市场支配地位等损害情况的救济措施有多种，既可以通过公权利救济，也可以通过私权利救济，但无论是何种救济途径，都需要在立法上对独家授权模式系统进行规定。笔者认为，主要应当从如下方面进行考虑：(1) 确定独家授权模式的竞争损害标准；(2) 明确认定版权独家授权竞争损害的考量因素；(3) 构建版权独家授权竞争损害的系统分析方法；(4) 建立适合版权独家授权特点的责任体系。

结　语

数字音乐独家授权模式是在知识产权商业化快速发展的环境下凝结的成果，任何一个新的事物都会有自身的优势和劣势，笔者认为，应当对这种新生事物持认可态度，同时发现网络音乐服务商冲突背后的本质，通过必要的垄断规制手段对其加以限制，既要保持知识产权保护的浪潮不衰减，又要保持原有的市场活力，推动国内音乐市场进一步走向繁荣。

论数字环境下首次销售原则的构建

黄良迪*

内容提要 发行权用尽应该扩大到网络环境下，以保证作品的流通与文化传播，构成新的利益平衡。版权作品转售过程中的传输是必要的技术组成，不应被视为侵犯复制权。对于交易行为的本质属于销售还是许可的判断，应以公共利益为基石，分析具体的条款，结合所有权转移、期限、身份是否特定等要素综合判断。同时在网络环境中应利用数字技术的特征建立新的商业模式弥补网络环境下未经授权的复制件传播给版权人造成的损害。

关键词 首次销售原则；发行权；复制权；许可；商业模式

版权从来都不是绝对的权利，为了公共利益需要，要对绝对的保护作出一些合理的限制，如合理使用、法定许可等。版权法需要权衡公众、传播者与创作者之间的利益，任何人的创作都是在前人的基础上进行的，大多数国家在认定作者向公众提供作品复制件的专有权的同时，为了不妨碍作品的自由流通，都规定了发行权在第一次使用后就竭的原则，以此来保障作品传播的畅通。❶

"首次销售原则"（the first sale doctrine）又称为"发行权用尽原则"，该

---

* 黄良迪，南京师范大学法学院研究生。

❶ 龙井瑢．新媒体时代的版权与技术［M］．西安：陕西师范大学出版社，2016：1.

原则于 1908 年在 Bobbs-Merrill Co. v. Straus 一案中首次被美国最高法院承认。❶ 该原则是指，版权作品一旦合法地进入市场之后，版权人不得干预所有权人对其后续的处分行为。从物权角度看，首次销售原则使得所有权人能够自由处分版权作品的载体，避免著作权与物权的冲突。从著作权本身观之，有学者论证：发行权本身就是用于阻止未经权利人许可的复制件投放入市场的行为，首次销售原则本身就是发行权的应有之义。❷ 首次销售原则针对的是经过版权人许可的进入市场的版权作品，版权人在首次同意版权作品进入市场时就可获得回报，其控制作品流向市场的权利也没有受到影响。基于首次销售原则，公众、传播者与创作者之间的利益得到较为稳定的平衡，消费者个人可以将其购买的书籍、唱片等作品转卖出去，图书馆也可以合法地向公众出借藏书。尽管后来有些国家和地区创设了“公众借阅权”，赋予软件和影视作品的版权人“出租权”，但这些基于时代背景下利益平衡，没有对“首次销售原则”起到根本性的影响。

一、数字环境下首次销售原则适用的法律困境

版权制度其本身就不是单纯地为了保护版权人或者出版商利益的工具，而是有关作品“所有人与使用人之间一个成本较低但效率更高的协调机制”，❸ 然而，数字技术与互联网的出现打破了这一协调机制。由于数字技术高保真、获取便捷等特点，在适应首次销售原则的情况下，会使得二手交易市场比一手市场更为繁荣，这对版权人和出版商来说，是非常不利的。版权

---

❶ 该案原告作为某小说（Castaway）的版权人，在该书的首页上写道：图书的零售单价如低于 1 美元则构成版权侵权，但是被告以 89 美分的单价销售此书。在该案的最终判决中，美国最高法院否定了原告的诉讼请求，认为版权人享有的专有销售权仅及于首次销售，在图书首次销售之后，版权人则无权限制未来该书的再次销售。参见 Bobbs-Merrill Co. v. Straus，210U. S. 339（1908）。

❷ 王迁．论网络环境中的“首次销售原则”［J］．法学杂志，2006（3）.

❸ ［美］保罗·戈斯汀．著作权之道：从古登堡到数字点播机［M］．金海军，译．北京：北京大学出版社，2008：170.

人利益集团提出诸多理由反对首次销售原则的适用，因此首次销售原则能否在数字环境下予以适用这一问题虽被多次提上议程，但始终没有得到各国立法的确定。

（一）网络传输不是发行

传统的发行是指向公众提供有形作品复制件的行为，而网络传输行为不构成发行行为。在传统首次销售原则的框架下有形载体发生了转移，而网络传输行为是在他人的计算机中形成一个新的复制件。各国在应对网络技术的挑战中采取了不同的路径。《欧盟信息社会版权指令》（以下简称《指令》）第3条第1款规定了“向公共传播权”，我国《著作权法》第10条也加入了“信息网络传播权”以应对数字环境下的传输行为。因此，我国有学者认为如果要对网络环境下转售行为作出规制，那也应该是对“信息网络传播权”建立新的权利限制机制，而不是将“首次销售原则”扩大到数字环境下。[1]

（二）数字作品非发行权客体

目前国际上普遍不认同发行权客体中包括数字作品，《指令》第4条采取了传统的发行概念，即版权作品需以有形物为载体，以转移所有权的方式向公众发行。发行权所针对的是得到权利人许可进入市场的特定复制件，而传输是形成一个新的复制件，尽管在实质上二者一样，但在形式上已经不符合发行权穷竭的条件。

（三）侵犯复制权

在1995年《美国知识产权与国家信息基础设施报告》白皮书（以下简称“白皮书”）中，工作组建议将一切网络上的复制行为都纳入版权人复制权的制约下，包括临时复制行为。尽管遭到社会各界的抨击，1998年《数字千年版权法案》（DMCA）仍仅在这一基础上对复制权进行了一些限制，而

[1] 王迁．论网络环境中的“首次销售原则”［J］．法学杂志，2006（3）．

没有根本上改变对复制权进行高水平保护的姿态。首次销售原则只是对发行权的限制而不涉及复制权，行为人转售的复制件应当是其购买的特定复制件，而网络环境下传输行为是形成一个新的复制件，这样就存在两个复制件。在美国对复制权进行强保护的情况下，这种复制行为属于非法复制。而如果复制是非法的，那么无论向公众或特定人的发行也必然是非法的。这一观点在1998年的《数字千年版权法案》中得以确立，由此构建了美国“发行权+复制权”的保护体系，对网络环境下的版权保护问题做出了初步的探索。在后来的 Capital Records，LLC v. ReDigi Inc 一案中，因为 Redigi 1.0 系统对二手作品的复制属于非法复制，法官认为 ReDigi 的网上转售行为不合法，已经侵犯了版权人的复制权，而 Redigi 系统是否删除了一手文件不构成抗辩的理由。[1]

同样，《欧洲信息社会版权指令》第2条也授权版权人阻止网络环境下未经其许可的永久复制，甚至对发生在网络传输中的暂时复制也可以去主张权利。[2] 对于技术性复制，仅仅是在第5条第1款规定了例外情况，如果复制行为是技术过程中必不可少的组成部分，且目的只是使版权作品得以使用，而不带有任何的经济意图，则可以避免《指令》第2条的适用。但根据这样的定义，似乎也很难将数字转售行为包含进去。

（四）许可还是销售

根据传统的“首次销售原则”，如果他人合法地获得某一版权作品的复制件，权利人是不能通过合同预先设置其处分这一复制件的权利限制。[3] 每个版权人基于规避法律风险以及自身利益最大化的考量，在网络环境下都会标榜交易行为属于许可使用，从而避免首次销售原则的适用。在2009年美

---

[1] 管育鹰．版权领域发行权用尽原则探讨［J］．法学杂志，2014（10）．

[2] 《欧洲信息社会版权指令》第2条规定：成员国应对作品的作者或邻接权人提供“授权或者禁止直接或则间接、暂时或永久、以任何方法和形式进行全部或部分复制的排他权利”。

[3] 王迁．论网络环境中的“首次销售原则”［J］．法学杂志，2006（3）．

国的 Venor v. Autodesk，Inc. 一案中，第九巡回法院提出了以下判断是销售还是许可的标准：首先，版权人明确表示授予用户的是使用权，而非所有权；其次，版权人需要在一定程度上限制用户将版权作品转让或者借用给第三人的权利；最后，版权人需要对用户使用版权作品施加明显的限制。❶ 因此法院最终认定 Autodesk 公司与 CAT 公司之间的法律关系为许可使用，不适用首次销售原则，但第九巡回法院并没有直接作出判决，而是撤销原判，发回重审。❷ 在 Vernor v. Autodesk 案确立的三原则较为宽松，使得首次销售原则的适用空间被很大程度地压缩，网络环境广泛存在的电子协议，将数字版权作品的交易定义为许可授权，从而排除了首次销售原则的适用。而在 2012 年的 UsedSoft v. Oracle International Corp 一案中欧洲法院提出了“整体观察”的思路，若许可协议中的许可为永久许可，且使用人支付了对价，则视为所有权发生了转移，适用首次销售原则。且无论该复制件是从版权作品权利人提供的服务器中直接下载获得，抑或从二次销售者处获得，均不影响首次销售原则的适用。❸ 该裁决开创了数字环境下软件作品适用首次销售原则的先例，使得首次销售原则的客体从有形复制件扩大到无形复制件。❹ 同时欧洲法院强调对于《指令》第 4 条的“销售”应该采取广义解释，否则任何出卖人都可以将自己的行为定义为许可，从而排除首次销售原则的适用。但欧盟法院处理争议的对象仅限于计算机软件作品，对于电子书籍、音乐影视作品是否适用该原则仍然有待探讨。德国哈姆上诉法院在 2014 年的一份判决中就认为除了软件以外的其他数字作品都不能适用首次销售原则。

---

❶ 基本案情为：本案原告维诺（Venor）从 CTA 公司购买了被告 Autodesk 公司的 AutoCAD 软件，该软件的点击许可协议要求用户在软件进行升级之后，必须销毁以前的版本。CTA 公司在安装了 AutoCAD 软件新版本后，并未销毁原有版本，而是将其以折扣价卖给了原告。原告将软件在 eBay 网上销售。被告得知后向 eBay 发出通知，告知其原告的行为侵犯其版权。eBay 网终止原告的销售，并关闭其网店。故原告请求法院确认其转售行为受到首次销售规则的保护。参见 Venor v. Autodesk，Inc. 621F. 3d 1102，1111（9th Cir. 2010）.

❷ 马弛升．数字环境下首次销售原则适用的困境与突破［J］. 知识产权，2016（3）.

❸ 梁志文，蔡英．数字环境下的发行权穷竭原则［J］. 政治与法律，2013（11）.

❹ 瞿昊晖．论软件首次销售规则的适用［J］. 法学杂志，2013（11）.

二、数字时代首次销售原则的适用基础

传统的首次销售原则仅适用于有形载体间，很长一段时间，首次销售原则在数字环境下的适用均没有得到各国立法和司法的肯定。侵犯复制权、仅仅适用于“特定的”复制件、许可还是销售、数字作品是否是适格客体等问题交相缠绕。首次销售无法直接套用于网络环境，技术带来的改变使得这在形式上是无法一致的。应当看到，随着科技进步及数字产业蓬勃发展，2016年我国数字出版产业总收入5720.85亿元，比2015年增长29.9%，与2006年的213亿元相比，十年间增长26倍之多。[1] 2017年国内数字出版产业整体收入规模突破7000亿元，达到7071.93亿元。[2] 基于成本、环保以及便利性的考量，越来越多的出版商选择放弃传统的线下销售模式，线上已经成为他们出版发行的唯一渠道，如果数字环境下不存在二手市场的交易，那么这将是版权的又一次非理性扩张，版权人将享有肆意的定价权并且能严格控制版权作品的流动，严格的产权将会挤压消费者和社会大众的利益，这与版权法的精神明显相悖。因此，数字环境下首次销售原则具有极大的进行利益平衡的制度价值。

毫无疑问，数字环境下的发行权应当用尽，因为不允许权利人从无限制的发行行为中获取暴利，但同时也应当考虑数字环境与传统实体环境的区别，交易的本质是“许可”还是“销售”？传输行为所形成的新的“复制件”是否为“合法制作”？因此，数字环境下应对首次销售原则的适用设置一定的条件，在避免侵权的同时还需符合首次销售原则的初衷——平衡版权人与社会大众的利益。

（一）发行权与有形载体

美国版权法将网络发行纳入发行权的范畴，而中国和欧盟则创设新的权

[1] 魏玉山．2016~2017中国数字出版产业年度报告［R］.

[2] 魏玉山．2017~2018中国数字出版产业年度报告［R］.

利来规制网络环境下作品的传播。然而就我国《著作权法》而言，即使第10条规定了信息网络传播权，但这是否意味着网络发行行为应受到信息网络传播权的调整？转让复制件所有权是发行权区别于其他著作财产权的特征，在所有的著作权中仅仅只有发行权涉及作品的所有权，如信息网络传播权、展览权、表演权、放映权等其他的权利均是通过控制作品的再现来实现版权人权利，都不涉及作品物权转让。[1]《著作权法》第10条将发行权定义为：以出售或者赠予方式向公众提供作品的原件或者复制件的行为。那么，在网络环境下的发行显然并不与该定义冲突。2008年新闻出版总署开始实施《电子出版物管理规定》，对网络环境下电子出版物的出版作出一定的要求，出版是典型的发行行为，那么将网络出版行为纳入发行权的规制下并无不可。同时，发行权用尽是出于对所有权人处分财产的传统权利的尊重，虽然网络发行不涉及有体物，但是，发行行为从不以版权作品承载于有体物上为前提条件。电子出版物虽然没有依附于有体物，但是并不能因此否认其财产的属性。数字时代，如网络游戏币、游戏装备、游戏点券等电子数据均被认可为财产的一部分，那么基于处分财产的自由，转售行为放到网络环境下又有何不可呢？

（二）对复制权的理解

从雕版印刷术到复印机，从钢琴卷到MP3播放器，技术的革新推动着版权的发展。当照相机出现时，画像师们高呼艺术要死亡了！但无疑，摄影技术使得艺术朝着更好的方向发展。20世纪初，留声机跟钢琴卷的出现，使得演奏家们认为这些冰冷的机械将摧毁音乐人创作的热情。20年后，人们又担心免费的收音机会再一次侵害版权人的利益。再到后来有线电视、家庭录像机、录音带的出现，一次又一次让版权产业陷入恐慌之中。但是VCR和DVD并没有毁掉电影行业，录像带的出现也没有让音乐产业进入寒冬。技术革新改变着版权的面目，而数字技术和互联网的出现正式这种趋势的延续。

---

[1] ［德］M. 雷炳德．著作权法［M］. 张恩民，译．北京：北京大学出版社，2005：244.

“只要能够有效地保护复制权，就能基本维护著作权人的经济利益，甚至在网络环境中也是如此。”❶ 在印刷时代，版权作品的复制行为需要较为专业的设备，花费相当大的人力物力成本，因此复制行为往往是由出版商进行，这对于版权人来说具有可控性，版权法人可以清楚地知道自己授权投放了多少合法的复制件进入市场。但是在网络环境下，复制行为可以由任何人完成，而且几乎不用花费成本，版权人悲剧地发现，自己也不清楚网络上存在多少的作品复制件，而且这个数量可能还在迅速地增加之中，其无法从发行中获得足够的利益以弥补创作的投入。因此，欧美在网络版权保护的不同路径中均对网络环境下的复制行为采取较为谨慎的态度，都是在明确复制权广泛覆盖的同时对其加以合理地限制。

但是复制和传输是互联网的基石，即使美国《数字千年版权法案》（DMCA）和《指令》对复制权做出一系列的限制，那也只不过是在一个大圆圈中剔除了几个小方块而已，没有根本上改变网络服务提供商（ISP）以及广泛的用户在版权人权利挤压下生存的状态。白皮书和 DMCA 尽管都承认网络发行是发行权的一部分，但是同样也都不承认“发行权用尽”在网络环境下的适用。他们认为向新用户传输版权作品时会形成新的复制件，是属于未经许可的复制，侵犯了复制权。所以在 Capital Records，LLC v. ReDigi Inc 一案中，法官认为 ReDigi 构成间接侵权。美国图书馆集团就认为如果传输行为完成之后删除了原复制件，则首次销售原则完全可以适用，不应当做出如此严格的形式主义解释。❷ 消费者们也有着难以理解的困惑，一个世纪以前就可以对书籍进行转卖，难道一个世纪之后购买书籍的电子版就只能连着设备一起卖？在 UsedSoft v. Oracle International Corp 一案法官就认为，复制是传输过程中必不可少的部分，属于技术构成，且复制的目的是使交付行为得以实现，是正当的，不属于侵犯复制权的情形。

2012 年欧洲法院开创的数字环境下软件作品适用首次销售原则先河的

---

❶ 王迁．知识产权法教程［M］．北京：中国人民大学出版社，2011：119.

❷ Ruth Anthony Reese. The First Sale Doctrine in the Era of digital Networks［J］. Boston College Law Review，2003，44（2）：577-652.

UsedSoft v. Oracle International Corp 一案，给我们带来新的启示。除了最基础的究竟是“许可”还是“买卖”这对法律关系的争议，我们需要注意到，Uesdsoft 公司提供的是二手软件的在线许可，而不必然涉及复制件的传输，即使用人可以直接在线使用该软件，并不必然需要将其下载到自己的 PC 端。由此可以假设，如果版权人将版权作品置于服务器上供大众进行免费下载，而在使用该版权作品上设置门槛，即需付费获得许可之后，方可使用该版权作品。那么之后使用人转售该使用许可的行为，能否适用首次销售原则？由于不涉及复制，所以要解决的问题只有该交易究竟是“许可”还是“销售”，有学者认为该问题的回答是能否适用首次销售原则的关键。❶

（三）所有权转让与著作权许可的判断规则

版权人为了实现自身利益的最大化，往往将作品的使用形式设置成许可，网络环境下广泛存在的用户协议也为这种广泛存在的许可提供了生存的土壤。2009 年亚马逊为避免法律责任，远程删除了消费者在其 Kindle 上下载的电子书，这引起消费者极大的愤慨。亚马逊公司辩称其授予用户的仅仅是许可阅读的权利，没有转移所有权。消费者则认为其明明支付了对价，就应该获得该电子书的所有权。网络环境下许可与销售该如何区分，需要进行具体的分析，不能一概而论。

1. 公共利益是判断的基石

从著作权的本质出发，如版权人将出售行为定性成许可，其根本目的就是为了避免作品在“二手市场”的流转，进而影响自身利益，即使是基于最传统的首次销售原则的正当性基础，也不能将“销售”加以限制，改造成“许可”。基于公共利益，应该否定许可协议的效力，而认定其为销售。

2. 具体条款的分析

数字环境下，电子协议广泛地存在，消费者往往只有签与不签的自由，然而许可协议不应该限制消费者的权利。对于格式条款而言，首先应尽到说

---

❶ 梁志文，蔡英．数字环境下的发行权穷竭原则［J］．政治与法律，2013（11）．

明提醒的义务，其次也应当加重消费者的义务或者免除自身的义务。若格式条款的适用将压缩消费者权利，过分强调版权人权利使得两者利益难以平衡，那么需要对格式条款加以规制。广泛的电子协议本就使得消费者只能处于一种听之任之的状态下，如若对格式条款不加以具体分析，极易使版权人滥用其权利从而损害消费者的利益。具体分析条款时应该考虑以下因素：作品灭失的风险由谁承担；是否存在明确的授权期限；费用是一次性付清抑或按月按季缴纳；是否约定了所有权转移规则。如果以上要素均更符合许可的特征，那么法院应认定交易的性质为许可。[1]

3. 销售对象是区分许可与销售的重要依据

进行传统的购买行为时，我们也很难想象会被要求提供身份信息。而对于传统意义上的授权许可，往往有将使用人身份固定的特征，即版权人明确授权使用人得以使用版权作品。而网络环境是一个匿名环境，即使版权人通过协议授权用户 A 以使用作品的权利，但用户 A，可以是在电子设备面前的任何不特定人，也就是说，网络环境下用户 A 的身份并没有得到确定，即用户 A 所代表的仍然是社会公众。对于所有非身份固定化的交易，更具有适用首次销售原则的合理性。反之一旦购买者真实身份得到合同的确认，首次销售原则适用的空间就较为狭隘。

三、数字首次销售原则在我国的构建

TRIPS 将首次销售原则授予了各成员立法，我国著作权法并没有规定首次销售原则。但是基于我国日益庞大的数字市场，我们必须对这个问题作出一定的回应。我们应当认可这样一个观点：数字环境下首次销售原则能否最终建立起来完全是取决于利益平衡的考量。

在 21 世纪的第一个 10 年中，互联网迅猛的发展，给文化产业带来的不仅是作品得以便捷快速地传播，而且使版权人感到深深忧虑：未授权的复制

---

[1] 瞿昊晖．论软件首次销售原则的适用［J］．法学杂志，2013（11）．

行为广泛存在，且可能摧毁他们的每一个市场。音乐唱片公司认为，由于网络 P2P 分享技术导致他们的利润下降，“我们无法与免费的东西竞争”，唱片公司将要成为历史。影视公司也游说政府降低宽带网速，否则“没有人再拍电影了”！这些抱怨并不是第一次在版权产业中被提出来。版权作品未经过授权在互联网的任意传播已经严重损害了版权人利益，在这种情况下，若还要版权人放弃那些至少还愿意为版权作品付出一定代价的消费者，那么对版权人来说无疑是雪上加霜。

也正是基于未经授权的复制严重损害了版权人的利益，美国白皮书以及 DMCA、欧盟《指令》均对数字环境下的复制采取高保护标准，甚至白皮书斩钉截铁地将临时复制也纳入复制权的保护范围，其认为“无论复制是不是临时的，复制就是复制”。尽管后来在 DMCA 中规定一些对复制权的限制，但那只是在一个大圆圈中剔除几个小方块而已。这样的保护明显有悖于版权法利益平衡的宗旨，但是由于网络侵权的普遍性以及维权的困难，即使法律对版权人的权利已经进行了高水平的保护，版权人利益集团仍然认为自己的利益没有得到足够的弥补。

未经授权的复制和传播或者说网络盗版，是互联网发展所带来的不可避免的负面影响，在盗版横行的时代采取高水平保护是可以理解的。但随着网络技术的不断发展以及政府在打击盗版力度上的不断提高，在如今的社会，获取盗版复制件已经不是那么容易，且面临盗版复制件携带病毒木马的风险。从我国数字文化产业近年来的爆发式增长可以看出，越来越多的人愿意为版权作品付出相应的费用。即使网络盗版无法根除，线下发行也同样有盗版的存在，不应对网络技术做出如此的苛求。在技术带来的问题已经被技术解决一大部分的情况下，出于平衡利益考虑，发行权用尽的问题需要再次被提上日程。

（一）承认首次销售原则

尽管我国《著作权法》规定了信息网络传播权，但是由于电子出版物是财产，权利人有处分财产的自由，信息网络传播权仅涉及版权人控制作品的再现，而不涉及对财产的处分。因此，将网络出版纳入发行权的规制下更为合适，即承认发行权用尽能扩大至网络环境下，这与现行的版权法并不冲突。对于传输中的复制行为，应直接承认其是转售过程中的必要技术组成，没有损害版权人利益，不构成侵权。或抛弃传统的付费下载模式，取而代之的是将作品复制件上传至服务器，供公众免费下载或者直接在线使用，版权人可以放弃控制复制件的数量转而通过设置许可来控制可为公众使用的作品的数量。这种许可往往表现为账户密码的形式。由此，获取作品复制件并不当然代表可以打开、使用该复制件。"新的复制件"不再等于"可以使用的复制件"。于版权人而言，市场上复制件数量已经不是其关注的重点，只要牢牢控制使用许可的发放，就可以从发行中获取足够的利益。用户间转售和传输的也不是复制件，而是简单的账户密码，由于不涉及复制件的传输，没有增加新的可被公众获取的复制件，即用户 A 将使用许可转让出去之后，没有该许可，用户 A 再也无法使用版权作品。这样一来由于没有导致用户数量的增加，版权人的利益也能够得以保障。

（二）探索新的利益补偿机制

版权人对于利益的追求使其对首次销售原则提出诸多形式上的诘难。如果能够承认许可其实是销售的另外一种表达，数字作品在转售过程中的传输不会损害版权人利益，那么首次销售原则的适用便会简单得多。[1] 即使如此，网络环境下的发行权用尽也应当得到法律的肯定。技术带来的问题技术难以从根本上解决，每一种新技术都会改变工业模式，在导致一种收益形式衰落的同时又开启新的收益模式。[2] 从雕版印刷术到复印机，从钢琴卷到 MP3 播放器，从收音机到有线电视的历史发展已经充分说明了这一点。

从商业角度看，对于版权作品的每个使用者均收取费用，虽然在如今的技术条件下已经成为可能，但这绝不意味着我们需要采取对每个使用者都收

---

❶ 魏玮．论首次销售原则在数字版权作品转售中的适用［J］．知识产权，2016（6）．

❷ 龙井瑢．新媒体时代的版权与技术［M］．西安：陕西师范大学出版社，2016：前言 5.

取费用的商业模式。企业首先要考虑的是如何吸引消费者，提高知名度，进而占得先机。美国学者史蒂文·布莱耶就指出，即使没有版权的存在，图书的第一个出版商依旧享有重要的优势，因为他领先第二个人很多时间。毫无疑问，互联网的“暴露效应”能让很多具有天分的作家、艺术家一夜成名，传统社会的口口相传远不如互联网带来的影响大，这正是互联网给版权人带来的福利之一，能让很多名不见经传的小企业强大起来，而这些名声和社会影响力可以帮助版权人或者出版商带来其他经济利益。[1] 再者，传统的销售模式下只能搭载固定的广告，而在网络环境下，每次使用版权作品时，服务商可以推送不同的广告，日益增加的广告费其实很大程度上可以弥补版权人的利益。

可见，数字技术并非洪水猛兽，互联网在为未经授权的复制件广泛传播提供条件时，也为版权人提供了全新的利益补偿机制，如果能够建立新的商业模式，无论是于版权人抑或社会大众而言，都是大有裨益。因此，数字环境下的首次销售原则应当建立起来，以保证作品的自由流通，促进文化的传播，避免版权人的垄断，在网络环境下构建起新的利益平衡机制。

---

[1] 熊文聪．数字技术与版权制度的未来［J］．东方法学，2010（1）．

浅议区块链技术在著作权管理中的优势与缺陷
——以数字音乐作品为例

尹 洁*

内容提要 现在音乐著作权人对其数字音乐作品版权的保护手段之一，就是加入中国音乐著作权协会以期获得集体管理在数字音乐确权以及版权交易上所能带来的便捷与收益，但实践证明音著协在作品确权、许可费用、收益分配等方面做得并不尽如人意。对此，新兴发展的区块链技术则可凭借其独特的技术特征，包括去中心化、可验证的匿名化、附有时间戳、共识模型以及智能合约等，以弥补当前音著协在集体管理著作权人数字音乐作品上的不足，但同时由于其自身科技发展水平的局限，区块链技术存在不可避免的技术缺陷，包括存储困境、网络电力资源消耗大、智能合约存在安全漏洞以及运行效率低下等问题亟待区块链技术自身的发展予以应对和解决。

关键词 区块链技术；数字音乐作品；版权确权；版权交易；优势；缺陷

一、问题的提出

根据《2017中国音乐产业发展报告》统计，中国音乐产业在2012~2016年呈现逐步上升发展的态势，2016年的产业总规模达到了3253.22亿元，高

---

* 尹洁，南京师范大学法学院研究生。

于同期 GDP 增速 1.09 个百分点，由此可见中国音乐产业的繁荣及其对整体经济的贡献。此外，从该报告中可以发现，近 7 成的网民是网络音乐用户，数字音乐的产业产值于 2016 年达到 529.26 亿元，❶ 已然成为音乐产业整体产值的重要组成部分。

所谓数字音乐是指用数字数据格式存储起来，并可以通过网络进行传输的音乐，是当前音乐著作权人所创作出的音乐作品的主要形式。其可以做到保持音乐品质的同时被无限次地播放、下载和复制，在现如今互联网的环境下，这既是数字音乐的优点，也是数字音乐无法避免的缺点，因数字音乐在利用互联网的便捷实现广泛传播的同时，还会因互联网用户的过于广泛而无法控制音乐作品的传播，导致侵权行为普遍发生的同时却无法受到有效的制约。故为实现音乐产业的可持续发展，继续保持数字音乐对音乐整体产业的强大推动力，则有必要从制度的角度出发思考如何进一步实现对数字音乐作品著作权人合法权益的切实保护。

二、音著协对数字音乐作品管理所存在的问题

（一）音著协对数字音乐版权的线下确权存在局限

数字音乐作品作为一种作品类型，中国音乐著作权协会对会员作品采取登记的方式加以管理，以便于音著协对数字音乐作品的控制和掌握。但该登记管理的方式从数字音乐作品的整体发展态势来看，会呈现出以下几个方面的问题。

首先，音乐著作权协会采取的是会员制，非会员的数字音乐作品无法通过其平台进行作品登记确权。其次，音著协采取申请登记制，这就意味着该会会员未主动登记的作品则无法获得确权。这就会在一定程度上导致数字音乐作品确权的不完整性，例如目前通过音著协数字音乐版权注册平台

❶ 中国音像与数字出版协会音乐产业促进工作委员会 .2017 中国音乐产业发展报告（总报告）[R]，2017-11-03.

（MORP）进行登记的作品仅39余万首，[1] 这和各音乐平台上百万余首的中文曲库数量相比相差甚远。最后，音著协对申请登记的数字音乐作品，并不采取实质性审查，只是通过线上表格填写、线上音乐传输的方式实现数字音乐的形式确权，那么这就无法确保协会所登记的数字音乐作品权利归属的准确性，进而也就无法为日后数字音乐作品的版权归属纠纷的解决提供充分、有效、实质、公正的证明。

（二）音著协对数字音乐许可的收费标准与收益分配备受争议

从《著作权集体管理条例》第25条可知，数字音乐作品授权许可使用费的收费标准是由音著协在国务院著作权管理部门公告的使用费标准下与数字音乐作品使用者在一定程度的协商基础上形成，具有强制性和统一性，故由此产生的收费标准并无法真实体现不同数字音乐作品所具备的市场价值差异，而数字音乐作品的作者们对此也多产生异议。如对卡拉OK歌厅的收费标准统一按照营业面积来计算，这就在某种程度上造成对某些倍受欢迎的数字音乐作品作者的不公。

此外，对于音著协对所收取的许可使用费用的再分配事项也遭受到了数字音乐作品著作权人的质疑与批评。其一，音著协各项费用信息披露不够透明。从音著协最新公布的2016年年报数据可知，2016年中国音乐著作权协会可供分配的许可使用费用金额达1.197亿元，对此共进行了4期10次分配，但除此之外再未提供更为详细的版费信息，如许可使用费用是何时何地因何获取，以及对于使用版费和会费所支付的协会管理支出费用也没有相应的跟踪记录与公示。其二，有关许可使用费分配的格式条款存在不公。音著协网站现在公布的《音乐著作权合同》的第4条第一点约定，[2] 会员依据作品登记享有报酬分配权，未登记则不得获取未登记作品的授权许可收益，该格式条款的内容则在一定程度上侵害了著作权人对未登记数字音乐作品的著

[1] 中国音乐著作权协会.2016中国音乐著作权协会年报［R］.

[2] 音乐著作权合同［EB/OL］.［2018-08-25］. http：//www.mcsc.com.cn/hetong.php.

作财产权，具有一定的不公正性。

三、区块链的基本概念、技术特征及优势

（一）区块链的基本概念

区块链概念首次出现于2008年中本聪所著文章《比特币：一种点对点的电子现金系统》中，该文章主要介绍了比特币如何实现点对点的在线支付，而不需要借助如支付宝、银行等金融中介机构的承转，其中实现比特币直接支付这一功能的最基础技术就是区块链。❶

所谓区块链，其本质上而言，是一个由系统各节点均参与记录的分布式账本，它打破了现有常规的交易记录方式。例如，目前个人使用支付宝来实现资金流转时，是由支付宝平台和银行金融机构的中心服务器在处理与记录，❷ 这本质上是个体之间通过信赖同一个第三方机构来实现彼此之间的价值转移，然而该方式则存在一个问题，那就是当该第三方机构的数据系统遭受攻击或者由于系统自身出现故障时，由此所产生的数据破坏后果则再无其他第三方机构予以兜底应对，如2016年俄罗斯中央银行遭受黑客入侵，被窃取金额数量达4500万美元，相关的账户数据也就此难以得到恢复，这就表明第三方机构的中心系统在现如今的信任机制下是存在信任危机的。而为解决这一问题，区块链技术应运而生，它的运行不需要依赖第三方平台系统的信用背书，而是通过奖励比特币的手段激励入链的每一个节点积极参与区块链系统中所有交易信息和数据变动的记录，并在系统共识机制的评价下选择出最佳最准确的信息记录并发送至全网，使得链内所有的节点用户都能够拥有一份最新且完整的数据库备份，因此区块链并不担心系统的某些节点遭受攻击而导致全网数据信息部分或全部遗失的情况发生，其具有高度的安全

❶ 徐明星，田颖，李霁月．图说区块链（Kindle版）[M]．北京：中信出版社，2017.

❷ 刘德生，葛建平，董宜斌．浅议区块链技术在图书著作权保护和交易中的应用[J]．科技与出版，2017（6）．

性和可信性。❶

（二）区块链的技术特征及在数字音乐作品确权和交易中的优势

1. 在数字音乐作品确权上的优势

（1）去中心化，确权无门槛更自由。

区块链具有去中心化的技术特征，具体是指区块链系统中的每一个节点使用者既是全网数据信息的持有者，又是新区块内容的创造者和记录者，故入链人员均可以利用区块链技术存储相关数据内容。那么，对于数字音乐著作权人来说，就可以直接利用该方式在区块链中上传个人创作的数字音乐作品，因区块链具有全网公开透明的属性，❷ 故该著作权人的传输行为一结束即可被系统中其他节点使用者予以加密、确认再通知全网，则亦具有类似于登记的公示效用。所以，相较于音著协仅对注册会员的数字音乐作品加以登记的方式而言，对于著作权人来说，利用区块链技术对数字音乐作品进行确权，则显得更为自由，没有门槛。

此外，区块链技术除了给予著作权人自由传输数字音乐作品以确权的机会，还为著作权人提供了自由选择传输内容的权利，即著作权人可以将其创作之初还未成型的曲目或歌词进行上传并予以确认和公示。这与现行的登记制度不同，音著协是仅对创作完成的数字音乐作品予以登记，而对于尚未完成而仅是零星片段的曲目或歌词是不加以认可的。故两种方式相较而言，利用区块链技术对数字音乐作品进行确权的方式则更显包容，且能够为日后可能发生的权利归属纠纷提供更为翔实充分的记录证明，即有证据证明该音乐作品成型的始末，更具说服力，有利于著作权人的权益保障。

（2）可验证身份的匿名化，实现隐私保密。

区块链具有匿名化的技术特征，同时，其独特的加密方式还可验证使用

---

❶ 华劼．区块链技术与智能合约在知识产权确权和交易中的运用及其法律规制［J］．知识产权，2018（2）．

❷ 刘伟，蔺宏宇．区块链技术原理及基于区块链技术的知识产权服务浅析［J］．产权导刊，2016（11）．

者的身份。具体来说就是，区块链中的每一位入链人员均享有一份独有的私钥，由 32 个字节所组成，[1] 在区块链系统中掩盖住了节点用户在真实世界中的姓名信息以实现匿名化，而每个私钥所对应产生的公钥和地址，则反之可对私钥进行身份验证，以实现匿名的可验证性。[2] 那么，希望匿名的数字音乐作品著作权人就可以在区块链中大胆隐名传输自己想要上传的作品内容，且不必担心因匿名而就此削弱自己与数字音乐作品之间的创作联系。

而看音著协对于会员作品的登记方式，其要求显名，即注册会员在申请登记其所创作的数字音乐作品时须填写自己的姓名、性别、省份、城市、证件等个人真实信息，[3] 不具备匿名条件，从而无法满足某些数字作品著作权人基于个人原因而想要隐名的需求。故相较于音著协所采取的强制性显名登记的方式，区块链技术则更显人性化，使得著作权人在对音乐作品进行公示确权的同时，能够兼具个人隐私保密的目的实现。

(3) 不易篡改，确权更有力。

区块链具有不易篡改的技术特征，其具体的运行原理是：在每个区块生成时会随即产生一个时间戳嵌入其内，在该区块内容被其他节点确认并公示全网之后，就会成为整条区块链系统中难以更改的一个部分，因其一旦被事后篡改，区块所对应的加密哈希值就会跟着产生变化，而系统节点用户每人手上都持有一份全网的数据信息，一个节点上的数据变化自然是不被认可而变得无效，当然，若能够同时篡改超过系统节点 50% 的数据信息也是可以改变整个系统的数据存储，但要同时入侵全网一半以上用户节点并予以篡改是极其困难的，且随着区块链系统的用户数量不断增加，私自篡改整个系统数据的行为则会变得愈加困难。[4]

因此，区块链这一不易篡改的技术特征则使其有能力确保链内信息的高

---

[1] 华劼．区块链技术与智能合约在知识产权确权和交易中的运用及其法律规制［J］．知识产权，2018（2）．

[2] Tom W. Bell. Copyrights, Privacy, and the Block chain［J］. Ohio Northern University Law Review, 2016（42）: 439.

[3] 登记作品［EB/OL］．［2018-08-25］．http：//morp. mcsc. com. cn/www_ new/s4. php.

[4] 徐明星，田颖，李霁月．图说区块链（Kindle 版）［M］．北京：中信出版社，2017.

度真实和可靠性。相较于音著协对会员申请登记数字音乐作品时所采取的形式审查方式，区块链对于数字音乐作品的确权则显得更具有公信力。因数字音乐作品的著作权人往往是存储数字音乐作品内容区块文件的第一位访问者，其相应产生的不易篡改的时间戳则可成为其作者身份的强有力证明。当然，为确保第一位上传者身份与作者身份的高度契合，这需要著作权人在创作过程中积极主动的入链传输行为来加以实现。随着区块链技术的发展，其在未来可以让数字音乐著作权人在链内平台中直接线上实施创作行为，更便于作者对其音乐作品确权目的的实现。

2. 在数字音乐作品交易上的优势

（1）自我监管，降低管理成本。

区块链适用共识模型，比如最初的“工作量证明机制”，到后期逐步发展的 POW、POS、DPOS 机制等，❶ 都为节点用户保留了点对点管理全链系统数据的功能，使得区块链数据信息可以接受全网公开、全网储备，以及全网监管。这就在无形中极大降低了管理成本，即每个人都是自己作品的管理者，而不需要像音著协的注册会员那般向音著协缴纳因管理所产生的运行成本费用，以获得音著协在集体管理数字音乐作品以及分配许可收益上所带来的便利。如根据《2016 年中国音乐著作权协会年报》的收支统计，音著协 2016 年的行政管理支出为 2877.27 万元，那么这些都需要从注册会员作品的授权许可费用中扣除，而如若适用区块链系统进行数字音乐作品的确权公示和表明交易意向，则不需要节点用户承担如此巨额的管理费用，即数字音乐作品著作权人每次公示仅需 0.4 元人民币，利用侧链则花费更低，具体的费用会随着比特币的价格而产生波动。❷

故区块链技术会为数字音乐著作权人提供成本更为低廉的自我管理服务，从而在一定程度上鼓励更多的著作权人对其作品进行公示交易，以更好地推动数字音乐作品的传播、交易与发展。

---

❶　徐明星，田颖，李霁月．图说区块链（Kindle 版）［M］．北京：中信出版社，2017.

❷　吴健，高力，朱静宁．基于区块链技术的数字版权保护［J］．广播电视信息，2016（7）．

（2）智能合约，实现一对多式直接交易。

智能合约是一类将合同执行与计算机运算相结合以实现其自动执行的合约类型。[1] 目前，以区块链为基础的智能合约现已运用到数字版权交易中，如 2017 年由中国版权保护中心、华夏微影文化传媒中心等就共同打造了微电影微视频区块链版权（交易）服务平台，就以区块链技术为支撑，以智能合约为手段，实现著作权人对作品的自我定价和分销，以及平台能够对相关资金实现自动结算与分配，促进相关数字版权的交易，[2] 体现了以区块链技术为基础的智能合约在版权交易中的优越性，即直接联结著作权人与作品使用人，跨越了如音著协等第三方平台的集中管理。

现音著协作为第三方中介组织，集中代为行使了其注册会员的著作财产权，与数字音乐作品的使用权人签订授权许可协议并收取许可使用费用。但音著协这一揽子承包的管理手段存在以下三个方面的问题：其一，音著协单方定价，既体现不了数字音乐作品著作权人的个人意志，又无法实现合同双方主体之间平等协商的价格合意；其二，音著协在许可使用费的收取、管理成本的扣除和可支配收入的分配上公示不明，使著作权人无法掌握自己数字音乐作品的授权情况而对音著协的管理产生怀疑；其三，音著协虽作为数字音乐作品的管理组织，但也很难掌握和实时监控数字音乐作品在网络环境下的复制、传播与下载，进而遭遇维权难的困境。[3]

而运用智能合约进行版权交易则会避免上述问题的产生。具体而言就是，数字音乐作品的著作权人可以利用智能合约在平台上上传自己的数字音乐作品，并可对作品实行自我定价和分销奖励，消费者在通过付费点击收听后，平台则可依据智能合约自动将费用结算给著作权人和分销者（也就是经作者授权传播的平台），因智能合约具有自动执行性，所以不用担心存在听

---

[1] 华劼．区块链技术与智能合约在知识产权确权和交易中的运用及其法律规制［J］．知识产权，2018（2）．

[2] 刘仁．区块链技术助力微电影微视频版权交易［N］．中国知识产权报，2017-02-10（11）．

[3] 胥沁庆．我国数字音乐著作权集体管理研究［D］．西安：西北大学，2016．

取音乐却不付费的情况，以及区块链对上传、点击、播放、下载、复制等行为都有记录跟踪和公示的功能，所以也不必担心会有盗版侵权行为的发生。❶综上，可以说智能合约在技术上实现了数字音乐作品著作权人对音乐作品的自我定价、自我交易、自我收益和自我监管。此外，数字音乐作品的价格还可在市场调节机制的作用下呈现波动和变化，使得优秀的数字音乐著作权人能够获得更多的收益，进而激励更多的音乐人创作出更高质量的音乐作品，以推动音乐行业的蓬勃发展。目前，世界三大音乐协会巨头 ASCAP（美国作曲家、作家和出版商协会）、SACEM（法国作家、作曲家和音乐出版商协会），以及英国音乐版权组织（RPS for Music）正在携手创造一个以区块链技术为基础的应用系统，以改善音乐家进行版权交易与获得报酬的方式。

四、区块链技术在实际应用中面临的具体问题

（一）存储困境

若想用区块链技术对数字音乐作品进行确权，首先要解决的问题就是如何将数字音乐作品储存在区块之中。传统的区块链技术只允许以下两种存储方式：（1）运用 OP_ RETURN 指令或著数据处理（Coin Spark）对数字音乐作品制作加密 ID 以代表数字音乐数据并保存到区块链中；（2）将数字音乐作品的数据用特制的分布式账本直接绑定到每笔交易之中。而以上两种将元数据加密加入区块链的方法均存在缺陷，前一种方式中运用 OP_ RETURN 指令进行存储时，由于 OP_ RETURN 指令一次最多处理的数据容量是 40 字节，所以要加密存储一首通常占内存 3G 左右的歌曲时，其效率就会显得有些低下；而数据处理对数字音乐作品进行数据处理时会产生大量并行的数据集合需要缓存，所以在没有足够内存时其处理性能同样会受到影响。后一种直接绑定的方式安全性没有保障，缺乏矿工和算力的新建网络对 51% 的攻击

❶ 刘仁．区块链技术助力微电影微视频版权交易［N］．中国知识产权报，2017-02-10（11）．

毫无抵抗力，而一旦区块链和数据量扩展，保护数据安全的算力就更显紧张。❶

所以，欲解决上述存储效率与安全的问题，IPFS（Interplanetary File System）文件系统被设计出来，但目前该系统只面向数字图片的版权保护，尚未有平台开发该文件系统应用到数字音乐作品的版权保护，但随着区块链技术的发展与资金投入，数字音乐作品的数据存储方式应当也会在此技术应用的基础上有所改善。

（二）网络与电力消耗

利用区块链对数字音乐作品进行确权时，需要依靠系统其他节点用户的积极运算以记录公示，那么当众多节点用户同时进行数据计算时势必会占用底层网络的宽带通道，这样极有可能会导致整体网络运行性能的下降甚至是瘫痪。❷

此外，众多节点用户在竞争唯一记账权时，评价标准就是谁能最快又准确地计算出一道数学难题，也就是计算出数据相对应的哈希数字，而其难度相当于用1亿个骰子掷出小于“1亿+50”的数字出来。所以，这样难度的数学计算势必需要借助计算机的数据处理能力来予以应对，但随着区块链的发展，入链人数的增加，获得唯一记账权的难度也就愈加困难，普通的电脑已不再具备这样的运算能力，节点用户也开始采用更具专业性的计算机设备来参与“挖矿”，虽然计算能力有所提升，但与此相对应的是，电力消耗也随意加大。根据《数字潮流》（*Digital Trend*）的统计报道，完成一次全网确权就需要163千瓦时，相当于一个美国普通家庭5天的耗电量。❸

所以，在将区块链技术具体应用到数字音乐作品的确权之前，还需要对

---

❶ 吴健，高力，朱静宁．基于区块链技术的数字版权保护［J］．广播电视信息，2016（7）．

❷ 张偲．区块链技术原理、应用及建议［J］．软件，2016（11）．

❸ 深挖比特币：“挖矿”这么耗电值得吗？［EB/OL］．［2018-08-25］．http：//www.360doc.com/content/17/1209/17/1768535_711570342.shtml.

网络占用和电能消耗的问题予以应对，否则该技术将无法支撑众多音乐著作权人对数字音乐作品确权的庞大需求。

（三）智能合约的安全漏洞

智能合约是一组存储于区块链中的数据编码，类似于普通计算机中“If x Then y”的计算机程序语言，所以其所执行的程序内容虽无法被一般公众所理解，但基于区块链系统信息数据全网公开的特征，智能合约的数据内容对于计算机黑客而言却是透明且有漏洞可钻。如一个去中心化没有单一领导者的分布式自治组织（the DAO）通过众筹所获取的价值 1.5 亿美元的以太币，就于 2016 年被黑客利用智能合约中的漏洞转走了 5000 万美元，这就证明智能合约所设定的程序内容是存在可被非法利用的安全漏洞的。[1]

所以，在利用智能合约和区块链技术以实现著作权人对数字音乐作品的自我交易和自我监管时，可以采取相应的技术手段对智能合约的数据内容设置查看权限，他人查看需经著作权人的授权许可。此种方法虽在某种意义上违背了区块链系统公开透明的技术特征，但对于著作权人与版权交易相对方等利害关系人而言并不会造成权益侵害，反而是加强了对他们的权益保护。因智能合约并不是真正的交易合同，仅是执行版权交易合同的数据程序，所以对于音乐作品的版权交易交易方而言，他们一般不会对该程序内容有查看的需求，就算需要查看，也是可以通过与著作权人之间的协商来获得查看的权限。故设置查看权限仅是为避免与版权交易不相干的第三方利用智能合约的透明性并就此研究发现其漏洞以实现非法目的，本质上是为了更好地促进智能合约的执行和区块链技术的应用，并不会从根本上否定区块链的技术特征，阻碍其发展。

（四）效率难题

运用区块链技术对数字音乐作品进行版权交易的确认记录时存在效率较

[1] 华劼．区块链技术与智能合约在知识产权确权和交易中的运用及其法律规制［J］．知识产权，2018（2）．

低的问题。现有的区块链技术每秒只能支持7笔交易的处理，❶所以一旦众多数字音乐作品的版权交易同时发生，某些版权交易成功的时间就会被往后推延。比如在一个以智能合约为基础的数字音乐交易平台上同时发生了700笔版权交易，那么根据彼此交易达成的微小时间差，最后一批7笔交易显示成功的时间就应是在交易方点击确认后的100秒以后。此外，目前比特币生成的时间是每10分钟生成一个，❷所以在每笔版权交易显示成功之后仍需要10分钟的时间才能够被区块链全网予以确认，这就意味着越在后面达成的版权交易就越晚被全网公示备份，这虽然不会对版权交易的达成产生消极意义上的影响，但从著作权人对自己数字音乐作品交易进展的实时监控的角度来看，就会由此产生一定的不便。

所以，在将区块链技术具体应用到数字音乐作品的版权交易之前，还需要解决区块链系统对交易的处理和确认的效率问题，这依赖于区块链技术自身的更新与发展。

结语

数字音乐产业随着互联网技术的普及而蓬勃发展，同时也要做到相关数字音乐作品确权与版权交易制度的完善。对此，新兴的区块链技术则可以为之提供更为先进的确权手段与交易方式，以更好地明确数字音乐作品的权利归属与提高数字音乐作品的交易效率，进而推动整个数字音乐产业的数字化未来与走向。虽然区块链技术就目前来说仍存在一些技术缺陷，但就区块链技术的整体技术特征而言，其是符合数字音乐作品确权与交易的现实需求的，故随着区块链技术的不断完善与进步，其能够具体应用到数字音乐作品的版权确权和版权交易之中则未来可期。

---

❶❷ 张偲．区块链技术原理、应用及建议［J］．软件，2016（11）．

新兴媒体融合发展中网络转载、摘编法定许可制度的必要性及构建

宋　歌*

内容提要　新兴媒体融合发展中，网络转载、摘编法定许可关系到未来版权产业的高质量发展。授权许可模式在媒体融合环境下举步维艰，网络转载、摘编法定许可体现了对网络媒体的公平对待，能够实现各主体间的利益平衡。构建网络转载、摘编法定许可需要明确权利保留主体，将声明保留的主体资格赋予著作权人，将网络转载、摘编的对象限制在已发表的文字作品。同时，应当构建网络转载、摘编法定许可与延迟转载协同机制，完善网络转载、摘编法定许可的付酬机制，建立以著作权集体管理组织为核心的付酬体系，辅之以不付酬行为的民事、行政和刑事追责机制。

关键词　新兴媒体融合；网络转载、摘编；法定许可

一、问题的提出

网络转载、摘编是指将模拟环境下的作品在网络上转载、摘编，或者将

* 宋歌，南京理工大学知识产权学院研究生。本文系江苏省研究生科研与实践创新计划（项目编号 SJCX18_ 0120）的成果。

互联网上已经存在的作品等信息进行转载或者摘编的情形。[1] 模拟环境下，报纸、期刊之间转载、摘编的法定许可制度是我国著作权立法的特色。在新兴媒体融合发展的环境下，知识和信息呈现去中介化、交互式的共享模式，网络媒体便捷的传播途径、高效的传播速度以及丰富的资讯内容引发了版权市场资源配置方式的变革，这一制度能否延伸至网络环境引发了广泛的争议。一方面，新兴媒体融合发展环境下，信息传播与知识消费呈“快餐式”的特点，作品的消费速度不断加快，消费寿命明显缩短，作者对作品传播的控制能力也不断减弱，网络转载、摘编法定许可将影响著作权人的权益；另一方面，著作权法的立法目的在于鼓励知识产品的自由流通和充分利用，互联网技术的发展是人类传播史上的重大进步，对版权产业的繁荣和发展具有深远的意义。面对网络环境中浩如云烟的作品，如果对转载、摘编仍采用授权许可模式，作品的价值无法得到最大限度的释放，文化消费者的需求无法得到满足，势必影响版权产业的高质量发展。在这种情况下，有必要将著作权法定许可理论应用到新兴媒体环境中，为网络转载、摘编提供坚实的法律保障。

二、我国有关网络转载、摘编法定许可的立法沿革

我国著作权法对网络转载、摘编法定许可的规定可谓一波三折，立法层面和司法解释对其态度多次产生重大转变。2000 年，《关于审理涉及计算机网络著作权纠纷案件适用法律若干问题的解释》（以下简称《解释》）规定，在权利人未做出禁止转载、摘编的声明的情况下，网络环境下对作品的转载、摘编，并支付报酬的行为，不应视为侵犯著作权的行为。该规定将报刊之间转载的法定许可制度扩大至网络环境，为保障作者对作品的控制，赋予作者保留禁止转载、摘编声明的权利，弥补了当时网络转载、摘编法定许

[1] 梅术文．网络知识产权法：制度体系与原理规范［M］．北京：知识产权出版社，2016：139.

可的空白。但有一点需要明确，此法条仅限于网络转载报刊以及网络之间转载，并未明确报刊转载网络信息法定许可的适用。

2001 年 10 月，我国修订了著作权法，新修订的著作权并未采纳《解释》有关网络转载、摘编法定许可的规定。2002 年 10 月，最高人民法院发布的《关于审理著作权民事纠纷案件适用法律若干问题的解释》选择了与著作权法相同的立场。然而，历时一年，立法态度发生了重大转变。2003 年 12 月，最高人民法院修正了《解释》，再次重申对于作者未做出禁止转载、摘编声明的作品使用并支付报酬的行为，不属于侵犯著作权的行为。由此可以看出，此次修改重新承认了转载、摘编法定许可能够延伸至网络媒体。

2006 年 7 月，国务院颁布《信息网络传播权保护条例》（以下简称《条例》）。《条例》禁止任何未经授权的网络转载、摘编行为，并明确了“先授权、后使用”的制度规则，这意味着网络转载、摘编法定许可受到了全面否定。2012 年，最高人民法院宣布废止《解释》。2014 年 6 月，国务院公布的《著作权法（修订草案送审稿）》回避了网络转载法定许可的问题。有鉴于此，结合新兴媒体融合发展的时代特点，对于转载、摘编能否延伸至网络环境，以及网络媒体与传统媒体之间作品转载、摘编制度的构建值得进一步深思与探讨。

三、网络转载、摘编法定许可的必要性

1. 授权许可模式在新兴媒体环境下举步维艰

随着网络环境和移动互联网技术的发展，作品的传播速度大大加快，社会公众对作品的消费需求也不断提高。授权许可要求使用者在使用作品前点对点地取得权利人一一授权，然而，网络环境下作品的权利人以及作品信息愈发不明确，无形之中增加了使用者搜寻交易对象的难度，面对浩如烟海的作品，这一方式并不现实。陶鑫良教授认为，授权许可不具备可操作性，网上传播一味强调“授权许可”属于作茧自缚，画饼充饥，徒法不足以自行，

苛法更难于实行。[1] 一方面，授权许可模式违背了互联网时代的传播规律，降低了传播效率，影响了版权市场的资源配置；另一方面，授权许可限制了著作权的市场交易，作品的经济价值无法得到最大程度的释放，长此以往势必限制整体版权产业的发展。网络转载、摘编法定许可通过对著作权进行合理、适当地限制，能够便于使用者利用作品，满足文化消费者的需求，降低社会公众利用信息的成本，为版权市场的蓬勃、兴旺发展提供保障。

2. 网络转载、摘编法定许可体现了对网络媒体的公平对待

我国《著作权法》仅针对报刊、广播电台、电视台等传统媒体规定了转载、摘编法定许可制度。然而，网络作为一种新兴媒体，包含一般媒体的普遍特征和形式。传统媒体所享有的权利，在未出现其他特殊情况的前提下，网络新兴媒体也理应享有。[2] 从媒体共性的角度考虑，将作品转载、摘编的法定许可适用于网络环境下并无不妥。同时，著作权仅与作品的内容和表达方式有关，与承载作品的媒介种类无关。网络环境下对作品的使用，究其本质仅是作品利用形式的改变，对作品的影响并未发生实质性的变化。网络媒体和传统媒体在著作权客体上相同，法定许可理所应当地适用于网络媒体。另外，法定许可制度能够体现著作权的私权特征和其客体的公共属性，将网络作品和传统媒体上的作品进行区别保护与对待，违背了著作权法的初衷与目的，在理论上也难以自圆其说。[3]

3. 网络转载、摘编法定许可体现了著作权人与社会公众间的利益平衡

著作权法定许可制度建立在利益平衡机制之上，其本质在于适当限制著作权人对作品的专有权，辅之以相应的经济报酬，以促进公共文化的传播。著作权法定许可制度能够迎合新兴媒体时代知识与信息共享性和开放性的特点，便于达到各方主体之间的利益平衡。第一，从作者精神权利和财产权利方面考虑，作者创作作品的目的在于扩大作品的传播范围及影响力，使作品

---

[1] 陶鑫良．网上传播国内一般作品应当适用“法定许可”［J］．法学，2000（8）．

[2] 丛立先．转载摘编法定许可制度的困境与出路［J］．法学，2010（1）．

[3] 王青林．论网络转载摘编作品应适用著作权法定许可制度［J］．中州学刊，2015（12）．

及作者被更广泛的社会公众所了解、知悉。新兴媒体融合发展环境下，网络转载、摘编法定许可能够使高质量的作品在短时间内变得家喻户晓，有利于作者名气以及声望的建立。作者在作品传播范围扩大和影响力提升的同时也获得了更多物质回报，能够实现其作品经济利益的最大化。第二，从社会公共利益方面考虑，作品不仅蕴含着著作权的私权性质，更彰显了著作权客体的公共属性。共有领域是逐步积累起来属于全人类拥有的宝贵财富，将共有的文化财富大量地进行私有化将造成版权市场的压抑，阻碍科技的进步与社会文化的繁荣。互联网技术飞速发展和信息传播模式的变革使公众对通过媒介找寻、接受、传递知识和思想的追求愈发急切，网络转载、摘编法定许可适应了时代的呼唤，在保障权利人精神利益和经济利益的同时，满足了社会公众文化消费需求的实现以及公共福祉的提高。

四、网络转载、摘编法定许可的构建路径

1. 明确网络转载、摘编权利保留主体

与美国著作权法定许可禁止著作权人事先声明来排除其适用不同，我国著作权法定许可将做出保留声明的权利赋予著作权人，更加尊重著作权人的意志。现实中，尽管有些报纸或者期刊刊登了“未经授权，禁止转载”的声明，仍不能限制其他报刊对作者作品的转载。[1] 然而，根据《送审稿》第 48 条规定，报刊社对其享有专有出版权，并作出不得转载或者刊登的声明的作品，其他报刊无权进行转载或者刊登。这一规定改变了现行声明保留的做法，将该权利由著作权人转交给了享有专有出版权的报刊社。《送审稿》这一做法并不可取，网络转载、摘编权利保留主体仍应当为著作权人。第一，法定许可虽然解决了作品海量许可的问题，但因事先不征得著作权人同意，在一定程度上是以牺牲著作权人的权利为代价的。倘若在此基础上剥夺著作权人声明保留的权利，未免有失公平。第二，相比于实力强大的报社、杂志

---

[1] 曾琳．著作权法第三次修改下的“限制与例外”制度应用研究［M］．北京：中国政法大学出版社，2016：217.

社，作者往往是弱势群体，将作品网络转载、摘编权利保留主体赋予报社、杂志社会影响作者权利的实现，本应建立在平衡机制上的法定许可制度将会带来权利的失衡。

2. 限制网络转载、摘编法定许可的对象

网络转载、摘编法定许可并不意味着在全部作品之间通用，为了避免对权利人的非必要性侵害，应当对网络环境下适用法定许可的作品类型进行限定。第一，根据《著作权法》第33条的规定，模拟环境下报刊转载法定许可对象为"作品"。然而，最新公布的《送审稿》将传统报刊法定许可的对象限制在"文字作品"，这一修改具有合理性。结合我国的实际情况，网络转载、摘编的对象也应当限制在文字作品，将美术作品、摄影作品等排除在法定许可的范围之外。第二，网络转载、摘编法定许可的对象应当限于已公开发表的作品。具体言之，网络转载、摘编法定许可涵盖以下三种情况：其一，网络媒体对网下报刊已发表的文字作品转载、摘编的法定许可；其二，网络媒体对其他网络媒体已发表的文字作品转载、摘编的法定许可；其三，网下报刊对网络媒体已发表的文字作品转载、摘编的法定许可。

3. 构建网络转载、摘编法定许可与延迟转载协同机制

在网络转载、摘编适用法定许可的情况下，由于原创媒体付出了辛勤的创造性劳动，为了保护原创媒体的"先发优势"，应当增加"延迟转载"的规定。事实上，世界其他国家早已做出了类似的规定。意大利版权法规定时事新闻报道自发表后16小时内他人不得使用，美国版权法规定原始获得新闻者享有20小时的优先权。缺乏"延迟转载"的规定，将影响原创作者以及原创媒体的利益，打破各主体之间的利益平衡。孙昊亮教授认为应当在现行著作权法中加入"延迟转载"的规定，针对新闻作品的转载必须在首次发表24小时后进行，否则应承担侵权责任。[1] 这一观点值得借鉴，同时应将"延迟转载"的规定适用于其他文字作品，并根据文字作品的特性给予不同延迟期限，以便保障原创作者、原创媒体创作的优先传播权。

---

[1] 孙昊亮．网络环境下著作权的边界问题研究［M］．北京：法律出版社，2017：119.

4. 完善网络转载、摘编法定许可的付酬机制

网络转载、摘编法定许可是基于文化传播的公共利益考量进行的权利限制，由于作者在一定程度上丧失了对作品的专有权，此时需要通过经济报酬来对其创作进行补偿。一直以来，缺乏健全、高效的付酬机制使法定许可在实施过程中饱受争议与诟病。据统计，付酬的报刊社不到全国文摘类报刊的1/10。[1] 因此，在明确网络转载、摘编法定许可后，亟须考虑如何保障著作权人的经济利益。第一，构建完善的付酬标准。关于转载、摘编法定许可的付酬金额和要求，《报刊转载、摘编法定许可付酬标准暂行规定》曾进行规定，然而该规定已于 2016 年失效。目前，国家版权局和价格行政管理部门应结合现实情况，尽快制定统一的付酬标准，以保护著作权人的权益。第二，以著作权集体管理组织为核心，完善网络转载、摘编法定许可报酬收取机制。面对纷繁复杂的作品及其使用者，由权利人直接收取费用的方式效率低，可行性程度低。著作权集体管理组织以私人自治为基础，以权利人利益最大化为目标，能够在提高作品的许可效率的同时，保障著作权人利益的实现。第三，明确不依法付酬行为的法律责任。目前，我国法定许可在作品付酬方面表现不佳，著作权人的经济利益尚未得到有力的保护。在转载、摘编法定许可延伸至网络环境的情况下，应当加大侵权行为的惩罚力度。在民事责任方面，应当提高侵权赔偿额度，对于两次以上的故意侵权行为，人民法院可以加大处罚力度。另外，建立不付酬行为的行政和刑事追责机制，从民事、行政、司法等三方面为网络转载、摘编法定许可保驾护航。

五、结论

新兴媒体融合发展环境下，网络转载、摘编法定许可关系到版权产业未来的高质量发展，该制度的构建兼备时代性与可行性。事实上，法定许可备受诟病的主要原因在于付酬机制实施不力，而付酬机制的孱弱可以通过完善

[1] 于定明，杨静．论著作权法定许可使用制度的保障措施［J］．云南大学学报，2007（9）．

相应的配套措施得到解决。为此，应当将我国《著作权法》第 33 条规定的“报刊转载法定许可”延伸至网络环境，同时严格限制网络转载、摘编法定许可的适用条件：第一，被网络转载、摘编的原作品必须是已经公开发表的文字作品；第二，著作权人并未做出该作品不得转载、摘编的声明；第三，必须注明作者及出处，并及时向著作权人按规定支付报酬；第四，新闻作品的转载必须在首次发表 24 小时后进行，其他文字作品的延迟转载根据作品性质给予不少于 24 小时的优先传播期。此外，辅之以《送审稿》第 77 条的相关规定，对无正当理由拒不支付报酬的行为，视情节轻重追究民事、行政及刑事责任。

"转换性使用"在我国著作权法实践中的应用研究

李旭菲*

内容提要 转换性使用产生于美国合理使用裁判标准的演变过程中，最初是由法官创制的规范，通过 Campbell 案在司法实践中首次运用。转换性使用可以分为内容上的转换和目的上的转换，其中目的转换已经成为转换性使用的主要裁判标准。目前，我国理论和实务中也已经开始对转换性使用的讨论。本文从转换性使用的产生和界定出发，分析转换性使用具有促进利益平衡的价值内涵，并总结我国司法实践中对转换性使用的适用和学者的争议。目的是探寻我国借鉴转换性使用的必要性和可行性，并将转换性使用进行类型化分析，从表达性、技术性、功能性三个角度分析其在实践中的应用，从而更好地完善我国的著作权合理使用制度，并与《著作权法》第三次修法相衔接。

关键词 著作权；转换性使用；合理使用

一、转换性使用的界定

对转换性使用的理论研究源于皮埃尔·N. 勒瓦尔（Pierre N. Leval）法官 1990 年发表的《论合理使用的标准》一文。勒瓦尔法官认为，如果被引

* 李旭菲，南京师范大学法学院研究生。

用的作品在新作品中具有了新的信息、美学、见解或理解，则此种对原作品的使用行为构成转换性使用，是一种合理使用行为。转换性使用在司法实践中最早运用在 Campbell v. Acuff-Rose Music, Inc. 案中，该案是关于戏仿讽刺作品的案件，用于判断合理使用的第一个要素“使用目的和性质”，此案确立了转换性使用的司法实践标准。

在 Campbell 案之后，转换性使用越来越多地出现在合理使用的判定中，更多的法院开始引用 Campbell 案对转换性使用的界定来对合理使用的第一个要素“使用目的和性质”进行判断。转换性使用最初只是用在戏仿讽刺作品的合理使用判断中，但随着网络时代的到来，作品形式不断增多，转换性使用所适用的案件已经不再局限于戏仿作品，开始逐渐适用于网络环境下的新型案件，如搜索引擎、网页缩略图、网络游戏直播等案件，并对我国的合理使用理论和实践产生明显的影响。在我国，吴汉东教授最早在其论文中提到转换性使用，将其翻译为“变异使用”。[1] 我国对于转换性使用较经典的界定为王迁教授的观点，[2] 在此之后的学者研究中，基本上都引用了王迁教授的观点，并在此基础上进行扩展。

转换性使用的价值在于其符合著作权法利益平衡的宗旨。转换性使用产生之初，强调内容上的转换，即增加了新的信息、美感和理解，意味着其具有表达自由的价值。表达自由作为宪法中的一项基本权利，也是著作权法的宗旨之一，而且利益平衡的宗旨要求著作权法在制定时就要考虑如何减少作者与公众在表达自由方面的冲突，转换性使用蕴含的表达自由价值也就符合利益平衡的要求。转换性使用中的目的转换，其含义是新作品转换了原作品所要实现的功能或目的，作品的使用行为在目的上并不是为了再现原作品的

---

[1] 吴汉东．美国著作权法中合理使用的“合理性”判断标准［J］．环球法律评论，1997（3）．

[2] 转换性使用是指对原作的使用并非为了单纯地再现原作本身的文学艺术价值或实现其内在功能或目的，而是通过增加新的美学内容、新的视角、新的理念或通过其他方式，使原作在被使用过程中具有了新的价值、功能或性质。参见：王迁．论认定“模仿讽刺作品”构成“合理使用”的法律规则——兼评《一个馒头引发的血案》涉及的著作权问题［J］．科技与法律，2006（1）．

表达功能，而是为了实现其他的效果和意义，蕴含着公共利益的价值，包括促进技术创新以及平衡公众与创作者之间的利益平衡。

二、我国对转换性使用的理解和适用

（一）司法实践中的转换性使用

转换性使用在我国著作权相关法律及司法解释中并没有规定，但是已经有一些法院在裁判过程中开始运用转换性使用，并给出了转换性使用的界定标准及适用条件。目前，我国有 5 个案例[1]中明确地提及了转换性使用，法院都对被诉侵权行为是否构成转换性使用进行了判断，并且都是侵犯信息网络传播权的案件。我国适用转换性使用的案件数量虽然较少，但是涉及的类型十分广泛，包括对动画角色形象的使用、对摄影作品的使用、缩略图的使用、图书检索软件等，以下选取其中两个典型案例进行分析。

2011 年的“王莘诉谷歌案”是我国第一例在判决中明确提及转换性使用的案例。本案原告为作家王莘，被告为北京谷翔公司与美国谷歌公司。谷歌中国网站的图书搜索栏中收录了作家王莘享有著作权的文集《盐酸情人》，该书约 13 万字。谷歌公司于 2008 年对该书本进行了数字化扫描，电子版本

[1] 在裁判文书网全文检索“转换性”并筛选关键词“著作权”，一共检索到 6 个案例，其中有 3 个案例明确涉及转换性使用；通过对相关文献的检索，另有两个涉及转换性使用的案件：

（2011）一中民初字第 1321 号民事判决书（王莘与北京谷翔、谷歌信息技术有限公司等著作权权属、侵权纠纷一案，简称“王莘诉谷歌案”）；（2015）沪知民终字第 730 号民事判决书（上海美术电影制片厂与浙江新影年代文化传播有限公司、华谊兄弟上海影院管理有限公司著作权权属、侵权纠纷一案，简称“上美影诉新影年代案”）；（2015）佛中法知民终字第 159 号民事判决书（北京优图佳视网络科技有限公司与佛山市中山医院侵害作品信息网络传播权纠纷一案，简称“优图佳视诉中山医院案”）；（2017）沪 73 民终 181 号民事判决书（广州网易计算机系统有限公司与马建明侵害作品信息网络传播权纠纷一案，简称“马建明诉网易案”）；（2017）粤 73 民终 85 号民事判决书（李向晖、广州华多网络科技有限公司著作权权属、侵权纠纷一案，简称“李向晖诉华多案”）。

仅保存于谷歌在美国的服务器中，谷歌公司将所扫描的图书的一部分片段开放给谷歌搜索引擎，用户通过谷歌搜索引擎只能看到片段，而不能阅读或下载整部作品。法院在判决中以我国《著作权法实施条例》第 21 条“是否与作品的正常利用相冲突，是否不合理地损害著作权人的合法利益”为法律依据对被告的行为是否构成合理使用进行了判断。法院认为，从著作权人利益角度来看，被告实施的信息网络传播行为仅在互联网上提供了原告作品的片段，具有为网络用户提供方便快捷的图书信息检索服务的功能和目的，对原告的作品构成转换性使用。❶ 该案的特殊之处在于，法院将谷歌公司对书本的数字化复制行为认定为侵犯著作权，但是对谷翔公司的信息网络传播行为认定为构成转换性使用，构成合理使用。

在 2015 年的“上美影诉新影年代案”中，原告上海美术电影制片厂为涉案动画角色形象的著作权人，被告新影年代公司在其制作的电影宣传海报中使用了该动画角色美术作品，图案处于海报左上角，在海报整体中比例较小。对此，一审法院和二审法院均判决被告新影年代公司的行为构成合理使用。在法律适用方面，一审、二审法院均认可合理使用的认定应当限于“三步检验法”以及“四要素判断法”。在此基础上，二审法院认为引用作品在新作品中是否构成原有艺术价值和功能的转换，是我国《著作权法》第 22 条第 1 款第 2 项中“为说明某一问题”的判断标准。该案中，涉案权利人的美术作品被引用在电影海报中，具有了新的价值、意义和功能，原有的艺术价值和功能发生转换，而且具有较高程度的转换性，因此属于我国《著作权法》第 22 条中规定的“适当引用”条款的合理使用情形。❷

我国法院在裁判中对转换性使用的概念理解基本一致，但是对转换性使用具体的裁判标准有不同的认知，导致法院对转换性使用和合理使用的关系认识不清，在司法适用时存在混乱。前文所述的司法案例代表了两种转换性使用与合理使用判断之间的关系：一是将转换性使用放入合理使用特别条款中，在“上美影诉新影年代案”中，法院将转换性使用用来解释我国《著作

❶ 参见（2011）一中民初字第 1321 号民事判决书。

❷ 参见（2015）沪知民终字第 730 号民事判决书。

权法》第22条合理使用的“适当引用”条款中的“为说明某一问题”，具有转换性的新作品即属于我国《著作权法》第22条中“为说明某一问题”的情形，而转换性使用也不是构成合理使用的唯一理由。二是将转换性使用放入合理使用一般条款中进行判断，即我国《著作权法实施条例》第21条，此条是对TRIPS协议三步检验法的转化。在“王莘诉谷歌案”中，法院认为转换性使用行为是符合三步检验法的，不会与原作品的正常使用相冲突，不会不合理地损害著作权人的合法利益。在“李向晖诉华多案”中，法院也认为，符合转换性使用的作品也是符合三步检验法的，不会不合理地损害权利人的合法利益。转换性使用作为判断合理使用第一要素的主要标准，在美国法院的判决中已经逐渐成为一个具有决定性的因素。在我国，转换性使用在合理使用裁判中的地位和作用并不明显，往往都是作为在合理使用裁判中的补充说理，没有发挥出其应有的价值意义。

（二）转换性使用的理论争议

我国理论界对于转换性使用的实际运用有两种观点，一种是我国需要对转换性使用进行借鉴，另一种是反对引入转换性使用。

支持者中，有观点认为应当将转换性使用规则进行直接适用，在现行《著作权法》第22条第1款中增加转换性使用作为合理使用的其他情形；有观点认为应当创设合理使用一般条款为转换性使用的适用提供空间，因为仅根据我国《著作权法》第22条中的“适当引用”条款来适用转换性使用规则是不完善的，需要为著作权合理使用制度创设一般条款，增设三步检验法，[1] 或者增设美国的合理使用“四要素判断法”作为合理使用的原则性标准，[2] 从而为转换性使用的适用提供法律空间。

同时，也有一些反对观点认为，转换性使用在我国的发展并不成熟，转换性使用还存在解释困境。美国关于著作权合理使用的司法实践虽已经较为

---

[1] 袁锋．论新技术环境下“转换性使用”理论的发展［J］．知识产权，2017（8）．

[2] 晏凌煜．美国司法实践中的“转换性使用”规则及其启示［J］．知识产权，2016（6）．

完善，但对于转换性使用的界定依然存在分歧，而且随着理论研究的不断深入，美国学者已经开始反思转换性使用的滥用对于合理使用判断标准的冲击。我国法院可在公共利益需要或市场失灵情况下，运用市场因素判定是否构成合理使用。[1]

笔者认为，转换性使用有其特殊的价值内涵，可以适应当下著作权发展的需要，符合著作权利益平衡的宗旨，在法院审理合理使用的个案时有一定的帮助和意义，值得借鉴。但是由于合理使用制度一直以来都具有一定的不确定性，而转换性使用的概念本身也较为抽象，直接将转换性使用作为一个法律规则规定在著作权法中，反而会陷入对转换性使用概念界定的困境当中。因此，我国应当对转换性使用进行合理借鉴，循序渐进地在司法和立法中予以解释和规定。

三、合理借鉴转换性使用的建议

（一）借鉴转换性使用的必要性与可行性

我国现行《著作权法》与《著作权法实施条例》对于著作权合理使用是封闭式的规定，随着社会技术的发展，作品的新形式也层出不穷，对于他人作品的二次创作也不再局限于改编、演绎等传统形式，而是出现了复杂多样的创作形式，从转换性使用的价值看，是符合我国著作权法利益平衡的价值目标的，有利于鼓励创作，促进文化传播。从司法实践的要求来看，我国司法实践中已经出现利用转换性使用作为裁判依据的案件，但是对于转换性使用的概念还没有系统性的解释，在裁判中应用转换性使用缺乏理论依据和法律依据，大多数还是依靠法官的自由裁量。因此，有必要对转换性使用进行全面研究，可以采用指导案例的方式逐步固定转换性使用的概念以及法律适用。

---

[1] 谢琳．论著作权转换性使用之非转换性［J］．学术研究，2017（9）．

（二）实践中的应用

本文将转换性使用在实践运用中分为三种类型，分别为表达性的转换性使用、技术性的转换性使用和功能性的转换性使用，有助于明确转换性使用可以适用的案件类型。

表达性的转换性使用，是指一个作品相较于原作品来说，产生了新的理解、美学或信息，属于价值层面的“内容产生新意”。代表性的案件就是Campbell案所确定的对戏仿作品的合理使用判断。在对电影二次创作的短视频，以及游戏直播等体现表达多样化的领域，都涉及表达性的转换性使用。表达性的转换性使用与改编和演绎行为的最主要区分在于，改编与演绎行为无论采取何种表达形式，其作品的核心思想是与被改编作品相一致，并依赖于原作品，通过转换性使用而产生的是一个独立的作品，添加了创作者特有的新的信息和内容，与原作品相独立。表达性转换性使用的应用有助于创新作品的表达形式，有利于文化的传播和高质量发展。

技术性的转换性使用，涉及随着社会科技发展而产生的复制依赖型技术。复制依赖型技术是指该技术的应用必须以对作品的数字化复制为前提，传统的复制是对特定作品的个别性复制，而复制依赖型技术对受著作权保护的作品进行的是例行的、自动性的和非选择性的复制。复制依赖型技术在实践中通常提出合理使用抗辩，来获得侵权豁免。[1] 如在2003年的Kelly v. Arriba Soft Corp. 案中，美国法院认定搜索引擎提供缩略图对权利人的摄影图片构成转换性使用，而且与戏仿作品相比，搜索引擎由于对原作品进行了全新方式的利用，可能具有更高程度的转换性。在2007年Perfect 10，Inc. v. Amazon，Inc. 案[2]中，巡回法院认为谷歌搜索引擎将perfect 10公司图片做成缩略图的行为构成转换性使用，且有利于社会公共利益，并且这种转换性优先于对原作品的市场替代性和商业

[1] 李钢．“转换性使用”研究［D］．武汉：中南财经政法大学，2017.

[2] 朱莉·E. 科恩，莉蒂亚·P. 劳伦，罗斯·L. 欧科迪奇，等．全球信息经济下的美国版权法［M］．王迁，侍孝祥，贺炯，译．北京：商务印书馆，2010：924.

性使用。在此种技术性转换性使用的情况中，新的作品并没有转换原告作品本身，仅转换了作品被使用的情形，因此也是适用于合理使用抗辩，同时，也涉及技术发展与权利保护之间的利益平衡，法院往往通过衡量公共利益来裁量是否属于合理使用。技术性转换性使用涉及的典型案件就是对搜索引擎、缩略图的技术运用，转换性使用的介入可以有效解决新技术所导致的权利冲突。

功能性的转换性使用，是指作品的使用行为在目的上并不是为了再现原作品的表达功能，而是为了实现其他的效果和意义。[1] 在美国的金德利斯案[2]中，美国地区法院认为，金德利斯对每张照片的使用都具有转换性，因为其目的与这些照片最初的表达目的不同，其目的是为了更丰富地展示乐队的文化历史，而不是为了商业利益而使用版权艺术作品，而且无论是将图片伴随说明文字一起使用，还是将图片单独使用，都构成转换性使用。本案中，对作品的使用目的具有转换性，目的是突出图片的历史价值，而非创意价值。前文所述的“上美影诉新影年代案”，也是典型的涉及功能性转换性使用的案件。

结 语

转换性使用是在美国司法实践中产生的，其本质和未来发展趋势具有理论研究的价值。转换性使用不仅涉及合理使用的问题，也涉及文化传播、技术交流、市场竞争等问题。我国的著作权法律虽然是一个舶来品，但是经过长期的司法实践和多次修订，已经具有我国的特殊性。未来，我国著作权法发展的趋势是开放式的立法，法官的自由裁量也必须依靠开放式的思维方式，从著作权法的利益平衡的立法宗旨角度去对新

[1] 姬德华．电子游戏画面直播的著作权合理使用研究——以转换性使用为视域［D］．广州：华南理工大学，2017.

[2] 朱莉·E. 科恩，莉蒂亚·P. 劳伦，罗斯·L. 欧科迪奇，等．全球信息经济下的美国版权法［M］．王迁，侍孝祥，贺炯，译．北京：商务印书馆，2010：920.

型的案件进行裁判，转换性使用其实就是这种开放式思维的象征。利用我国《著作权法》第三次修订的契机，可以将转换性使用的价值内涵融入我国著作权法的相关制度中，从而更好地实现著作权法保护作者权利，促进利益平衡的目的。

网络环境下著作权默示许可制度研究

庄　焱*

内容提要　互联网技术的深入发展对现行著作权制度带来了冲击，网络环境下现行著作权许可制度不利于文化产业有序进步，而著作权默示许可制度对于网络环境下著作权许可难的问题有着重大作用。以英美国家为代表的判例法国家在互联网新技术与数字图书馆方面的发展停滞不前，我国对《信息网络传播权保护条例》相关条款谨慎矜持，使得生活中许多文化产品的著作权默示许可需求得不到实现。因此，在网络环境下的信息传播中多角度进行默示许可制度的适用，对于实现文化作品的充分传播与使用可以起到十分重大的作用。

关键词　著作权；网络环境；默示许可

一、问题的提出

互联网作为新兴数字化媒体，它聚集传统三大媒体（报纸、广播、电视）的诸多长处于自身，还有着独特的特点，比如内容开放性、资源共享性、高度交互性、受众全球性等。它的兴起发展不仅对传统媒体也对现行著作权制度带来了冲击。

在传统媒体时代，传播文化内容的方式主要分为明示授权许可使用制

---

* 庄焱，南京理工大学知识产权学院研究生。

度、合理使用制度和法定许可使用制度。但真正可通过合理使用和法定许可制度获得使用的作品被限定在较小范围，社会大众对作品的使用不可得到充分实现。如果要求互联网内众多文化作品以明示授权许可制度，得到著作权人的许可也是不切实际的，它所需要的社会成本较高。因为互联网作品的创作主体可能来源于全球，创作人难以确定、联系方式难以取得等问题使得授权的取得成了几乎不可能完成的任务。如我国的数字图书馆建设就是因为无法解决作品的海量授权问题而导致数字图书馆建设步履维艰。

也是因为如果要求在我国现行法的情况下，网络服务商必须事前获得著作权人对于作品的授权，必然耗费诸多精力与时间。造成网络服务商擅自把非数字化作品转化为数字化作品在互联网使用，或是网民对于互联网作品随意转载、共享等侵犯著作权的现象屡见不鲜。这无疑对著作权人、作品使用者、网络服务商都是一种不利，作者对于自己作品的著作权无法全面保护，使用者及网络服务商随时面临被诉侵权的风险，这对于文化产业的发展皆是不利的。

手握作品的著作权人不能获取多元的财产利益，需要使用的人却因为无法合理有效地获得授权而面临法律风险，这是网络环境下的著作权许可亟待解决的难点。我国著作权法应当对现实社会的发展变革给予恰当的回应，寻求一种制度使著作权人、相关权人既可以对其权利进行必要控制又不会损害互联网的开放性和实用性。而著作权默示许可制度正是解决网络环境下著作权许可难题的最佳方式之一，网络环境下默示许可制度的适用空间很大。

二、网络环境下著作权默示许可的基础理论

著作权默示许可，含义为著作权人通过他的行为或是以沉默来推定其进行了著作权许可，即使是在权利人没有明确表示授权的情况之下。人们关于现行法中有没有存在著作权默示许可制度，如果存在那么它的法律属性怎样，有哪些适用情形等相关事项都存有疑问。关于这些疑问，我们能够沿着该制度的历史发展、其所含的法律元素、法律性质等索引，对著作权默示许

可制度的本质予以研究。

（一）著作权默示许可制度的历史沿革

传统民法的默示行为理论中，“默示”与“明示”相对应，意表某人以法律上可推定的特定行为，抑或以沉默予以间接表达。也就是可以区分为推定的意思表示和沉默的意思表示。前种表示的要义为：首先，某自然人进行了某些行为；其次，使对方因该行为而产生某种合理期待；最后，双方都是出自真实的意思表示。至于“沉默”可作的表示，首先，它要有特定的前提，这个“特定”可以是法律、习惯、合同约定等；其次，这种沉默必须是行为作出者所能自己意识到的。这两种表示都不能随意进行法理扩张解释。[1]

上述默示行为理论出自传统民法，若是认为它并不能完全适用于互联网领域的“默示许可”，有些学者提出，最大限度追求民事行为当事人意思表达一致的合同法中的默示条款理论，也许能让互联网领域的“默示许可”更名正言顺。合同法中的默示条款，意指那些依据相关法律规定或者交易习惯，也应当受到约束的行为，即便这些约束并没有以明确条款约定在具体合同中。也就是可以分为事实上的默示条款、习惯上的默示条款、法律上的默示条款。事实上和习惯上的默示条款在法律上适用的限度为“合理且必要”，法律规定的默示条款，则严格限制在明确法律条文内。

事实上，默示许可理论最早出现在著作权领域，是为引出发行权一次用尽原则。随着知识产权交易的不断发展，渐渐在著作权交易实践与司法运行中引入默示许可制度，配合合同约定，共同探求合同当事人之间隐含的、应该被接受期待的真实表示。以此起到对当事人之间合同关系进行解释和补充的作用，在司法实践中最常出现在委托合同纠纷中。

但是这种致力于对著作权所有者和使用者间的合同法律关系予以合理补充解释的默示许可制度在网络环境下出现了适用困难：其一，互联网用户多的特性，决定了大多数著作权使用行为，并非建立在明确的合同之上的；其

[1] 杨红军．版权许可制度论［M］．北京：知识产权出版社，2013：58.

二，作品的使用方式随着互联网的不断发展而不断变化，法律的滞后性使得著作权使用双方的真实意思很难探究。可见相较于传统著作权领域的默示许可，互联网环境下如果要适用默示许可，必然要对适用情形进行一定扩张。包括将默示许可制度用于没有基础合同关系的情况。此时，默示许可可以参考传统民法中的相关理论，依据当事人的行为、沉默、法律规定、行业惯例等因素进行认定。

（二）网络环境下著作权默示许可的法律特征和法律属性

1. 网络环境下著作权默示许可的法律特征

探索著作权默示许可制度的法律特征，应该围绕“默示”和“许可”进行讨论。

在互联网情况中，要判断著作权人是否有“默示”的意思表示，可以基于下列情形：（1）当事人之间存在基础合同。该种情况下可以沿用合同法中的默示理论，需要注意的是，当事人间特定合同不具有普适性，因此法院在对模式行为进行解释时，不应与合同中的确定条款相悖。（2）著作权人作出某些特定行为。这里可以包括积极的行为和“沉默”，当然，这里的行为应符合传统默示理论的相关要求，即符合交易惯例、行业习惯、行为人习惯等。（3）法律直接规定。法律条文明确表示在某些情况下，著作权人的默示可以视为许可，我国《信息网络传播权保护条例》第9条典型的法律直接规定的默示许可。

“许可”要求成立事实上的许可使用关系，一般在该关系中，著作权人有许可权、报酬请求权、禁止权。在互联网环境下，可以允许权利人以默示的方式授权，一般用户可以通过这种制度快速使用大量素材。但同时，应该赋予著作权人实时主张报酬请求权的权利，为保障使用人的权益，可以给这种请求权加以时间限制，这种时间可以是除斥期间。最后，如果使用者在权利人禁止使用，或者拒付报酬的情况下，互联网运营者应保障和维护权利人的禁止权。

2. 网络环境下著作权默示许可的法律属性

首先，著作权默示许可是著作权授权许可方式之一。权利人著作权默示许可中，虽然没有明确授予许可，但都以或积极或沉默的行为暗示，让使用人对使用作品产生合理期许和信服。这就对著作权人提出要求，如果权利人不想别人对其作品进行利用，其需要一开始就明确表示拒绝授权。

其次，著作权默示许可作为著作权侵权抗辩事由。著作权默示许可的成立，意味着著作权人不能以未经授权为由主张对方侵权，但可以要求诸如报酬请求权之类的其他著作权利。在举证方面仍是谁主张谁举证，由使用人进行存在默示许可的举证。

最后，不构成对著作权权利的侵犯。从一个角度来说著作权人是否授权，仍是出自权利人自己的意思，只是这意思不是明示授权，实质上权利人的专有权并没有受到排除或限制。❶ 另一个角度来说，如若权利人不想将作品许可他人使用，他完全可以在作品刚发表到互联网时明示拒绝他人使用。

三、网络环境下著作权默示许可的制度构建

在网络环境下，著作权默示许可制度的内涵必然顺应互联网特点会发生一定的演变，也是因为互联网环境下著作权授权较一般情况下困难，默示许可制度也更加显示其价值之大。对著作权默示许可制度价值的分析，能够为该制度的构建提供正当性基础。

（一）网络环境下著作权默示许可的优越性

首先，网络环境下版权默示许可制度符合交易成本理论。互联网环境下作品权利人多，作品多，使用需求也多，作品传播方便。传统授权模式成本高，手续烦琐，不利于作品的快速传播，自然也不能让版权人与使用者的经济利益最大化。因为网络环境中人们可能处于天南地北不同地理环境，若要促使双方先达成合同，再对作品加以利用，明显会对著作权人和使用者双方造成不便。使用者的成本高，著作权人的作品使用率降低。若是因为制度的

❶ 马德帅，刘强．网络著作权默示许可研究［J］．中国出版，2015：17.

落后，导致多数人违法的现象，更会增加权利人的维权成本与效率；相对的，若是在合理情景下允许在著作权许可授权采取“选择—退出”机制，那么在整个许可过程中的通知、谈判的交易成本都会大幅降低，而且在这个过程中版权人的利益得到最大化，同时仍然可以保有对作品传播较好的控制权。

其次，网络环境下版权默示许可制度符合利益平衡理论。[1] 在著作权默示许可存在的情况下，对于著作权人来说，他的人格利益（作品传播的自由度）和经济利益（报酬请求）都能够得到一定程度的平衡。作者可以利用网络便利的条件顺利创作、发表，还能收获潜在的收获报酬的机会，达到自己创作的目标，可以实现版权人和使用者、个人权益与社会公益之间的平衡，让使用者在合理情境下于获得明示授权之前，优先使用产品，避免大规模违法现象的发生。

（二）网络环境下著作权默示许可制度的必要性

网络环境下使用传统授权制度局限性很大。一方面，传统著作权授予中，需要每次授予都在当事人之间达成同意。然而这种授予方式在网络环境下的操作性很差，因为在网络环境下作品所有者往往属于作者之外的人，比如出版社、唱片公司、娱乐公司、制片人等，作品使用方往往是网络服务提供者，因此双方要找到对方都不是一件简单的事；另一方面，著作权人作为市场供应方，面对迅速扩大的潜在作品使用群体，授权许可的成本几乎降低为零，坚持在著作被使用之前进行许可，对整个互联网市场和作品使用方都是不利的。网络环境下的著作权许可制度需要较之传统授权作出改变，以求更加适应网络环境的传播，更加公平合理。

建立网络环境下的著作权默示许可制度迫在眉睫，在网络环境下适用默示许可不仅能加快信息交互共享，也能节省双方成本，找到版权人和使用人、社会大众的利益平衡，实现作品最大的作用。一方面，在某些合理情况

[1] 杨小兰．网络著作权研究［M］．北京：知识产权出版社，2012：102.

下对版权人的某些行为或是沉默，作出许可推定，在“选择—退出”模式下，保有了版权人对作品的控制权和报酬请求权，节约了作品著作权人和使用人之间寻找彼此的机会成本，大幅提升了作品使用的效率，贴合网络技术和网络作品传播的特征和要求；另一方面，作品被更多人使用、浏览，也是对创作者最大的安慰，是作品最大价值的实现，同时与此有关的产业经济也会得到更加健康、快速的发展。

四、网络环境下著作权默示许可的制度构建

前文的分析足以显示，在网络环境下建立著作权默示许可制度有其优越性。但是该制度在我国的起步较晚，发展也未受到重视，相关制度不尽成熟。即使放眼全球，美国是最先引入著作权默示许可制度的国家，美国在网络环境下引入著作权默示许可也比较谨慎，背后的原因也有经济和法律的多方面考量。至于我国在这方面的立法就更应该谨慎，要在经济发展和公民个人权利之间寻求妥善的平衡点。本文尝试从适用条件、适用领域、制度保障三个方面，为构建网络环境下著作权默示许可制度谏言献策。

（一）网络环境下著作权默示许可的适用条件

如前文所述，默示许可制度在有基础合同关系的主体间运用，可以对合同内容起到解释和补充的作用。在没有基础合同关系的主体间运用，是对于权利人特定行为或者沉默的推定。两种类型的默示许可制度有着不同的适用条件，前者具有个案适用性而后者在同一类型的情况下具有普遍适用性。

1. 有合同关系时的著作权默示许可适用

对于有合同关系为基础的著作权默示许可而言，默示许可主要是通过对合同当事人在合同中的合意进行深入探寻，从而对合同中的明文条款进行补充解释，进而在双方权利义务方面产生纠纷时定分止争。由于个案具有特殊性，所以法官在案件中应该充分考量当事人在合同订立中的意思目的，着重对双方行为所展示的意思边界予以厘清。

可以借鉴美国法院通过 Effects Associates v. Cohen 案、Blake A. Fieldv. Google 案等判例确立的,[1] 以合同关系为基础的默示许可制度的适用条件：①著作权人将作品的复制件转移占有；②作品使用者基于合理期待，在特定目的内使用作品；③著作权人因许可行为获得了相应的对价或者报酬；④对使用者而言，如果他自身行为超越合同明文但在合理预期范围内，该行为如果不能进行，那么其购买使用权并没有价值。

2. 无合同关系时的著作权默示许可适用

在网络环境下，默示许可的制度范畴应该超出原有合同法框架内的相关内容，不限制于具有基础合同关系的特定当事人之间，通过“选择—退出”机制的运用，进而扩展到权利人和不特定使用者之间。对于没有合同关系的当事人之间的著作权默示许可而言，其基本通过适用法律的规定或者行业惯例，对当事人的行为或者沉默进行推定。无基础合同关系的著作权默示许可有着独特的适用条件。

（1）著作权人知道作品被他人使用。由于没有特定的相对人，因此不存在权利人转移作品复制件的情形。但是，由于默示许可仍然应该属于一种自愿情况下的授权，所以版权人应该理论上知道他的作品存在被人使用的状况，这也是版权人能够对自己作品拥有控制权的前提。

（2）著作权人通过行为或者沉默做出了许可的意思表示。如果著作权人明确表示拒绝对作品进行授权，包括以技术措施组织作品传播，那么表示版权人绝对拒绝授权。在这类情况之外，可以从著作权人一定的积极行为或者消极沉默中推定其允许授权。

（3）从行为或沉默中推定有许可的意思表示的前提，是有法律或惯例作为依据。并非任何的行为或者沉默都具有法律效力，行为或沉默中推定出许可的意思表示，需要有一定的根据，进行推定的根据则是法律的规定、行业惯例等。其目的在于将著作权默示许可控制在合理的范围之内，仅将那些已经被权利人和公众所普遍认可的使用纳入该制度中，排除迫使权利人采取特

[1] 华鹰. 数字出版环境下著作权默示许可制度的构建［J］. 重庆工商大学学报（社会科学版），2018（35）.

定手段对作品予以保护的行为。

(4) 使用者在特定的目的范围（存在合理期待）内使用该作品。超出特定目的范围的使用仍然构成侵权，例如博客作品转载的默示许可中，使用者获得默示授权的范围仅限于转载、评论他人作品，并不包括以其他目的而使用博客作品。

（二）网络环境下著作权默示许可的适用领域

作为对合同的解释，以合同关系为基础的默示许可需要在个案中进行判断。然而不以合同关系为基础的默示许可对同一种类型的行为具有普遍适用性，可以为网络环境下的特定行为提供法律依据和制度支持。根据上述条件，结合我国的实际情况，不以合同关系为基础的默示许可，可适用于下列情形。

1. 网络共享空间下作品的转载

目前，使用较多的网络共享空间有微博、微信朋友圈、博客、BBS 讨论版等。在著作权默示许可制度下，鉴于互联网的互通性和网络共享空间的共享性，作者在网络共享空间中发布作品的行为，可以说明其知晓作品会被其他用户使用。此时，倘若作者未做禁止性说明的，则视为作者同意其他用户对作品进行转载、传播，即可以推定作者做出了默示许可的意思表示，该推定的依据是行业惯例。[1] 当然，在网络共享空间下使用者获得默示许可的范围仅限于在该共享空间内的转载、传播，对作品的其他利用行为，例如改编、翻译、表演等，都需要另行获得著作权人的明示授权。

2. 搜索引擎对网页的抓取

搜索引擎对网页的抓取，是指利用一种被称为“蜘蛛”或者“机器人”的程序，在成千上万的网页中抓取信息，而后将抓取到的内容经过特殊的方式进行整理并保存在相应的数据库中。在日常的运营过程中，将根据用户的检索显示出相应的信息。搜索引擎将网页存入其数据库的行为，是否会侵犯

---

[1] 杨延超．与微信平台有关的著作权问题研究［J］．知识产权，2015（8）．

著作权人的复制权，或信息网络传播权？这些问题可以用默示许可制度予以解决搜索引擎对网页的抓取，在实践中已经形成成熟的“选择—退出”机制。权利人可以利用“robots 排除协议”、元标记等方法，禁止搜索引擎对其网页进行抓取。[1] 事实上，在实践中，大多数著作权人为了扩大作品影响力，获得更大的收益，不仅不会拒绝其内容被抓取，反而还会通过采取一定的技术手段加大被搜索的概率，所以该技术促进了作品信息的传播和流通、利用，能够被行业社会大众所接受。

3. 公益性图书馆作品的数字化使用

需要明确的是，公共图书馆和新兴的数字图书馆在性质上有着严格的区别。在目前的司法实践中，对于以营利为目的的数字图书馆而言，并不能适用著作权默示许可制度。[2] 因为一方面数字图书馆将纸质版书籍扫描并上传至网络的做法，并没有形成行业惯例，即“选择—退出”机制在数字图书馆中没有存在的根基；另一方面，作品被数字化后在数字图书馆进行传播，会直接影响书籍的销量。数字图书馆获益的增加是建立在著作权人收益减少的基础上，在数字图书馆下适用默示许可制度对著作权人来说是不公平的。然而公益性图书馆肩负着向社会公众传递知识，促进科学、文化事业进步的责任。对于这些公益性图书馆而言，若没有方便、快捷的授权许可机制，图书馆则很可能因获得许可的困难而不能保证作品的更新，其自身功能和价值也将无法实现。对此，为了维护公共利益，可以在不损害著作权人利益的前提下，在公益性图书馆作品对数字化使用中引入默示许可制度，以有效地促进有益文化的传播，满足社会公众的文化需求。但是，为了保障作者的经济利益，公益性图书馆应当向作者支付经济报酬。

（三）网络环境下著作权默示许可的制度保障

保护著作权人利益是知识产权法中关于著作权保护的核心，其最基本的

---

[1] 秦丹，申屠彩芳．网络环境下著作权默示许可研究［J］．劳动保障世界，2015（11）．

[2] 郭威．版权默示许可制度研究［M］．北京：中国法制出版社，2014：147.

原理就是通过赋予著作权人关于其作品的相关财产权利和精神权利，形成激励机制，以激励作者创造更多有意义的作品，从而促进整个社会文化氛围的改良以及社会文艺成果的多产化。因此，在著作权默示许可制度下，应该保障著作权人的任意解除权和经济获酬权。

1. 保障著作权人任意解除权

在理想的情况下，著作权默示许可的过程是：使用人根据法律的规定或者业惯例，从著作权人的行为或者沉默中推定出其已经做出了许可的意思表示。此时，使用人可以放心地使用作品。但是在实践中可能会存在著作权人并不知晓有人即将使用其作品，或者权利人虽然已知晓其作品被默示许可使用，然而在使用过程中，著作权人因为特殊的理由不愿再作出许可。考虑到在合同的订立过程中，著作权人的授权许可的权利已经受到一定的限制，因此，法律应当赋予并保障著作权人在默示许可合同下的任意解除权，使其可以随时提出解除许可合同，恢复著作权人对作品许可使用的主动性。[1]

需要说明的是，著作权人的任意解除权应当仅存在于非以合同关系为基础的默示许可中，否则，著作权人许可的意思表示可以从基础合同中推定出来。

2. 保障著作权人的经济获酬权

从可适用的领域来分析，搜索引擎、网络共享空间这类因为行业惯例而形成的默示许可而言，默示许可成立的意义更多地侧重于促进作品传播等非直接的经济利益，是否能够获得经济报酬以及经济报酬的高低对著作权人而言并没有重大的实质性影响。然而，针对网络扶贫默示许可、公益性图书馆数字化使用作品的默示许可而言，默示许可的成立更多的是基于法律的规定，他人对作品的使用会直接影响著作权人的经济收益，此时，对著作权人的经济利益应当予以特别保护，以保障著作权人的经济获酬权。

具体来说，法律可以采取以下措施：首先，若使用者提出要约，著作权人可以以默示的方式做出承诺的，使用者的要约中必须载明拟支付报酬的标

---

[1] 李建华，王国柱．网络环境下著作权默示许可与合理使用的制度比较与功能区分［J］．政治与法律，2013（11）．

准以及支付报酬的方式；其次，法律为了维护公共利益采用著作权默示许可使用机制的，可以同时规定著作权人获得经济报酬的最低标准，作为对著作权人的最低保障；最后，当著作权人对经济报酬有异议的，可以与使用者进行协商，协商不成的，可以解除许可合同，或者不经协商，直接解除合同。

结 语

在数字网络环境下著作权制度日益僵化、逐渐走向危机的大背景下，法律应积极探究满足实践需求的制度。根植于传统民法之默示行为理论及合同法之默示条款理论的默示许可制度，在网络环境下，其内涵发生了一定的演变和扩张，使之不仅可以适用于有合同基础的特定主体之间，也可以适用于不特定主体之间的作品使用行为。网络环境下著作权默示许可制度的存在有其正当性，其既符合交易成本理论，能够促进帕累托最优状态的实现。也符合利益平衡理论，能够实现作者人格利益和经济利益、著作权人利益和使用者利益、个人利益和社会公共利益的平衡。同时，该制度也有其存在的必要性，网络环境下的默示许可制度改变了传统的“主动授权”模式，能够最大限度地实现作品的价值。

虽然有合同关系时的著作权默示许可适用，主要是结合具体案情，对合同款结合当事人合理利益期待予以分析。但针对无合同关系时的著作权默示许可适用，可以制定网络环境下著作权默示许可制度的一般适用路径：需要明确的是，并不是所有的沉默都能“许可”，如果想从著作权人的行为或沉默中推定其有许可的意思表示，必须有法律的规定或者行业惯例。同时，需要通过保障著作权人的任意解除权和经济获酬权，切实维护著作权人和使用者之间的利益平衡。当然，也不是所有互联网环境下的著作权都适合采用默示许可制度，可适用情形限于网络共享空间下作品的转载、搜索引擎对网页的抓取、公益性图书馆作品数字化使用。

游戏直播中的著作权保护与产业高质量发展

谭　缙*

内容提要　游戏直播行业作为电子游戏产业的衍生品在近年来发展迅猛，关于游戏画面的著作权纠纷也随之而来。在司法实践中对游戏画面的作品类型存在不同认定，其原因是游戏画面是一个复杂的整体，从独创性和可复制性等方面可以判定游戏画面系我国著作权法意义上的作品，并且不同类型的游戏画面可以认定为不同的作品类型。就直播游戏画面的行为而言，受制于现行法律法规的穷尽式列举规定，不能使其落入“广播权”和“信息网络传播权”的保护范围，但可以用兜底条款“其他权利”加以保护。同时，在直播过程中涉及的其他主体的合法邻接权权益也应受到保护。此外，基于行业发展的考虑，目前有部分观点认为对于游戏画面著作权的保护应让步于新兴行业发展，也有部分观点认为可以将直播行为直接认定为合理使用。本文持保守观点，在新修法律出台前，不应认定游戏直播行为系著作权保护之限制情形，应当对著作权人的合法权益加以严格保护，保证该新兴产业的高质量发展。

关键词　电子游戏直播；作品属性；权利范围；限制情形

一、问题的提出——游戏直播产生著作权纠纷

2014 年 11 月 24 日，广州网易计算机系统有限公司一纸诉状将广州华多

---

* 谭缙，南京师范大学法学院研究生。

网络技术有限公司告上法庭，称华多公司通过注入非法代码及动态截屏的方式录制、抓取网易公司《梦幻西游2》网络游戏的游戏画面，在其旗下的YY网络直播平台许可其平台内主播以直播、录播及转播的形式传播《梦幻西游2》网络游戏画面并从中牟取巨大利润，构成对其著作权的侵害和不正当竞争。该案在网络游戏直播行业内引起热烈讨论，被认为其判决将可能引起行业格局的变化。经过三年的争论，围绕《梦幻西游2》网络游戏直播画面著作权保护的大战落下帷幕，广州知识产权法院于2017年10月14日作出判决❶——网易公司胜诉，赔偿数额高达2000万元人民币之巨。❷在电脑游戏行业蓬勃发展的当下，电脑游戏作为一类复杂的计算机软件，其软件源代码应受著作权法保护已成为一项普遍认知。以电子游戏为主角的网络直播行业应运而生并高速发展，而电子游戏直播画面的知识产权属性在现有法律中并无直接规定，游戏画面是否具有著作权意义上的作品属性？如若具有作品属性，应当以何种具体著作权权利对其进行保护？对电子直播的直播行为又是否能构成合理使用？

二、电子游戏画面的作品属性

由于没有明确的法律法规对电子游戏直播画面的法律性质进行确认，因此，须探究游戏直播画面依其特点是否可以落入现有法律法规的保护对象范围之内。根据著作权法对作品的独创性和可复制性要求，可以认定电子游戏画面系著作权法意义上的作品，但存在例外。

（一）游戏直播的行业背景

电子游戏的直播，是指将玩家操作各类电子游戏的过程通过互联网等媒

❶ （2015）粤知法著民初字第16号民事判决书。

❷ 类似的案例还有“上海耀宇文化传媒有限公司诉广州斗鱼网络科技有限公司案”，审理该案的上海市浦东新区人民法院判决认为电子游戏比赛画面不属于著作权法规定的作品，被告使用涉案赛事比赛画面的行为不构成侵害著作权。

体向公众进行同步传播，使不特定的公众实时了解该玩家在游戏中的操作过程。电子游戏直播行业的兴起，与游戏产业的蓬勃发展有着密不可分的联系。据中国音数协游戏工委（GPC）提供的数据，[1]2010~2017年中国游戏市场实际销售收入与自2014年兴起的游戏直播行业市场规模对比如图1所示，游戏产业的年平均增长率高达26.5%，与此同时，游戏直播行业的年平均增长率高达172.9%。[2] 正是由于众多游戏用户通过网络在游戏中的交互竞赛达到了相当高的规模，商业机构组织因此被吸引并提供赞助，网络媒体的游戏网络直播得以盛行。[3]

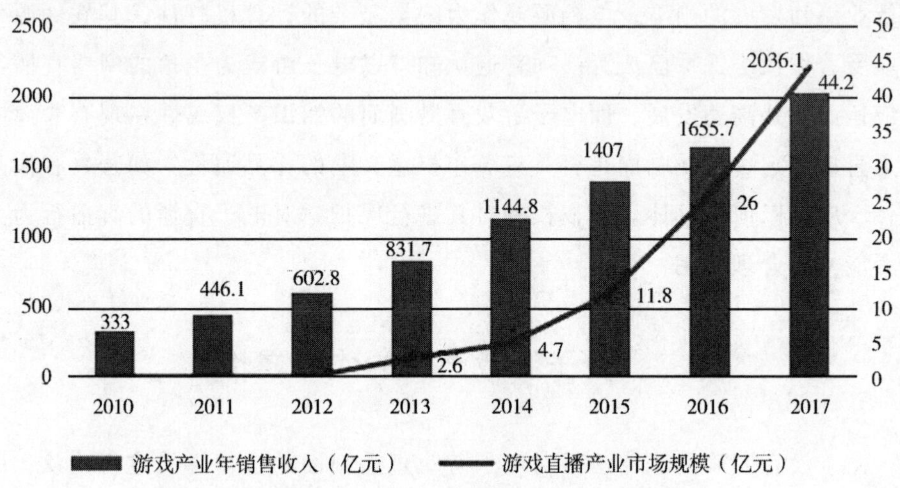

图1 游戏产业与游戏直播产业市场规模趋势

（二）游戏画面的独创性分析

著作权法所保护的“独创性”包含自我创作与最低限度创造性两层要

---

❶ 数据参见中国音数协游戏工委、伽马数据、国际数据公司（IDC）共同编写的《2017中国游戏产业报告》。

❷ 游戏网络直播行业的市场规模包括游戏直播平台及游戏内直播带来的增值服务、游戏联运及广告业务等的收入。

❸ 国务院有关部门已先后颁布《互联网直播服务管理规定》《关于加强网络视听节目直播服务管理有关问题的通知》等多部政策法规来规范网络游戏直播行业的发展。

求，要分析游戏直播画面是否具有独创性，应当分析其是否具有著作权法"独创性"应有之义。

本文认为，游戏画面具有独创性，但又应当对其分解处理。首先，电子游戏本身是多个作品的复合体，既包括可以代码化指令序列，❶ 又包括实现拍摄、制作好的动漫、影视场景和音乐作品等。而游戏在运行过程中展现出的游戏画面同样是一个复杂的整体，其既包含由游戏设计者提供的静态组成部分——包括游戏人物模型、场景布置、背景音乐、故事情节等，又包含由游戏玩家提供的动态组成部分——包括游戏玩家的操作过程、文字聊天、游戏方法等。就静态组成部分而言，因电子游戏需要游戏公司投入大量的人力、财力与时间成本进行设计、创作，❷ 因此显然符合独创性要求。❸ 争议点在于动态组成部分，即玩家的操作过程、游戏方法是否有对游戏画面作品独创性的贡献值得讨论。如果简单地认为因不同玩家的不同操作会展现出不同的游戏画面就把玩家的动态操作部分认定为作品，就会陷入形而上学的误区。电子游戏是计算机产业和互联网技术发展的产物，其区别于文学作品、影视作品的最大特征就在于互动性，❹ 并且互动性是电子游戏作品产生经济价值的根本源泉，这就等同于文学作品的经济价值来源于读者的阅读行为，影视作品的经济价值来源于观众的观看行为，音乐作品的经济价值来源于观众的聆听行为，倘若把互动的产物——玩家操作游戏产生的不同画面认定为有独创性，就等同于把观众对于文学作品、影视作品的不同观感认定为有独创性，这显然是不符合逻辑的。❺ 此外，著作权法的趣旨在于追求文化的多

❶ 代码化指令序列，是指可被计算机执行的代码化指令序列，或者可以被自动转换成代码化指令序列的符号化指令序列或者符号化语句序列。这是《计算机软件保护条例》作出的详细解释。

❷ 美国知名科技媒体《商业内幕》曾发布一篇名为"史上十款制作成本最高游戏"的报道，该报道中 10 款游戏的平均制作成本超过 1 亿美元，其中一款名为《命运》的大型游戏制作成本高达 5 亿美元。

❸ 李扬．网络游戏直播中的著作权问题［J］．知识产权，2017（1）．

❹ 祝建军．网络游戏直播的著作权问题研究［J］．知识产权，2017（1）．

❺ 李扬．知识产权法基本原理Ⅱ——著作权法［M］．北京：中国社会科学出版社，2013：28-35.

样性，不同于专利法所追求的先进性和商标法所追求的识别力，对著作权法独创性要求的把握不宜过于严格。❶ 因此，在分析游戏画面是否具有独创性时应当对直播画面进行分解处理，分解的结果就是游戏本身所预设的人物模型、场景布置、背景音乐等具有独创性，但游戏玩家的操作过程、游戏方法是否具有独创性，则需要结合游戏的类型❷再做讨论。

（三）游戏画面的可复制性分析

构成作品的另一要件是具有可复制性，即该智力成果可以以某种有形形式固定和复制。电子游戏的游戏画面是否具有可复制性其实早有定论，早期的竞技类游戏如《魔兽争霸 3》❸ 等自带保存录像功能，通过该功能保存的录像可以复制、上传并由不特定人无限次地观看，是一种游戏自带的对游戏画面的固定、复制方式。随着计算机技术的不断发展，对游戏画面的固定、复制手段日益丰富，如今广泛应用于游戏直播的 OB（观战）功能、❹ 电脑录屏软件以及直播平台的屏摄回放功能等均已为大众所熟知，是最常见的固定、复制游戏画面的手段。因此，被用于直播的游戏画面具备可复制性这一特征。

（四）游戏画面的作品类型认定

司法实践中，对游戏画面的作品类型认定并不一致，部分游戏画面被认定为“美术作品”，部分游戏画面被认定为“类似摄制电影的方法创作的作品”，还有一部分游戏画面被认定为“体育赛事活动”——根本不落入著作权法保护范围。本文认为，出现实践中对游戏画面作品类型认定不一致的情

---

❶ 李扬．知识产权法基本原理 II——著作权法［M］．北京：中国社会科学出版社，2013：10-11.

❷ 对于游戏的分类有不同的标准，本文所作的游戏类型区分以游戏操作模式为分类依据。

❸ 《魔兽争霸 3》是一款由美国暴雪娱乐公司制作的对抗型即时战略类游戏。

❹ OB（观战）功能在电子游戏中意为“observer”，即观察者，是竞技游戏内部自带的供对战参与者以外的其他玩家实时观看、录制的功能。

况，其主要原因并不是立法缺位导致的认定无依据，而是由于游戏本身类型的多样化造成的，需要进行个案分析。

（1）游戏登录画面、等待画面可以被认定为美术作品。电子游戏是一个动态与静态结合的整体，此处的静态不能被狭义地理解为静止不动，而是指不具有互动性和可操作性的部分。几乎每一款游戏都有登录画面、等待画面，其特点是玩家只需进行极为简单的点击操作或输入账号密码的操作，就可以实现该画面的呈现，这其中，游戏软件与玩家的互动性几乎是没有的，更多的是机械地展示游戏软件中的美术画面。[1] 因此，这一类游戏画面在类型上应当视同美术作品，与《著作权法》第3条第4款所述对象同等保护。

（2）传统的单机游戏、角色扮演类网络游戏[2]的游戏画面可以被认定为“类似摄制电影的方法创作的作品”（以下简称“类电作品”）或者“录像制品”。这一类游戏相较于登录画面的显著特征在于其连贯的声像呈现，相较于电子竞技类网络游戏的显著特征在于很强的故事情节性，并且该类游戏不强调竞技对抗性。之所以可以把这一类游戏等同视为“类电作品”或“录像制品”，是因为它们通常都具有完整的剧情，有与拍摄电影类似的画面呈现方式，[3] 并且用户可以在其画面的展现过程中享受其连续的画面美感和音乐美感。[4][5] 而对该类游戏画面如何在“类电作品”和“录像制品”之间进

[1] 赵刚．用6起案例告诉你：网络游戏的知识产权保护要点［N］．知产力，2015-10-21.

[2] 角色扮演类游戏（role-playing game）是游戏类型的一种，在游戏中，玩家负责扮演一个角色在写实或虚拟的世界中活动，并在一个结构化的规则下通过一些行动指令所扮演的角色发展。

[3] 李扬教授指出：我国《著作权法修订草案（送审稿）》已经意识到现行著作权法将电影作品和类电作品的制作方法限定为“摄制在一定介质”所导致的缺陷，进而将电影作品和类电作品修改为“视听作品”。

[4] 需要说明，从制作方式上看，虽然网络游戏作品的创作方法不是“摄制”，而是“制作”，但这并不能否认网络游戏连续动态视频的类电作品性质。《伯尔尼公约》第2条第（1）项将类电作品界定为以类似摄制电影的方法表现的作品（assimilated works expressed by a process analogous to cinematography），强调的是其表现形式应当与电影作品一样，通过连续的动态画面表现，而非将其创作方法限制为“类似摄制电影的方法”。

[5] 王迁，袁锋．论网络游戏整体画面的作品［J］．中国版权，2016（4）.

行区分，则应当个案考察游戏制作者对完整画面的贡献度，如果独创性高、故事情节复杂则可以认定为“类电作品”，如果独创性较低、故事情节贫乏则可以认定为“录像制品”，同时赋予游戏厂商以邻接权保护，❶ 这类作品的类型认定往往取决于个案中法官的自由裁量权。

(3) 电子竞技类的网络游戏画面较为复杂，这类游戏因具有极强的对抗性、不确定性而需要区分认定。首先，其静态部分本身当然地可以与前一类网络游戏一样被认定为“类电作品”或“录像制品”，但又因其特有的竞技属性，故竞技过程、竞技技巧等应当视同“体育赛事活动”，不被认定为著作权法意义上的作品。❷ 假设竞技过程或竞技技巧也受到著作权法对作品的保护，就如同篮球运动中的扣篮动作、投篮动作受到著作权法的保护，而一旦受到保护就拥有了排他的权利，其他运动员就不再能作出该竞技动作，这是不符合常理的。

三、直播游戏行为可能侵害的著作权人排他权

对著作权法保护的游戏画面的著作权权利类型进行认定，即讨论在对游戏画面的直播过程中如果涉及侵权，可能侵害了权利人的哪一项具体权利。就游戏直播而言，可能涉及的专有权利包括《著作权法》第10条第1款第(11)项、第(12)项以及第(17)项兜底条款，根据现行《著作权法》应当将直播行为纳入第(17)项的保护范围之内。

(一) 是否涉及广播权

对游戏画面的直播是否涉及广播权需要区分游戏赛事直播和玩家网络直播。我国著作权法对“广播权”的定义是：“以无线方式公开广播或者传播

❶ 祝建军. 网络游戏直播的著作权问题研究 [J]. 知识产权, 2017 (1).

❷ 王丽娜. 网络游戏直播画面是否构成作品之辨析——兼评耀宇诉斗鱼案一审判决 [J]. 中国版权, 2016 (2).

作品，以有线传播或者转播的方式向公众传播广播的作品……”[1] 游戏赛事的电视媒体直播与对传统体育赛事的电视媒体直播并无本质的不同，是以无线方式进行的传播或者在接收到某一广播组织的无线传播之后再进行的无线或有线转播，当然涉及著作权法所保护的广播权。与此不同，玩家网络直播则仅仅是借助互联网平台进行同步直播，并不涉及广播权所控制的行为。广播权所控制的行为一大重要特征在于其直播或转播的实时性，即观众一旦错过特定时段的播放就不能再自主地获得该作品的完整画面。尽管通过互联网平台对游戏画面进行同步直播的行为与广播权所控制行为均系非交互式传播，但并不能以此来否认网络平台不能像电视直播一样提供无线信号流或接收无线信号再进行转播的事实。因此，电视媒体对游戏赛事的直播或者转播涉及广播权，但玩家通过网络平台进行的游戏直播不会涉及著作权法意义上的广播权。

（二）是否涉及信息网络传播权

我国著作权法所保护的网络信息传播权要求作品置于公开的信息网络中，并且具有“交互式”特点，所谓“交互式”，即用户可以凭自己的主观意愿选择何时何地获取该置于信息网络中的作品，而游戏画面的网络直播则具有典型的“非交互性”，观众并不能依据自己的主观意志选择在特定的时间、地点观看直播的内容，因此不能对现有著作权法信息网络传播权的范围界定作任意的扩大解释。

需要指出的是，我国著作权法信息网络传播权的规定是对《世界知识产权组织版权条约》（以下简称《WIPO 版权条约》）第 8 条的转化适用。《WIPO 版权条约》第 8 条对“向公众传播的权利”的规定中，其表述并未将非交互性作品排除在该权利的保护范围之外，未来我国新修的著作权法是否会用信息网络传播权来保护游戏画面的网络直播犹未可知，但至少在当前

---

[1] 《著作权法》第 10 条第 1 款第（11）项。

的立法背景下，游戏画面的网络直播尚不能落入信息网络直播权的保护范围。[1]

（三）是否涉及应当由著作权人享有的其他权利

《著作权法》第10条第1款第（17）项是一项兜底条款，如前文所分析，因为现有法律法规的局限，广播权只能保护电视等媒体的有线、无线直播或转播，信息网络传播权也不能作为规范直播游戏画面的直接法律依据，但不能由此认为通过网络平台直播游戏画面的行为不落入著作权法的保护范围，而是需要用兜底条款来进行补充性保护。该款项所规定的“其他权利”是为应对经济社会发展多样性与列举型法律规定局限性之间的矛盾而作出的。由于知识产权在性质上类似于物权，应当遵循知识产权法定原则，[2] 不能让兜底条款成为“法官造法”的平台，因此对于该兜底条款的适用需要谨慎，司法者在适用该条法律时应当确定被认定行为对象与前述16项排他权利所确定的行为方式具有相当性。

需要用兜底条款对游戏画面进行保护的另一重要理由是游戏开发的巨大经济成本，前文已经提及，大型游戏的开发成本数以千万计乃至亿计，如若不对游戏画面的著作权权利进行确认，将会造成该游戏软件画面被滥用的情况，不利于保护游戏研发公司的经济权益，也不利于游戏直播行业的规范性运作。此外，对游戏画面著作权权利的确认不代表绝对的排他性使用，可以在法定许可、合理使用等方面进行例外性规定。

对直播画面的著作权保护也是《WIPO版权条约》的精神所在，由于历史和经济原因，我国的知识产权立法需要一定程度上融入世界知识产权规则。并且，从我国著作权法最新立法动态来看，《著作权法》（修改草案送审

---

[1] 谢琳．网络游戏直播的著作权合理使用研究［J］．知识产权，2017（1）．

[2] 李扬．知识产权法基本原理Ⅱ——著作权法［M］．北京：中国社会科学出版社，2013：186-187．

稿）中用“播放权”[1]的概念代替“广播权”与“放映权”,[2]以解决实时网络直播他人作品行为无法被纳入列举性规定的情况，对定点网络播放和实时网络直播两种方式进行了定性。在“播放权”尚未被正式纳入法律正式范畴之前，用“其他权利”来保护游戏画面权利人的合法权益，是立法缺位期间的一项有效缓和措施。

四、游戏直播中其他主体的权利保护

游戏直播画面与游戏画面有很强的内在关联性但又不是同一个概念，其涉及网络直播平台、游戏赛事主办方、游戏玩家等的邻接权问题。对于在直播过程中产生的游戏直播画面著作权的归属，本文作出类型化归纳。

（一）个体玩家操作游戏直播的权利主体

直播个体玩家操作的游戏，权利主体应认定为网络直播平台，且是邻接权主体。被认定为美术作品、录像制品、类电作品的游戏画面著作权应归属于游戏制作人这一点毋庸置疑，直播该游戏画面的行为则是可以被认定为对该直播画面的首次固定，加之网络直播平台本身具有将直播画面固定、复制的功能，所以完全可以将网络直播平台视同“母带”的制作者，用广义上的著作权——邻接权对其直播画面进行保护。

（二）电子竞技类大型赛事直播的权利主体

该类情形下，权利主体应当认定为电子竞技赛事主办方。实践中，电子竞技赛事主办方有时与网络直播平台是同一主体，但不能以此认为网络直播

---

[1] 《中华人民共和国著作权法（修订草案送审稿）》第 13 条第 2 款第 6 项规定：播放权，即以无线或者有线方式公开播放作品或者转播该作品的播放，以及通过技术设备向公众传播该作品的播放的权利。

[2] 《中华人民共和国著作权法（修订草案送审稿）》第 13 条删除了“广播权”“放映权”。

平台就是主办方。当前没有相关的法律法规对电子竞技大型赛事直播画面的著作权归属进行规定，不妨从著作权法的价值取向来进行认定。首先，直播画面著作权归直播平台所有是原则，可以适用于大部分情况。其次，著作权法对著作权的保护与获得报酬权密不可分，即著作权法在很多情况下保护了权利人的经济权益，这一点在影视作品的著作权归属规定上就有所体现，我国《著作权法》第15条明确规定，电影作品和类电作品的著作权由制片者享受，其他相关人如导演、词曲作者等仅享有署名权。其背后的法理在于对投资方的保护，电影作品的制片者作为对该电影作品的投资方，付出了绝大部分的经济投入，确认其为著作权人既可以解决影视作品制作过程中多方主体参与的不便情况，又有助于制片者高效率地最大化利用资源。同理，一项大型电子竞技类赛事的主办方在该竞技直播画面的制作过程中发挥着与影视作品制片者相同的作用，应当在制度层面肯定并保护其对赛事直播在资金、人员等诸多方面的巨大贡献。

（三）直播中玩家的权利

对于直播过程中产生的游戏画面，若认为游戏玩家对直播画面享有权利，其最接近且尽可能享有的是表演者权，但笔者认为不应当赋予游戏玩家表演者权。虽然一个游戏画面的产生离不开玩家的手动操作，但这不能成为玩家享有表演者权的根据。游戏玩家与音乐作品、影视作品的表演者有着以下明显的区别：

（1）音乐作品、影视作品等的表演者进行表演其目的是表现该作品的艺术之美，并以此为营利手段；游戏玩家对游戏的操作目的是自身娱乐，其本质是消费者体验手段。

（2）音乐作品、影视作品的表演相当依赖于表演者的表演能力，其经济价值与表演者的表演过程紧密相关；电子游戏的展示则对个体玩家的操作能力依赖性很低，单个玩家对于游戏的操作水平高低也不会影响该游戏作品的经济价值。

（3）音乐作品、影视作品的表演有很强的观赏性，且该观赏性来自表演者的劳动；个体游戏玩家的操作并不能多大程度地影响该游戏画面的观赏性，即使是非常具有观赏性的电子竞技赛事，竞技过程应当视同“体育竞技活动”，电子竞技的操作者等同于体育赛事运动员，其竞技画面自然也不受到著作权法的保护。[1]

五、游戏网络直播是否涉及著作权法保护的限制情形

因为立法在一定程度上的缺位，对于直播游戏行为的规范力度在司法实践中尚无统一的标准，在明确了游戏画面著作权的归属前提下，本文对于游戏画面的直播行为是否涉及著作权法保护的限制情形持保守态度，游戏直播应当不属于著作权法保护的限制情形。

（一）对功利主义观点的辩驳

游戏产业中的功利主义观点认为，法律在保护游戏著作权时，对涉及产业发展利益的直播行为应“法外开恩”、特事特办，优先保护新兴产业的发展。游戏产业对于国民经济总量的贡献巨大，在我国，其 GDP 贡献甚至几倍于电影产业。就游戏产业保护与著作权人权利保护的争论在 2010 年因一场纠纷被推上舞台，2010 年 12 月 10 日，世界首例因游戏知识产权而引发的诉讼——美国暴雪娱乐公司诉韩国 MBC 电视台[2]的知识产权纠纷案件在韩国首尔中央法院开庭，起诉原因是暴雪公司认为韩国 MBC 电视台对暴雪旗下的网络游戏《星际争霸 1》的赛事直播系长期侵害自身知识产权的行为，经对其警告通知，被告方仍不停止相关赛事的直播行为，因此不得已起用法律手

[1] 在美国，有部分学者认为，竞技类网络游戏画面是对抗双方游戏玩家合作完成的作品。但由于著作权法中的合作作品要求有合作创作的意图，而竞技类游戏的双方玩家并不具有合作创作一件作品的意图，其目的在于通过摧毁对方阵营来获得游戏的乐趣。同时，玩家的游戏技巧应当属于“思想”范畴，也不具备合作事实。因此，竞技类网络游戏画面系双方游戏玩家合作作品的说法是站不住脚的。

[2] MBC 全称 MBCGAME 电台，是韩国电子竞技协会（KeSPA）旗下两大电视台之一，另一电视台名为 OGN 电台。

段。案件中，MBC 电台隶属的韩国电子竞技委员会（The Korea e-Sports Association）辩称："一款电子游戏在已经成为电子竞技中的基础项目后，如果该游戏的权利人坚持主张其著作权权益，将会严重威胁甚至扼杀电子竞技产业的发展。"[1] 这是典型的将著作权私权利保护与公共产业发展直接对立的观点。

功利主义的论点在于，一个作品如果已经成为新兴竞技项目或产业的基础，并且作者并未或不打算将该作品以相同的方式使用，则作者无权禁止其他人对该作品以此方式进行使用。换言之，该论点认为著作权的保护应让步于产业的经济利益。该观点的论据在于，以实证的角度来看游戏画面的直播对于游戏产业的发展有很大的促进作用，通过电视台、网络媒体对游戏赛事进行直播的行为有助于推动这一新兴娱乐产业的传播，使产业发挥最大化的经济效益，而与整个产业的经济效益相比，单个权利人著作权保护的经济效益则微小许多。

功利主义的观点有失偏颇并且混淆了知识产权法律认定和产业经济利益的范畴。[2] 首先，不能因为产业利益的重要性就否定游戏著作权人的合法权利，一个产业的利益如果需要建立在侵害他人合法权益的基础上，那这种产业利益就不值得被保护。与此类似的还有近年来我国企业愈发重视音乐产业的知识产权保护问题，音乐作品的著作权直接成为影响各个音乐软件公司的核心竞争力的要素。音乐软件公司中的领头羊企业腾讯公司一度揽获了市场上八成以上的音乐著作权，批评之声随之而来。必须承认，腾讯公司收购如此大量的音乐著作权是其强大的经济实力的体现，也是完全合法合规的行为，且并无数据表明各大企业分割音乐著作权的做法阻碍了国内音乐产业的发展，相反，这样的做法更有利于音乐行业的规范化发展，充分体现了对音

---

[1] 见《韩国电子竞技协会 12 月 6 日官方声明》，在该声明中，韩电竞协会公布了 2007~2009 年度韩国电竞赛事收支账目表，其中每年平均收到的转播费用为 5.3 亿韩元，按 2010 年汇率折合人民币约 309 万元。

[2] 王迁．电子游戏直播的著作权讨论［J］．电子知识产权，2016（2）．

乐词曲作者的尊重，同时会催生更多更合理的商业合作模式。[1] 其次，否认著作权人的排他权利是完全没有法律依据的，实践中有一种做法是一方面否认权利人可以通过著作权排除他人的使用，另一方面支持权利人从中获得相应的许可费用，这本质上是对著作权人排他权利的一种剥夺，变相创设了现行法律规定以外新的法定许可项。另外，并非所有的游戏直播都与游戏产业的发展相关，一味地在游戏直播和游戏产业之间挂上正相关的锁链是一种很片面的做法，亦不利于游戏产业的高质量发展。许多个体的游戏玩家希望通过网络直播的方式分享自己的游戏体验过程和乐趣，这种网络互动行为显然不是前述论点中所说的电子竞技产业基础，若在该观点的逻辑下，大型赛事的直播行为不构成侵权行为，游戏玩家的直播行为却构成侵权。同样对游戏画面的直播却出现不同法律后果，这暴露了该论点的最大弊病——没有从著作权法自身的规则去考虑问题。因此，本文不赞成这一观点。

（二）认定合理使用之可能性

我国著作权法已经穷尽式地列举了合理使用作品的情形，其中不涉及游戏直播。就认定合理使用而言，有两种观点：第一种观点认为，游戏直播的客体是游戏过程而非游戏画面，观众欣赏的是游戏主播的游戏技巧也并非画面本身，而游戏直播的人气与主播的人气有关、与游戏的人气没有直接关联，所以可以直接认定为游戏直播是合理使用。第二种观点认为，我国法院借鉴美国法院在司法实践中使用的“转换性使用”因素来判断是否符合合理使用，并以此标准判断出游戏直播符合“转换性使用”的要求，从而认定游戏直播是合理使用。[2]

在第一种观点的视角下，游戏直播不涉及游戏画面本身，仅包含游戏主

[1] 2018年2月9日，国家版权局发布了《国家版权局推动腾讯音乐与网易云音乐达成版权合作》的消息，消息显示，在国家版权局积极协调推动下，腾讯音乐与网易云音乐就网络音乐版权合作事宜达成一致，相互授权音乐作品，达到各自独家音乐作品数量的99%以上，并商定进行音乐版权长期合作，同时积极向其他网络音乐平台开放音乐作品授权。

[2] 王迁．电子游戏直播的著作权问题研究［J］．电子知识产权，2016（2）．

播的解说、游戏操作的过程和弹幕文字的互动等。❶ 这一观点把游戏直播画面的静态部分与动态部分完全剥离，并且否认游戏画面的静态部分在游戏直播这一不可分的整体中的作用。在这样的观点下，游戏主播的解说、操作、互动赖以存在的游戏画面基础被忽视，并且在实践中很难真正认定游戏玩家在观看的是游戏主播的操作还是游戏本身，尤其是前文中所提及的角色扮演类型的游戏在这一方面更难区分。因此，这一观点认为游戏直播可以直接构成合理使用，但其理论依据不够充分，难以作为合适的认定理由。

第二种观点的理论依据来自“转换性使用”❷，在此视角下应判断游戏直播的行为是否符合“转换性使用”的要件。直播画面相较于单独的游戏画面增加的部分包括游戏主播的解说、游戏主播的操作以及弹幕互动文字等，首先，游戏主播的直播行为是否不是为了单纯再现游戏作品的内在功能需要个案认定，但可以认定的是，单纯的解说、弹幕等元素并未与该游戏画面融为一个整体，其本质上还是多个可分的元素，这也就意味着解说、操作和弹幕互动的添附是可以独立于游戏画面之外的，并未使该游戏产生足够新的价值、功能或性质。

第二种观点也并非没有可参考之处，其提出的“转换性使用”判断标准可以从游戏直播对游戏软件市场价值影响力的大小上得到佐证。从游戏直播对于游戏作品的市场价值影响力度来看，游戏直播确实对游戏作品本身的经济价值影响较小。由于不能把游戏主播操作游戏从而吸引更多玩家进行游戏的行为视作对游戏作品本身价值的提升或功能的转变，游戏画面嵌于游戏作品之中，自然也不成立对游戏画面价值的提升或功能的转变。作为观众的玩家因为观看了游戏主播的操作过程而对游戏产生兴趣，其兴趣的根本来源不

---

❶ 在 2016 年 11 月 12 日中山大学主办的“网络游戏著作权问题研讨会”上，部分学者持这种观点。

❷ 所谓转换性使用，是指对原作品的使用并非为了单纯地再现原作品本身的文学、艺术价值或者实现其内在功能或目的，而是通过增加新的美学内容、新的视角、新的理念或通过其他方式，使原作品在被使用过程中具有了新的价值、功能或性质，从而改变了原来的功能或目的。

是直播而是该游戏画面和游戏系统本身，这也就意味着游戏作品不会因为直播的“转换性使用”而增加或丧失受众，也就表明“转换性使用”所实现的功能和目标与游戏作品的预期功能和目标不重合。❶

因此，用“转换性使用”的论据来说明电子游戏的直播属于合理使用，具有一定的可行性，但其论据具有根基上的缺陷——游戏直播不属于增加了完全不同的新的信息、美感、洞察力和理解的范畴。❷ 因此，本文认为，由于我国著作权法对合理使用并没有一般性规定，所以“转换性使用”观点的理论依据的完备程度尚不足以对抗我国现有法律法规的穷尽式列举规定，不能以此来解释法律认定游戏直播系合理使用，否则将造成司法适用过程创设法律的现象。

结　语

现代电子游戏产业作为新兴产业，其发展之迅速使得现有法律难以对其中涉及的知识产权权益进行完备的保护，游戏直播行业作为电子游戏产业的衍生品同样面临这一困境。在现有的法律制度下，应当认定游戏画面亦属于著作权法所保护的作品范畴，对其加以保护。但由于知识产权法定原则以及现有法律条文的严格限制，尚不能使游戏直播行为落入广播权、信息网络传播权的保护范畴，只能用兜底条款之“其他权利”对其进行保护。

---

❶ 所以电影著作权人获得收入的主要方式是让公众通过视听方式欣赏电影并为之付费。王迁教授还在其发表的《电子游戏直播的著作权问题研究》一文中指出，电子游戏并非供公众单纯依靠视听觉进行被动欣赏的作品，而是高度依赖于每名用户个性化并具有互动性的参与，游戏制作者获得收入的主要方式是吸引用户购买游戏光盘、服务和其中的道具，而不是播放画面。

❷ 美国地区法院勒瓦尔法官 1990 年在《哈佛法学评论》发表《合理使用标准》(*Toward a Fair Use Standard*) 一文，首次提出了“转换性使用”理论，并将“转换性使用”理解为：如果对原作品的后续利用增加了完全不同的新的信息（information）、美感（aesthetics）、洞察力（insights）和理解（understandings），则此种使用便是丰富社会知识财富的合理使用行为。参见 Pierre N. Leval. Toward a Fair Use Standard［J］. Harv. L. Rev.，1990，103：1105.

同时，游戏画面作为著作权法意义上的作品，在其作为被直播对象过程中设计的其他主体的合法邻接权也应受到保护，这其中包括网络直播平台、游戏赛事主办方、游戏玩家、游戏解说等。就游戏直播在法律适用过程中是否可以被认定为限制情形的问题，本文所持观点是：在新修法律法规出台前，尚没有绝对完备的理论依据足以对抗现行著作权法对法定许可和合理使用的穷尽式列举规定，更不能带着产业发展优先的功利主义思维对游戏画面著作权人放弃保护，因此应当对该权利的保护采取保守态度，对侵害游戏著作权人合法权利的行为加以规制，为游戏产业的高质量发展提供司法保障。可以期待的是，我国新修《著作权法》的送审稿所反映出的立法精神体现出了对这一行业问题的重视，也体现了与《世界知识产权组织版权条约》接轨的知识产权保护国际化进程，未来我国的著作权法将为实现对直播游戏画面著作权相关权益的有效保护提供完备的法律依据。

游戏直播的著作权法审视

李天悦*

内容提要 根据游戏直播的内容可划分为竞技游戏、沙盒游戏和其他游戏三大类游戏，在具备独创性的前提下，游戏画面可作为类似摄制电影的方法创作的作品进行保护，游戏直播画面的保护则会因不同的游戏类型而有所区别。大型电竞赛事的直播构成类电作品。电竞游戏直播的权利归属类似类电作品，电竞赛事组织方负责整体的统筹类似制片人，享有其直播画面的著作权。当中单个作品的权利由相应创作主体享有，该创作主体在整体画面中享有署名权。而一般的直播，如果具备了著作权法意义上类电作品的独创性，那么就有成为类电作品的可能。另外，玩家的操作行为是否能被著作权法所保护，并不能完全肯定或完全否定。玩家的操作行为应当受到法律的保护，但保护模式因游戏类别不同而有所区别。

关键词 游戏直播；游戏直播画面；独创性；视听作品；玩家

引 言

我国网络直播发展迅猛，涌现出诸多知名游戏直播平台，如斗鱼 TV、哔哩哔哩直播、虎牙直播等，各大视频网站如芒果 TV、腾讯视频、优酷土

* 李天悦，南京理工大学知识产权学院研究生。本文系江苏省研究生科研与实践创新计划项目（项目批准编号为 KYCX18_ 0338）的成果。

豆等也开始进军网络直播领域，进行实时体育赛事、演唱会等在线直播。在网络直播逐渐成为当今互联网最热门的标签的同时，作为网络直播产业发展关键性因素的著作权问题也存在许多法律界定不清晰的地方，新型的网络直播产业遭到了严重的法律保护困境，这种纠纷的频频发生也对立足于传统著作权的著作权法带来了新的问题和挑战，这样的问题与挑战尤其体现在游戏直播上。

2015 年 9 月，上海浦东新区法院针对一起游戏直播侵犯著作权及不正当竞争的案件做出一审判决，该案原告是上海耀宇公司，被告是广州斗鱼公司（以下简称“耀宇诉斗鱼案”），这也是所谓的“中国网络游戏直播第一案”。法院在该判决中最终以反不正当竞争法保护游戏比赛画面，否认其画面受著作权法保护。然而，2017 年 11 月 13 日，广州网易公司与被告广州华多网络科技有限公司侵害著作权及不正当竞争纠纷案一审宣判。法院认为华多公司进行涉案电子游戏直播的行为侵害了网易公司享有的著作权，是对其游戏画面作为类电作品的权利的侵害，这明显是肯定了游戏画面的作品属性，并将其作为类电作品来保护。两个类似的案例却有着截然相反的判决，因此有必要对游戏直播进行深入的探讨。本文不涉及侵权法意义上的探讨，主要针对著作权法意义上对游戏直播的法律定性的探讨。

一、游戏直播的著作权法之困惑

1. 游戏直播行业发展现状

2017 年游戏直播市场趋于冷静，市场的狂热逐渐退去。从图 1、图 2 可以看出，2018 年中国游戏直播市场规模达到 32.5 亿元，2017 年达到 28.3 亿元。增长率由 2015 年的 332% 到 2018 年的 14.7%，行业市场规模越发平稳。其中移动电竞成为热点，相关主播、战队与赛事内容也成为直播的竞争热点。[1] 游戏直播市场从 2013 年之前的萌芽期，到 2013～2014 年的增长期，再

[1] 艾瑞咨询．中国游戏直播市场研究报告 2017 年［R/OL］．［2018-09-01］．http：//www.iresearch.com.cn/report/3058.html.

到 2015～2016 年的爆发期，最终到 2017～2018 年的成熟期，游戏直播平台也进入了精细化运作的时代。

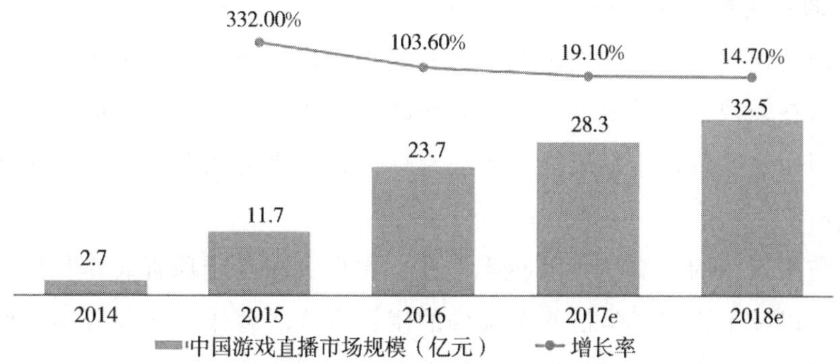

图 1　2014～2018 年中国游戏直播平台市场规模

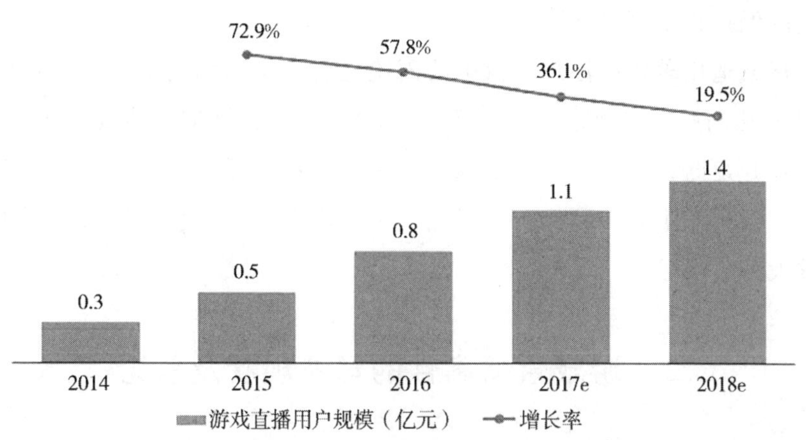

图 2　2014～2018 年中国游戏直播平台用户规模

游戏直播行业日趋成熟，游戏直播根据制作主体和过程的不同，可以分为专业生产内容和用户生产内容两大类，即 PGC（Professional Generate Content）和 UGC（User Generate Content）两类。具体来说，类似世界电子竞技大赛、英雄联盟职业联赛等是以 PGC 形式制作的游戏直播节目，该类节目一般是在主办方（网络游戏直播平台）的组织下，有专门机构和平台负责录制大型电子竞技游戏比赛并进行网络直播的节目形式；UGC 形式的游戏直播节目则主要是游戏主播自行操作游戏并自己进行解说，呈现出游戏画面配合背景音乐、解说、评论互动等效果。

2. 游戏直播法律保护困境

我国著作权法未将网络游戏纳入受保护的作品类型，且主体复杂，权属不明，对在线视频直播所涉著作权问题缺乏实体法上的定位。面对这些新问题，我国司法实践还未形成统一的裁判标准，学界围绕游戏直播的著作权问题争议不绝。

在前文谈到的“耀宇诉斗鱼案”中，法院并未给予原告著作权法上的保护，而是以反不正当竞争法规制被告的侵权行为。著作权法和反不正当竞争法是对知识产权不同的保护模式，后者更趋向于兜底条款的保护，相比于前者的积极的保护，后者是消极的、事后的保护，因此后者保护的程度没有著作权法的保护程度高。

而造成适用著作权法进行保护的困境是有现实原因的，主要包括以下三点：（1）独创性认定缺乏统一的标准；（2）游戏直播节目涉及的主体众多，包括游戏开发商直播平台方、游戏玩家等，权利归属还不明确；（3）游戏直播平台方的利益难以得到保护。因此，对游戏直播进行著作权法的保护意义十分重大。

二、游戏直播案件的司法现状及争论

2017 年，网络游戏、直播、主播的诉讼案件呈增长趋势，各地法院在判决中屡屡创新，更加适配游戏行业的发展，而且 2017 年的侵权种类更加多样化。

2017 年类电作品作为网络游戏的侵权诉讼的新兴诉请，饱受争议，各地纷纷出现相关案件。2017 年 3 月 15 日，上海知识产权法院针对“奇迹 mu”案作出二审判决，维持一审结果，成为全国第一例网络游戏“类电作品”的生效案例；同样，2016 年 6 月 7 日由广西壮族自治区桂林中级人民法院对“捕鱼达人”案同样作出了“类电作品”的认定，判赔额度达 7700 万。2017

年 11 月，广西壮族自治区高级人民法院作出二审裁定，决定撤销一审判决，发回重审；2017 年 10 月 24 日，广州知识产权法院就“网络游戏公司诉直播平台”第一案作出一审判决，认定涉案 MMORPG 游戏“梦幻西游”构成类电作品。❶ 以上是 2017 年相关的案件，下面将对游戏直播的典型案例进行表格式的分析与梳理（见表 1、表 2）。

1. 典型案件介绍

表 1 是学界探讨较多且比较典型的四个案例，因此对其进行比较。在相关案件中涉及玩家或者主播的纠纷较少，大都是公司与公司之间的纠纷。前三款游戏属于竞技游戏，梦幻西游属于典型的网络游戏。在四个判决当中，法院对游戏画面有了不同的解读。在“耀宇诉斗鱼网”案中，明确否认了游戏比赛画面的作品属性。而游戏直播画面取决于其独创性程度而有成为作品的可能。在后三个案件中，法院将游戏的连续画面认定为作品，并将其作为类电作品来保护。因此，各界争议最大的就是游戏画面和游戏直播画面能否作为作品进行保护，同时应当归类于何种作品。

表 1　典型案例基本情况

序号	案件	原告	被告	游戏类型	与著作权有关的裁判结果
1	“耀宇诉斗鱼网”案	上海耀宇	广州斗鱼	DOTA2——竞技游戏	比赛画面并不属于作品； 游戏直播画面有可能构成作品；
2	“卧龙传说”案	暴雪娱乐、上海网之易	上海游易	炉石传说——竞技游戏	游戏动态画面符合类似以摄制电影的方法创作的特征
3	“奇迹 MU”案	上海壮游	广州硕星、广州维动、上海哈网	奇迹 MU——竞技游戏	游戏的整体画面可以作为类电影作品
4	“梦幻西游”案	广州网易	广州华多	梦幻西游——网络游戏	电子游戏在终端设备上运行呈现的连续画面可认定为类电作品

2. 法院对有关争议点的观点

针对学术界和实践领域争议较大的问题，笔者对法院判决书中关键内容

❶ 孙磊 . 2017 年娱乐法白皮书之网络游戏、直播及主播纠纷［EB/OL］.［2018-09-01］. http：//mp. weixin. qq. com/s? _ _ biz = MzIwNDQwMzU3Mg% 3D% 3D&idx = 1&mid = 2247484252&sn = ae7b164ee732760fdce7e320883a2328.

及思路进行了整理（见表2）。对比非常明显，相同点包括：（1）游戏连续画面的著作权归属于游戏软件的权利人，虽然在第一个案件中并不承认作品属性，但是肯定了游戏比赛中涉及的知识产权应当属于游戏软件的权利人。（2）直播中玩家的操作并不属于版权法上“创作”行为。（3）承认游戏画面属于作品的案件，都将其定性为类电作品进行保护。而不同点或者存疑并未充分解释的要点包括以下内容：（1）游戏直播画面是否属于作品；（2）游戏直播的著作权归属问题；（3）机械地界定玩家的操作行为不是著作权意义上的创作是否合理，如果不合理，应当如何具体界定。关于这几个方面，将在第四部分进行全面阐述。

表2 判决书的关键内容与思路

序号	案件	游戏画面是否属于著作权法上的作品	直播游戏画面是否属于著作权法上的作品	著作权归属	玩家操作行为
1	“耀宇诉斗鱼网”案	比赛画面并不属于著作权法规定的作品	有可能构成作品。节目具有可复制性，是否构成作品取决于其组成元素及其组合等有无独创性	约定因涉案赛事活动产生的资料（包括但不限于赛事视频等）的知识产权归成都完美公司所有	选手的操作是比赛情况的一种客观表现
2	“卧龙传说”案	符合类电作品特征	未涉及	本案所涉及的被侵权作品归原告暴雪娱乐有限公司享有著作权	未涉及
3	“奇迹MU”案	具有独创性，是应受著作权法保护的作品	未涉及	游戏著作权由开发的公司享有。而连续画面构成类电作品，其权利归属于游戏开发商	玩家的行为并不具备作品创作的特征
4	“梦幻西游”案	电子游戏连续画面可认定为类似摄制电影的方法创作的作品。 原因：此创作过程综合多种手段，与“摄制电影”的方法类似	电子游戏的信息网络实时播放的这种行为侵害了网易公司对其电子游戏呈现画面作为类电影作品的著作权	该类电影作品的“制片者”应归属于游戏软件的权利人。涉案电子游戏运行呈现画面形成的类电影作品之著作权为网易公司所享有	用户的操作行为并非著作权法意义上的创作劳动的行为

三、游戏直播著作权法的理论分析

目前，学界的研究，多用网络游戏直播作为标题及关键词，少部分论文是以电子竞技游戏作为标题及关键词，然而网络游戏并不能很好地覆盖直播的全部游戏。官方对于游戏分类包括三大类，即单机游戏、竞技游戏和网络游戏。不过随着网络技术的快速发展以及用户对网络的依赖性，单机游戏和网络游戏的划分没有以前那么明显。因此，为了更好地研究游戏直播，笔者参考直播平台的游戏直播内容将其划分为竞技游戏、沙盒游戏和其他游戏三大类，并进行游戏画面及游戏直播画面的可著作权性及相关著作权问题的分析。

（一）直播游戏分类

三大类别各具特点，笔者认为只要满足作品的构成要件，连续的游戏画面及游戏直播画面都可以成为作品，不需要区分游戏的类别，当然能否满足独创性、可复制性等要件需要具体游戏具体分析。但是对于玩家的操作行为的法律属性则需要区分游戏类别，在沙盒游戏中的独创性程度高，而在其他类游戏中独创性程度低，大多数的竞技类游戏的玩家独创性也并不高。

游戏主要可以划分为游戏引擎和游戏数据库，其中的游戏引擎可以作为计算机程序进行保护，而游戏数据库中的各类素材，则分别可以作为文字作品美术作品、音乐作品等单独进行保护。[1] 这一观点也是受到社会广泛认同的。但随着一系列的新型案件的出现，这样的结论不能完全满足实践中裁判的需要。

1. 竞技游戏

目前，游戏直播以竞技类游戏直播为主。电子竞技游戏是以信息技术为核心的软硬件设备为器械、在信息技术营造的虚拟环境中、在统一的竞赛规

---

[1] 崔国斌．认真对待游戏著作权［J］．知识产权，2016（2）．

则下进行的对抗性益智电子游戏运动。[1] 此类游戏与其他各类游戏最大的区别在于存在明显的竞技性。对于该类游戏的竞技的内容会根据不同的游戏设置而有所不同。游戏中玩家的技能水平对能否取得游戏的胜利有着关键作用。

电子竞技游戏具体可以分为对战类和休闲类。对战类主要是狭义或者说经典电子竞技游戏。[2] 对战类开展比较热门的项目主要有：魔兽争霸 3、DOTA2 等。目前非常流行的王者荣耀也算在其中。休闲类则是电子化的传统体育和民间娱乐项目，如炉石传说、捕鱼达人等。

2. 沙盒游戏

沙盒游戏（Sandbox Games）自成一种游戏类型，它是由沙盘游戏慢慢演变而来的，该款游戏由一个或多个地图组成，存在一个或者多个区域，它的特点在于交互性强、自由度高、随机事件多，创造性强。游戏中往往包含动作、射击、格斗、驾驶等内容元素，玩家可以在游戏世界中自由设计操作，这也就区别于依赖游戏设置的主线剧情的游戏。所以，该类型游戏的重心就是玩家的创造性，创造出什么样的成果完全取决于玩家，玩家会利用游戏中提供的物件制造出自己的成果。最典型的一款沙盒游戏就是“我的世界”。

3. 其他游戏

这一部分的划分是将玩家只能按照游戏的设定进行操作，模式相对固定，不太考验玩家的技能，游戏结局具有可预见性的游戏都归于其他类，如梦幻西游、仙家奇侠传等。

（二）游戏画面的法律属性

以 DOTA2 为例，在耀宇诉斗鱼网案中，出现游戏直播这样的新问题，原告也将游戏直播的整体请求受到著作权法的保护，但法院的判决实际上是否认游戏比赛画面可版权性。而有学者认为：“法院的上述表述，并不涉及

[1][2] 宋天华，罗萍．试析电子竞技与竞技体育的异同［J］．军事体育进修学院学报，2006（3）．

电子游戏中所含画面是否为影视作品，它仅是否定了用户在玩游戏的同时创作出了新作品的观点。”❶ 的确，目前学界很多人探讨时并没有分清相关概念，必须要明确游戏画面和直播画面的区别，游戏画面是游戏运行时，由游戏引擎程序调用游戏资源库内的文字、美术、音乐、视频等素材，临时呈现在用户眼前，能够被用户直接感知的内容。本文所讨论的游戏画面是指在玩家操作下的连续的游戏画面，而不单独讨论静止的游戏画面。

1. 独创性

在我国，著作权法保护的对象是在文学、艺术和科学领域内具有独创性并能以某种有形形式复制的智力成果。其中包含三个构成要件：(1) 属于智力成果，非“思想”；(2) 具有独创性；(3) 具有可复制性。而动态的游戏画面显然是一种具体的表达，因此，需要对游戏画面的独创性和可复制性进行分析。

关于独创性，这是判断是否构成作品的关键因素。其中，独创性至少需要包含：(1) 独立创作；(2) 具有最低限度的创造性。❷ 游戏连续画面属于一种表达，这种表达是游戏开发商创作完成的，实则是满足构成作品的条件。在竞技游戏中，首先，这款游戏是独立创作完成的，没有抄袭。其次，满足最低限度的创造性即具有个性化。作品能够个性化地体现作者思想、情感与创作意图。以对战类的 DOTA2 电竞游戏为例，游戏设定在两个远古遗迹的背景之下，被遗迹能量所奴役的生物们开始了无休止的战斗。大陆上的英雄们陆续加入两方阵营。游戏拥有的一百多个英雄、独特的游戏文字、游戏背景音乐、动画特效、游戏配音等方面可以分别称为美术作品、文字作品、音乐作品等。笔者认为，只要游戏当中的这些核心内容具有独创性，那么这些画面构成连续的画面时也必然具有独创性。如果肯定单独要素的独创性而否定覆盖这些要素集合的独创性，那么必然导致自相矛盾。

2. 可复制性

关于可复制性，是作品能够通过具体形式得以复制。不管是游戏画面还

---

❶ 王迁．电子游戏直播的著作权问题研究［J］．电子知识产权报，2016（2）．

❷ 李扬．网络游戏直播中的著作权问题［J］．知识产权，2017（1）．

是游戏直播画面都可以以一定的形式固定下来，既可以使用第三方录制软件，也可以使用游戏本身自带的录像功能录制游戏视频。

3. 作品类型的划分

当一款游戏满足构成作品的条件时，既然可以认定为作品，除了游戏中的各个元素可以分别界定为单独的美术作品、音乐作品和文字作品等，笔者认为游戏整体的连续画面可以界定类电作品。在上文整理的几个案件中，越来越多的法院还是肯定了将游戏连续画面作为类电作品加以保护的。创建游戏的过程等同于制作电影的过程。游戏创作主要包括三个主要阶段：第一个是游戏开发者执行游戏的整体设计；第二个是对游戏素材的艺术设计；第三个是在确定需要实现的功能后，将设计的游戏交给程序员编写特定代码来编程游戏。当中的游戏策划类似电影导演和编剧，游戏素材设计类似美术指导、音乐指导等。游戏的程序化则相当于“摄制”过程。在《伯尔尼公约》第2条第（1）项中将类电作品界定为以类似摄制电影的方法表现的作品。[1]这并非将类电作品的制作方式限制为“摄制”的方式，仅表明应当是通过连续动态的画面表现。我国是《伯尔尼公约》的成员方，应当遵从其精神，游戏中连续画面与类电作品表达形式一致，应当作为类电作品加以保护。至于著作权的归属可以类比电影作品的著作权归属，游戏中单独的音乐作品、美术作品、文字作品等各自由其创作人即作者享有，而游戏整体由游戏的开发商享有即游戏的知识产权权利人。

（三）游戏直播画面的法律属性

游戏直播画面能否构成作品是最大的争议焦点。游戏直播画面是游戏画面的持续运转中配合游戏主播的游戏操作和解说，以及直播平台的具体策划等其他主体个性化内容的整体画面。而游戏直播根据制作主体和过程的不同，可以分为PGC和UGC两类。类似世界电子竞技大赛、英雄联盟职业联赛等是以PGC形式制作的游戏直播节目，该类节目一般是在主办方（网络

[1] 王迁，袁锋．论网络游戏的整体画面的作品［J］．中国版权，2016（4）．

游戏直播平台）的组织下，有专门机构和平台负责录制大型电子竞技游戏比赛并进行网络直播的节目形式，一般这类直播的游戏是竞技类游戏，尤其是对战类的竞技游戏。UGC 形式的游戏直播节目则主要是游戏主播、游戏玩家自行录制的方式。这类直播的游戏覆盖范围就更广，类型更多样。

1. 独创性

笔者认为，以 PGC 形式制作的竞技类游戏直播画面整体一般具有很高的独创性。以 UGC 形式制作的竞技类和其他类游戏直播画面整体一般独创性较低，以该形式制作的沙盒类游戏直播画面整体具有较高的独创性，不过以 UGC 形式直播的独创性需要视具体情况而定。

（1）第一类 PGC 形式大型电竞赛事直播画面往往包含赛事的组织方安排的直播平台进行直播，还会包括舞美的设计、服装道具组的准备、配乐的呈现、游戏主播的解说、采访 VCR 的播放、摄像的拍摄等具备“独创性”的复杂性的个性化表达。大型的电竞赛事直播，是游戏玩家、赛事的导演、主持、嘉宾等其他工作人员共同智力成果的表达，能够满足著作权上的独创性要求。

（2）以 UGC 形式制作的竞技类和其他类游戏直播画面需要具体讨论。需要考虑游戏主播直播内容是否具有独创性，一方面要看主播在直播平台直播的游戏类型，即玩家的游戏操作行为是否属于创作，另一方面要看游戏主播的解说内容和方式有没有达到作品的标准。关于这部分内容，将在游戏玩家行为认定部分讨论。

2. 可复制性

在耀宇诉斗鱼案中，法院认为比赛情况是一种客观、直观的表现形式，比赛过程具有随机性和不可复制性。❶ 但笔者对法院的观点持否定的态度。不管是游戏画面还是游戏直播画面都能够以一定的形式固定下来，既可以使用第三方录制软件，也可以使用游戏本身自带的录像功能录制游戏视频，非常多样化，因此无论哪种类型的游戏直播均可以通过一定的方式固定下来。

❶ 储翔．网络游戏直播著作权保护困境与出路［J］．中国版权，2016（24）．

3. 作品类型的划分

笔者认为，大型电竞赛事的直播构成以类似摄制电影的方法创作的作品。因为直播过程有正常节目的编排，有情节、艺术效果的添加，非常类似于摄制电影的过程。一些游戏还会配备相应的脚本，并且整个流程的设计非常复杂。根据我国《著作权法》第 15 条规定，电竞游戏直播可以类比类电作品的所有权归属，电竞赛事组织方负责整体的统筹类似制片人，享有电竞游戏直播画面的所有权。其他的单个创作所有权由单个作品的作者享有，在整体画面中享有署名权。电竞赛事组织方作为游戏直播画面的著作权人是不同于游戏画面的著作权人的，也就是游戏开发商。

而一般的直播，如果具备了著作权法意义上的独创性要求，那么就有可能成为类电作品。而绝大多数在直播平台进行直播的主播是很难在有限的条件下以类似摄制电影的方法创作作品的，投入的经费有限，产生的画面单一，没有设计独特的剧情，没有相关人员的配合等。在此情况下，不能对游戏直播画面整体进行类电作品的保护，但是这不意味着不对其进行著作权保护，可以对单个要素分别评价。在沙盒游戏中，玩家在一个相对自由的环境中进行创作，比如有的玩家在“我的世界”中创造了一座自己的“天空之城”，最后将其炸毁。整个直播过程也是像电影一样，可以作为类电作品进行保护，玩家可以作为直播画面的作者。而其他游戏中玩家的操作而形成的游戏画面可以作为表演者进行保护，下文将对此进行阐述。

（四）游戏玩家的行为认定

玩家的操作行为是游戏玩家操作各类电子游戏的过程通过电视、网络等向公众进行实时传播的行为，[1] 是游戏直播的基础，如何对游戏直播玩家的操作行为进行著作权法上的评价是解决游戏直播案件纠纷的关键所在。下面将分析在上文中多次提到的在非大型竞技游戏直播以外的一般直播中玩家操作行为。

---

[1] 许辉猛．玩家游戏直播著作权侵权责任认定及保护途径［J］. 河南财经政法大学学报，2017（4）.

1. 游戏直播玩家操作行为概述

首先，关于游戏直播的组成结构（见图 3），在游戏作品存在的前提下，游戏玩家进行游戏操作和解说，与观众互动等，并借助传播平台将直播视频实时直播出去。

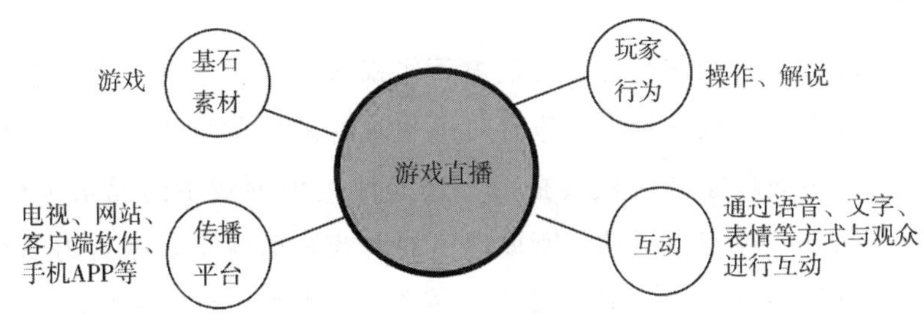

图 3 游戏直播的组成结构

其次，玩家的操作类型包括基础操作、复杂操作和互动操作。基础操作又称无技巧操作，指通过简单点击鼠标、键盘等硬件设备的方式设置游戏的运行参数、展开特定人物的对话、切换下一个游戏场景等，无须玩家具备一定技巧的操作。这个操作在任何玩家的游戏直播中都存在。复杂操作又称技巧性操作，指玩家多次或者连续使用鼠标、键盘及其组合以战胜对手、展现玩家的智慧和技巧、获取更好的游戏体验的操作。复杂操作并不是任何玩家都能够完成的，而是只有特定具有高超技巧的玩家才有的能力。互动操作是通过语音、文字、表情等方式与游戏内的玩家、游戏外的直播观众进行互动交流的操作。

最后，很多游戏直播能吸引公众观看的根本原因在于玩家高超的操作技巧，因此并不能完全忽视游戏玩家的作用和地位。对于游戏直播玩家而言，通过直播的方式来展现其游戏技能，吸引他人学习、欣赏，聚集人气，形成“网络围观效应”。

2. 玩家操作行为在著作权法上的定位

玩家操作行为在著作权法上的定位存在两种对立的观点，肯定说认为，如果一种电子游戏有丰富的体现思想的独创性表达空间，玩家就能融入自己的智力投入，进行独创性表达，只要符合著作权法中独创性要求，就可以成为作者。[1] 否定说认为，玩家特别是主播在直播中应该是一种融合，所以作品著作权应归于游戏开发商，主播在里面应该没有什么独创性的贡献。[2] 大多数反对者的观点是不同玩家操作游戏所呈现的连续画面千变万化，但游戏整体是相同的。玩家操作所有产生的不同画面只是在游戏开发商预设好的前提之下完成的。

笔者认为玩家的操作行为是否能被著作权法所保护，并不能完全肯定或完全否定。首先著作权法只保护作者对思想观念的原创性表达，而不保护思想观念本身。游戏玩家在游戏直播时，选择性运用游戏中的元素进行操作，展现技巧实则是一种智力活动。所展现出的游戏画面就是玩家智力活动的产物，也是玩家的一种表达。但要属于“创作”，必须满足著作权法上的“独创性”的要求，需要体现出权利人自己的个性化选择。其次，关于独创性，在竞技类游戏、沙盒游戏和其他游戏中，沙盒游戏的独创性最高，交互性强、自由度高、随机事件多、创造性强，玩家游戏时能够突破游戏设置好的内容主线。例如“我的世界”，玩家可以在一个虚拟的空间中自己设计制造出一个独特的建筑、独特的场景。在这一类游戏中，玩家的操作性行为是具有独创性的。而在另外两类游戏中大多是根据游戏设计好剧情和路线，但是如果玩家的复杂操作达到了独创性程度，或者互动操作具有独创性，那么该游戏直播也可能体现出独创性，但是法律保护方式稍有不同。

3. 玩家操作行为的法律保护

玩家的操作行为应当受到法律的保护，首先，从玩家利益角度来说，直播玩家通过智力活动运用游戏中的各个元素，展示了玩家的智慧和操作技巧，操作行为本身也是玩家对自身思想的表达，玩家的利益应当受到保护；其次，从产业发展角度来说，游戏直播已经成为一种新兴的商业模式，同时也带动了电子竞技产业的发展。

但是，现实中存在争议，应当如何保护玩家的操作行为，是否具有受到

---

[1] 夏佳明．电子游戏直播中知识产权保护研究［J］．电子知识产权，2016（2）．

[2] 冯晓青．网络游戏直播画面的作品属性及其相关著作权问题研究［J］．知识产权，2017（1）．

法律保护的合理性。学界大多数人都持这样的观点，即玩家操作游戏形成的画面，不可能超出游戏软件的设置，游戏中的各种元素都是程序中预设好的。

笔者认为，第一类竞技游戏，竞技游戏区别于其他游戏之处在于“竞技”，具有对抗性，玩家目的是赢得比赛，在游戏设置的限制下，不具有突破游戏设置主线的可能性，因此并不属于“创作”，尤其体现在大型电竞赛事的直播当中。第三类其他游戏中，游戏往往设定了固定路线、固定模式，因此玩家也没有创造性劳动。而只有第二类沙盒游戏，玩家可以在自由的空间中展示自己，创造出更多多元化、有创造力的画面。那么，在竞技游戏和其他游戏中，一般来说，玩家不能成为直播画面的作者，可以定位成表演者，操作行为定位为对他人作品的表演，一方面是基于对网络游戏开发商所享有的游戏著作权的尊重，一般情况下，大型的网络竞技游戏制作成本高、周期长、难度大，游戏开发商需要为此投入大量的人力、物力、财力，游戏本身的知识产权应当受到法律保护；另一方面，玩家作为消费者，在游戏操作中也付出了独创性的劳动，体现出自身的个性化特征，构成对游戏作品的竞技表演，但是这种表演者权是建立在游戏开发商已有的作品权利之上的。玩家绝妙的游戏操作行为展现游戏的精彩内容，符合表演者的定义，享有表演者权。而在第二类沙盒游戏中，玩家可以成为具有独创性画面的作者。

网络表情包的著作权界定与侵权思考

王天资*

内容提要 表情包的迅猛发展正是互联网数字技术发展的产物。作为一项智力成果，表情包可以在一定的法律条件下受到国内外版权的保护。但是，中国表情包的版权保护得不到充分认可，缺乏保护，面临互联网的挑战。本文从表情包的发展演变与著作权的界定入手，探讨表情包的侵权类型与著作权保护问题，加大表情包互联网版权侵权整治力度，以此推动表情包产业的良性发展。

关键词 网络著作权；表情包；著作权保护

随着网络技术日新月异的进步以及人们的网络使用习惯与消费水平的变化，社交网络日渐成为人们表达自我、宣传自我的平台，基于表情符号的计算机编码符号表示系统逐渐成为社交平台中人与人之间交流的不可或缺的表达方式。这种表达方式简洁易懂，通过一个拟人的卡通图片、由真人明星面部制作的头像，抑或一张剧照等都可以表达较为深层或者有趣的内涵。这种看似简单的表达方式一方面能够让文字内容变得轻松有趣，另一方面也能无形中给自身带来宣传效果。随着数字技术的发展，表情包的商业化特征日渐凸显，其著作权界定和侵权风险成为人们关注的焦点。

* 王天资，南京理工大学知识产权学院研究生。

一、问题的提出

2017 年，厦门萌力星球网络有限公司向江苏省扬州市广陵区人民法院起诉被告人王成侵犯其版权。原告厦门萌力星球网络有限公司是一家享誉全球的原创包装设计和运营公司。原告将受版权保护的“萌二”艺术作品放在微信表情商店后，用户数量巨大，享有很高的声誉，深受大众喜爱。被告王成的淘宝网店“苏迪奈尔毛绒玩具礼品屋”侵犯原告“萌力”艺术品版权的商品销售给原告带来了经济损失和负面影响。法院认定原告厦门萌力星球网络有限公司享有“萌二”艺术作品的版权，被告王成未经原告许可。淘宝商店出售的商品与“萌二”艺术品的形象大致相似，其行为侵犯了原告享有的版权。对于停止侵权和赔偿损失，应当承担民事法律责任。[1] 由此可见，表情包是不可以随意使用的，其商业化使用会侵犯表情包著作权人的合法权益。

表情包大致可以分为五种类型，分别为系统自带表情包、卡通动漫表情包、网络游戏专属表情包、娱乐热点表情包和互联网自定义表情包。该系统附带由腾讯 QQ 等社交软件为代表的表情符号包，同时顺便推广自家社交平台，以表情包的方式带动宣传，增加了用户对平台的熟悉度；卡通动漫表情包主要是由卡通漫画形象产生的，深深植根于人们的心中；网络游戏专属表情包是网络玩家使用游戏表情包来表达自己的情绪，不仅能让人耳目一新，还是玩家对游戏高度认可的一种表现；娱乐热点表情包把时下流行的娱乐热点再加工，做成有趣的表情包供大众娱乐，这类表情包往往贴合社交传播制高点，其中有关于明星的、关于运动员的、关于网络红人的、关于萌宠的等；互联网自定义表情包是指由网友自行制作的带有自己特色的表情包，以此来表现独具一格的表达方式。本文主要探讨卡通动漫表情包、娱乐热点表情包的版权界定、侵权类型与版权保护。

[1] 参见江苏省扬州市广陵区人民法院（2017）苏 1002 民初 5229 号民事判决书。

二、表情包的演变和著作权界定

1. 表情包的形式演化

最早的表情符号从“：-）”（一个代表微笑的表情）开始。该表情于1982年9月19日由美国卡内基梅隆大学的斯科特·法曼（Scott Farman）教授编写。❶ 从此人类历史上的第一个计算机版的微笑诞生了，后来发展成更多的“颜文字”。

1999年，一个日本人发明了现在我们更加熟悉的emoji，它们在1999年首次用于日本手机，但由于没有统一的标准，它不能通用于手机制造商。自从Apple发布的iOS 5.0输入法添加表情符号以来，这种表情符号已经广泛传播并用于各种手机短信和社交网络。

除了emoji，表情符号也被用作动画图像和电影剧照，特别是在中国，后两者在中国越来越流行。随着表情符号在输入法、手机应用程序、微信公众号、广告等领域越来越频繁地被使用，甚至许多第三方开发者已经通过表情符号的开发获得了收益。微信有一个特殊的平台，每个表情包都标有版权所有者的版权©符号。❷

2. 表情包的著作权界定

表情包虽然属于一种美术作品，但也可以说是数字网络意义上的作品，并能够通过互联网进行复制和传播。原创卡通表情包多以动漫形象为主，凝聚着创作者的大量智力劳动与独特创意，是作者独立创作的智力成果，构成了著作权法上的独立保护对象。这种原创表情包虽不可轻易改变，但其外在表达能够为他人可观感知，即被赋予了可复制的属性。原创作者基于其原创作品享有完整的著作权，其合法权益受到著作权法的保护，例如前文提到的

❶ 张曼舒．从表情符号与符号学的关系来看设计［J］．城市建设理论研究（电子版），2015（15）．

❷ 你这样玩坏Emoji表情，是否有侵权风险？——知产力，为创新聚合知识产权解决方案［EB/OL］．［2018-10-06］．http：//zhichanli．com/article/1932．html．

厦门萌力星球网络有限公司对“萌二”卡通形象享有完整的著作权保护。

表情包主要来源于视频截图（或剧照）、照片制作，或者在真人照片视频截图或原创卡通动漫的基础上进行再加工而形成。由视频截图、剧照、照片制作的表情包在一定程度上是属于著作权性质的作品。这种情况是指这些剧照或者截图在被使用于其他的环境之下与另外的图片配合在一起，这种使用方式赋予该截图新的含义，它具有独特的表达，构成著作权法意义上的作品，这是著作权意义上的作品汇编。基于真实照片截图或原始卡通动画形成的表情包是在原创作品的基础上创建的。如果对原来的作品进行再加工，使其构成演绎作品，也受著作权法的保护。根据我国《著作权法》第 12 条规定：“改编、翻译、注释、整理已有作品而产生的作品，其著作权由改编、翻译、注释、整理人享有，但行使著作权时不得侵犯原作品的著作权。”演绎作品享有的著作权是不完整的、会受到限制的，所以表情包由原始动画的基础上的某个图形组成，如果符合演绎作品的条件，也应享有有限的著作权。

三、侵权表达方式和著作权保护的类型

（一）表情包的侵权类型

表情包的侵权主要发生在商业化过程中，一种是商业侵权虚拟网络或自媒体领域，另一种是立体表情包产生的商业侵权。互联网平台是表情包传播的主要平台，所以侵权表情包著作权的主体主要包括网络运营商和网络用户。如果未经权利持有人的许可将其上传到公共平台，并在出售或支付的条件下进行传播，则构成对未指定多数的邀请并侵犯创作者的权利。

对于网络运营商而言，在未产生网页内容时，提供空间服务不构成侵权。网络运营商主要通过著作权许可将与上传内容相关的权利转让给运营商，并且用户必须遵守该协议。作为上传内容，表情包根据协议格式的条款自动将版权转让给运营商。

中后期开发的环节是表情包著作权侵权的高发阶段，如今市面上的表情

包大多是卡通动漫开发的周边，并积极与其他品牌进行合作以获得更多的利益。例如前文所提的厦门萌力星球网络有限公司所拥有完整著作权的美术作品（即卡通动漫表情包），在淘宝网上有专门售卖周边物品的店铺，其公司所有的“野萌君”“萌二”“汪蛋”“小龙格林”“冷先森”等卡通动漫表情包通过多种方式进行商业盈利。在不经过著作权人许可的情况下将他人的表情包进行商业化包装的行为属于侵权行为，所谓的商业化包装就是商业盈利，包括嵌入电视节目或其他网络视频，虽然有些视频是免费的，但这种博取民众的注意，骗取点击率以获得赞助商的青睐和投资的行为可以等同于商业盈利。如果该表情包的创作者享有合法的著作权且没有主动放弃著作权，那么该创作者匿名在网上上传该表情包属于默认转载。如果网络服务商在表情包的转载商明显侵权，那么基于“红旗原则”也应当承担相应的责任。

（二）表情包的著作权保护

由于表情包的创作以及传播都离不开现有的公共资源，离不开网络技术的支撑，表情包与其他所有的网络产品一样，传播速度快，交互性强，具备网络作品的所有特征。但也导致了一个令人尴尬的局面，即侵权成本低，获取证据困难，著作权人维权成本高。在促进互联网表情包产业发展的同时，也需要对其运行环境和运行流程进行规范。

1. 完善法律法规体系

移动互联网发展至今，著作权侵权可谓较为复杂和普遍。面对错综复杂的著作权侵权案件，曾经有人提出，既定的著作权保护条款已经不再适用于互联网领域。虽然在司法实践中否定了这一说法，即现行的著作权法及其基本规则不能完全被改变和颠覆。但由于互联网的飞速发展，信息传播效率、著作权作品传播效率的提升，著作权法也应“顺应时势”，作出相应的调整。首先，应在合同法与侵权责任法中作出必要的衔接，使条款之间更加协调；其次，表情包著作权也存在侵权低成本和低惩罚标准的问题，虽然著作权法和侵权责任法在损害赔偿及其计算中有一些规定，但终归不能详尽描述，而最终具体的赔偿数额往往需要根据具体的案情具体分析，所以这种牵涉到金钱利益的决定权往往掌握在法官手中，原告主张的赔偿数额就会大打折扣。因此，为了维护表情包著作权人的利益，减少侵权事件的发生，需要对著作权法和侵权责任法中的相关侵权赔偿条款进行调整，适当增加具体的惩罚措施和赔偿数额的计算，以此保护表情包行业的持续稳定发展。

2. 加强版权保护机制与平台建设

针对网络表情包产业的著作权侵权问题，建立一个政府与企业联动合作的保护平台，在立法、司法和行政上充分发挥政府和市场的优势，协同合作。在条件成熟的情况下建立一个著作权交易平台，使互联网环境下的新兴媒体著作权能够在著作权法的框架下达成共享，同时，把实名制引入著作权的管理中来，在信息的登记、管理和审批中做到规范、平等，加强对各类信息的监督，在此基础上还要完善著作权的许可制度，提高许可效率，降低著作权的交易成本。

3. 优化版权保护技术

表情包的创作、传播和使用都离不开先进的互联网信息技术，表情包的著作权保护当然也需要利用信息技术。这种利用互联网信息技术来保护作品著作权又称为数字版权管理。数字版权管理的最主要技术就是数字水印、数字加密和复制保护三种。要对网络信息监控方法进行创新，充分利用大数据技术的优势，监管和分析表情包产业的各类动向，注重对证据的收集、还原、保存，为著作权维权、惩罚侵权行为做好技术上的支撑。同时注重提升相关监管人员的业务能力，以此更高效地提升对表情包著作权市场的监管能力。[1]

在提升表情包著作权监管的同时要注重把主体责任落实，精确到每一家互联网公司，提高互联网公司的自律意识，促进整个行业的纯净。在互联网公司的内部，建立快速处理机制，要建立完善的监督机制和责任机制，注重收集和保留有关著作权的信息在条件成熟的情况下促成行业间信息的共享。同时积极履行应尽的义务，积极利用删除、阻止和断开链接等措施来处理侵

[1] 孙青，耿骞．数字图书馆建设及其知识产权［J］．情报科学，2007（13）．

权盗版信息。

4. 培育公众版权意识与版权道德

表情包迎合了人们对于碎片化阅读的需要和对新鲜感的追求，消费需求越来越大，产业规模越来越大，但民众的著作权保护意识薄弱，缺乏舆论监督，并且著作权人的维权意识较弱。针对这些问题，需要提升民众对于著作权保护的意识，在制度上、道德上形成一个良好的著作权保护风气。

结　语

互联网的发展以及人们交流方式的变化，使得表情包逐渐发展成为一种产业。表情包作为创作者的“智慧结晶”，享有与其他著作权作品同样的著作权，所以完善的著作权保护体系在保护每一个新兴的文化产业中都是必不可少的。要想使新兴产业与著作权保护体系相匹配，必须平衡好表情包著作权人、表情包使用者与传播者之间的利益，建立较为成熟、平稳的商业模式。完善的著作权保护体系与成熟的商业模式是相辅相成、相互促进的，所以需要对现今的著作权产业市场、著作权保护制度进行全面的分析，寻找更为稳健的著作权运营模式，以便制定符合中国特色的著作权保护体系，从而平衡各方利益，提高著作权市场的交易效率，促进我国知识产权高质量发展。

论网络环境下对著作权的保护

齐　楠*

内容提要　随着科技的不断进步，互联网逐渐发展和普及，各传统行业都在一定程度上受到影响。而互联网所倡导的共享精神也在冲击着传统著作权的保护机制。如何在网络环境中实现对著作权人利益的有效保护，已经成为一个亟须解决的问题。在这种情况之下如何协调和维护好各方主体的利益，值得进一步讨论，同时应当完善我国网络环境下著作权保护措施的对策，尽快完善著作权集体管理制度；建立健全对网络平台的监管制度。

关键词　互联网；著作权；监管

一、网络环境下著作权的概述

网络环境中的著作权是由大量受著作权保护的作品上传到网络引起的。我们可以理解网络著作权是著作权的类型化，它与传统的著作权相对应，本质上是一种知识产权。它是网络时代传统版权的产物。网络版权是指版权所有者在网络环境中依照法律所享有的专有权。我国的著作权法将著作权根据属性大致分为人身性著作权和财产性著作权两个类别，一个指的是精神权利，另一个代表的是物质权利。人身性著作权和财产性著作权之间的关系是

* 齐楠，南京理工大学知识产权学院研究生。

相互关联又相互独立的。著作权人因为创作了作品因而享有著作权，包括人身性和财产性两类著作权。人身性著作权是版权所有者的专属性权利。如果没有无特殊情况它是不可转让的。但财产性权利并不要求这一点，它可以被转让或授权他人使用。换言之，原则上个人权利属于个人从开始到结束。网络著作权是在传统版权的之上逐渐发展起来的，它不是一个完全独立的系统。虽然由于信息传送路径的变化，网络著作权与传统著作权之间存在很多差异，但两者的本质是相同的，仍然保有知识产权的自身特点，如区域性、及时性和专有性。❶

著作权是一种知识产权。然而，由于使用互联网平台作为通信媒介，网络环境下的著作权的特征发生了巨大变化。互联网的无边界和无形式限制的特点使网络版权突破传统的地域限制，区域特性不再明显。互联网通常以一个方便、快捷，并广泛提供信息的状态存在。主动升级和不断更新是数字产品极为与众不同的特点，瞬间复制与传输易如反掌，网络版打破了传统的空间和时间的限制。此外，在因特网环境下，所有的信息被数字化作为一种表现形式。承运人形式的变更使网络版权突破了有形的特征，在没有原权利持有人同意或者许可的情况下，其他任何人都可以进行无限制地上传、下载和转载。在这种情况下，著作权人实际上无力有效控制个人作品的利用，大大降低了著作权的所有权。❷ 从整体上看，通信模式的变化对传统的版权保护机制有很大的影响，网络版权有其独特的特点和形式。

二、网络环境下著作权侵权现状

数字网络技术大大方便了对作品的传播和复制，网上大规模侵权发生，由于互联网的自由程度很高，各种文化在互联网上均有所表现。当侵权行为产生以后，著作权人往往处于弱势一方，主张权利困难，极易陷入救济不能。而且在日益多元化的网络环境中，网络著作权的侵权形式日益呈现多样

❶ 张静，孔令歆．网络环境下的著作权保护［J］．河北广播电视大学学报，2011（6）．

❷ 潘晨．网络环境下的著作权保护［J］．农村经济与科技，2018（7）．

化的特点，主要包括以下两种形式。

1. 对传统书面作品的侵犯

依据我国《著作权法》第22条，除合理使用无须著作权人的特别授权外，作品的复制必须经版权所有者授权，否则视为侵犯著作权。如果互联网运营商以网络形式在互联网上发布传统作品，则它是网络媒体中传统版权侵权的延伸。因此，网络内容提供商将其他人在网络上享有版权的非数字作品数字化传播，原创作品的版权所有者应受到尊重，未经许可上传，传播和复制并且不支付报酬都是侵权行为。

2. 网络经营者擅对网络作品进行下载、转载

作为大众媒体的一种手段，互联网有能力共享资源，但这种权力有先决条件。例如，网站上发表的政治观点、评论、理论文章和其他作品都是作者自己的创作。发布和转载的权利应归作者所有，但实际情况是网络运营商可以自由转载，从而导致侵权。其主要表现如下：（1）作品未经授权复制使用；（2）没有支付相应的报酬，只支付给网站作者的报酬，并且没有为作品支付转载的报酬，以便作者创作作品，即权利没有得到应有的回报。习惯上，当作品在报纸上发表时，除非版权所有者声明不得复制或提取，否则其他报纸可以重印和发表。这是一个法定的许可，但著作权人的费用应支付并应指明作者和作品名称，被允许转载在互联网上的作品也应该付费。允许在互联网上重印转载作品的用户也应支付报酬；当重新使用时，必须指明来源。互联网上的作品，只要权利人在发布作品时明确表明“不得转载”，对作品的转载就必须以著作权人的授权为前提，否则是侵权网络作品的著作权的行为。❶

三、网络环境下著作权侵权法律保护困境

（1）侵权主体不明确。在网络环境中，实施网络著作权侵权的主体主要

❶ 周恒．论网络环境下的著作权保护［J］．合作经济与科技，2012（8）．

包括两类：一类是直接实施侵权的个体；另一类是为侵权行为提供平台的网络运营商和服务商。在兼具匿名性和虚拟性的网络环境下，对直接侵权人的定位往往困难重重，它不仅很难找到，而且找到它成本太高。所以，网络环境下侵权案件中，为侵权行为供给平台的运营商和服务商就成为著作权人依法维权的直接被告，但因为运营商或服务商并不是直接侵权主体，这就为其逃避承担侵权责任提供了主要理由。

（2）侵权对象发生变化。在互联网技术的背景下，著作权侵权对象从以前的文字和照片作品扩展到网络作品、视听作品和游戏软件。其中，网络作品、影视作品和游戏软件已成为被侵权的主要目标。由于网民已经普遍接受了视频和软件下载或网站在线作品的在线使用，因此视频和软件网站被提供给一般网民，标榜主要用于个人用途。广大网民的下载和使用逐渐成为版权侵权纠纷的热点。[1] 主要包括影视作品、文学作品和摄影作品未经许可的未经授权的传播所产生的侵权纠纷；商业性数字图书馆擅自把他人作品数字化后纳入自己的数据库，供他人阅读或复制引发的侵权纠纷；搜索引擎、超链接引发的侵权纠纷等。

（3）集体管理不完善。所谓的著作权集体管理往往伴随着版权部分或者全部权能的移转。版权所有者会作为会员加入集体管理组织。若发生侵权行为，往往不需要著作权人直接出面，而由集体管理组织出面处理纠纷。中国的大多数版权集体管理组织都有官方色彩。因为组织内部没有必要的内部监督机制，著作权所有人在集体管理组织中没有过多的发言权。同时，在一定情况下集体管理组织的会员制使得非会员版权所有者缺乏相应版权集体管理组织的保护。一旦侵犯版权，就难以维护其合法权益。

（4）取证难度较大。由于网络技术的快速发展，网络侵权在高科技的“武装”下更加隐蔽。电子证据通常不稳定，很容易编辑，使用一些黑客技术来完全破坏电子证据。电子证据的性质和网络空间的虚拟性使得难以获得在线版权侵权的证据。获取证据的困难主要表现在：第一，电子数据难以取

[1] 杨振栋．浅析网络环境下著作权的侵权与保护［J］．法制与社会，2016（12）．

得。如上所述，使用高科技伪造、破坏和隐藏的电子证据很难提供有效的信息，并且不可能成为法院的证据。其次，很难确定侵权损失。由于网络空间无限，很难估计版权侵权对互联网的影响以及版权所有者造成的损失。最后，维权成本过高。网络版权侵权只需要用鼠标来完成版权的复制和传播。与非法的低成本相比，版权所有者在庞大的网络空间中维护自己的网络版权的成本更高。结果发现，网络侵权本身需要大量的时间和精力，收集相关证据需要更多的资金、技术、时间和能源投入，这对版权所有者来说是无法承受的。此外，一些版权所有者的法律意识较低，而且对在线版权的权利缺乏认识。即使他们发现侵权行为，他们也希望网络可以提高他们的知名度，并让网络侵权行为自行解决。[1]

（5）侵权手段复杂多样。网络技术催生了数字时代和媒体时代的到来，在这种背景下，侵权主体和侵权行为呈现出模式复杂的特点，侵权手段的隐蔽性和多样性也随之增加，所以判断侵权变得更加困难。首先是上传转载得来的作品，以供广大网民浏览、下载或播放。其次是网站违反“红旗原则”，网站使用者在网站上传作品后，网站会忽略它并通过避风港系统逃避其责任。网络服务提供商再以此提供网络链接和搜索引擎等形式，为客户提供服务；接下来是网络服务提供商提供 P2P 服务；最后是提供网络云盘存储服务，扰乱技术措施引发纠纷等。[2]

（6）侵权的赔偿额偏低。在互联网技术背景下，诉讼目标的总量和索赔的金额有高有低，著作权索赔的平均量与专利侵权、商标侵权案件有很大不同。[3] 法院判额低的原因主要如下：第一，法院确定赔偿金额的基础之一即国家新闻出版总署规定的报酬标准较低；二是对版权所有者的信息网络传播权的版权侵权行为对权利人通过其他方式使用作品的影响并不是很大；第

---

[1] 刘漪．浅析网络环境下的著作权保护［J］．法制博览，2017（15）．

[2] 周建峰，刁立坤．网络环境下著作权侵权行为及法律应对策略［J］．法制博览，2016（35）．

[3] 韩成军．网络环境下著作权侵权行为的判定及损害赔偿研究［J］．郑州大学学报（哲学社会科学版），2010（2）．

三，较低的赔偿金额可以在一定程度上规制权利人滥用诉权的行为；第四，根据利益平衡原则，过高的赔偿金额主张不利于网络和数字出版业的发展与壮大。

四、网络环境下著作权保护制度的完善

1. 民事救济措施

整体而言，在多数情况下网络环境下的著作权侵权行为和一般意义上的侵权行为并无太大差别，只不过其发生的环境是信息网络环境。众所周知，对民事权利的侵犯应当承担民法上不利的法律后果。网络环境下著作权侵权责任的要件主要有：（1）侵权人客观上实施了侵犯著作权的行为；（2）损害的事实，被侵权人遭受了人身或者财产损失；（3）过错，指行为人实施著作权侵权行为时的主观状态，包括故意和过失；（4）因果关系，即实施侵犯著作权的行为与著作权侵权损害结果之间有引起与被引起的关系。在现实中，著作权和邻接权侵权是复杂多样的，这是难以一一列举的。这种处理方式将会留有余地尤其是在司法工作上。版权侵权的民事责任主要包括停止侵害、消除影响、道歉，并赔偿损失。

侵犯著作权行为的出现是启动民事救济程序的主导因素，2010 年修改的《著作权法》第 47 条列举了共计 11 种侵权行为。但在实务中，侵犯著作权和邻接权的行为由于其多样性和复杂性，不可能在立法上实现穷尽式列举。这样的立法处理赋予司法者在著作权侵权行为认定领域较大的自由裁量权。侵犯著作权的民事责任主要承担停止侵害、消除影响、赔礼道歉、赔偿损失等。

（1）停止侵害。当发现其他组织或个人侵犯版权时，版权所有者有权向法院申请发布禁止违法行为的禁令，以达到禁止其继续侵权行为的目的。版权所有者有权直接请求侵权人立即停止侵权。我国著作权法明确规定，一旦司法机关认定行为人的行为成立网络环境下的著作权侵权行为，行为人应当立即停止实施侵权行为。当著作权人发现某主体正在进行或有可能侵犯版权

时，如果该行为不能够被及时阻止，版权所有者可以向司法机关申请对其进行强制执行。❶ 该制度是与版权法中的诉讼保全相关的一项规定，极大地提高了网络环境中版权保护的效率，并使版权所有者首先了解其权利何时受到侵犯，同时使得版权所有者能够快速地保护其合法权益。

（2）赔偿损失。在网络环境中，如果侵权人非法侵害著作权人的合法权益，导致著作权人的财产损失时，侵权人造成的损失可能需要获得相应的经济补偿。在赔偿过程中，侵权损失的计算方法如下：第一，权利人因侵权人在互联网上侵权而造成的实际损失。第二，由于实施网络著作权侵权行为而使得侵权人的财产不当增加的部分（实际利润）。实际利润是指实施网络著作权侵权行为而使得侵权人的财产不当增加的部分。在实务中，侵权主体的实际总收入和实际消费成本很难为人所知。也就是说，实际利润的定义往往难以在实际运作过程中实现。第三，与法律相关的损害赔偿。为了能够有效地保护网络环境中版权所有者的相关利益，我国已经对某些国际条约和个别国家的法律对版权的法定赔偿作出了相关的制度规定。❷ 换言之，当法院作为裁判主体，当侵权行为造成的损失无法确定时，应当根据有关事实在法律范围内对侵权人指定相应的赔偿金额。侵犯版权在网络环境中体现的是对传统的版权保护带来了新的挑战。在互联网环境下，版权侵权日益复杂，法律规定网络上的侵权者要受到严厉的制裁，遏制网络著作权侵权的现象就显得尤为重要。

2. 行政救济措施

行政救济是行政管理过程中以承担行政责任为具体内容的类型化手段，首先涉及行政机关的行政行为。我国著作权行政管理体现的是国家的管理职能，包括国家和地方两级机关，国家一级是国家版权局，地方一级是地方各级著作权行政管理部门。根据我国著作权法的相关规定，还有通过行政手段解决争端的规定。面对网络环境中日益猖獗的版权侵权行为，行政机构有责

---

❶ 谢安宁．网络环境下的著作权民事法律保护探究［J］．智库时代，2018（19）．

❷ 王明．网络环境下著作权的侵权与保护模式浅析［J］．淮海工学院学报（人文社会科学版），2012（10）．

任采取积极行动，通过实施有效的行政处罚，打击网络环境下的版权侵权行为。

中国国家版权局是国务院直属版权管理部门。其功能是实施中国的版权法律法规和管理国家版权。在互联网的背景下，国家版权局是网络版权的主要监管者，具体负责网络版权秩序的维护、作品合法使用的监督以及违法行为的调查和处理。在实践中，国家版权局将与工商局、文化局共同处理版权侵权问题。为应对严峻形势，国家版权局以及版权保护的集体管理组织应积极探索网络版权管理的新形式，在网络平台上转移和处理版权纠纷，也应作为司法、行政以及各个行业的沟通枢纽。❶

首先，国家版权局应加强对著作权集体管理组织的监督和指导。在过去十年左右的时间里，该组织在一定条件下取得了很大进展，这与国家版权局的帮助是分不开的。当前中国主要的版权集体管理组织有五个，其中中国音乐著作权协会较早建立，发展较好。其他集体版权管理组织的作用是不够的。其不外乎两个原因：一是自身管理不善，二是有关法规保障无力。我国著作权法的一个显著特点是法定许可部分比较突出。2001 年著作权法修订增加了教科书和广播电视等法定许可规定，使得教科书的编辑出版成本降低，惠及教育事业。由于这项制度缺乏对著作权人应有的权利保障机制，使出版社逃避了法律规定其为权利人署名、付酬的责任。这是版权保护在中国著作权集体管理的一个悖论。集体管理组织在中国的市场力量的特殊性就在于，它不是从版权市场运作起源，而是政府在其成立之初的干预和支持。此外，在权利人和集体管理组织之间，授权行为、合同许可、报酬转移等缺乏强有力的监督。由于网络技术发展带来的网络版权侵权案件数量不断增加，面对大量难以确认的直接侵权个人和强大的网络平台，版权集体管理组织需要直接处理分散的权利人的事务越来越多。如果版权集体管理组织不能有效履行其职能，必然会导致权利人利益的损害，这与中国现阶段日益严格的版权保护趋势背道而驰。集体管理组织与其监管部门的密切关系极易导致集体管理

❶ 贾晖．论网络环境下的著作权保护［J］．重庆大学学报（社会科学版），2013（9）．

组织滥用其垄断地位。因而，国家版权局的行政执法职能正变得越来越有意义。国家版权局等部门监督集体管理组织的运作，督促他们积极保护自己的权利是非常有必要的。不仅如此，国家版权局也应督促网上平台的建立与发展，使它们积极与著作权集体管理组织的运作合作，建立一个合理、合法使用许可合同，并支付合理的报酬。

其次，国家版权局还需要加强对地方政府版权管理部门的监督和指导。行政体制内部自上而下的监督制度有利于遏制行政执法和地方保护主义的弊端。国家版权局要求地方版权行政管理部门了解遏制互联网著作权侵权的新方法，了解中国的最新情况和理论，以期敦促中国行政机构整体作用的发挥。在互联网平台的合作方面，国家版权局依然要“做足功课”，要致力于支持互联网平台的合作，尤其是其与版权方的合作，从而达到抑制版权市场消费过度，促进版权保护的目的。

我国的集体管理组织制度依然有很大的完善空间。著作权信息系统应当朝着完整化、全面化的方向努力。各个集体管理组织间应当逐渐整合整个领域的信息系统，加强互帮互助，逐步实现一站式的授权服务。此外，还需要加强参与国际集体管理领域的合作。

3. 刑事救济措施

为了从根本上实现对版权所有者利益的保护，许多国家制定了相应的刑法条文来打击网络版权侵权，惩罚和制止严重损害网络环境中版权所有者著作权益并导致严重侵权后果的人。一些国际公约甚至还要求其成员方对著作权的保护延伸到网络环境中。在网络环境中，侵犯版权的行为正在增加。在这种情况下，单纯依靠民事救济和行政救济来期望完全实现网络版权保护是不现实的。此时必须将刑事措施作为著作权保护的“最后一道防线”。当侵权人严重侵害著作权人的合法权益构成犯罪时，应当对犯罪人进行刑罚处罚。在特殊情况下，还可以判处拘留和没收等刑事处罚。侵权行为未经著作权人批准，致使著作权人完全丧失权益的，根据我国著作权法的规定，必须承担相应的刑事责任。网络环境中的版权侵权有其独特性，因为其实施的环境是互联网。这导致不同司法机关对网络版权侵权的判决存在差异。此类侵权案件的审查重点应当落在行为人是否取得了许可。如果版权拥有者不能证明其行为在行为之前获得了同意，他就必须承担相应的责任。[1]

4. 建立健全著作权联合保护机制

建立一个全面的版权保护机制，以期加大对侵权行为的打击力度。建立公司之间的联合版权保护系统，这将使新闻业与出版行业处于一种良性环境中参与竞争。加强机制内的监督管理，确保版权所有者的著作权。要充分发挥市场的基本和决定性作用，转变现有的官方版权集体制度，结合市场竞争机制，减少政府的行政干预，逐步扩大版权集体管理的范围。可以采用一定的竞争模式，将竞争引入版权保护领域，改变单一组织垄断版权领域的局面，允许在一个领域内存在多个集体管理组织，通过市场竞争改变集体管理组织滥用垄断地位的问题。目前这种模式在美国已经初见成效。但是，由于著作权集体管理领域存在规模效应的难题，多头管理的结果可能会削弱管理能力，因此会影响部分效率的实现。但这不影响组织内部要扩大自身管理范围，著作权集体管理组织作为行业的管理组织，应成为行业版权保护的主体。它不仅要保护会员的相关版权，还要保障非会员的版权以及整个行业的形式，保持良好的著作权氛围。[2]

---

[1] 韩学志．网络著作权司法保护机制之构建［J］．软科学，2013（27）．

[2] 徐实．网络平台著作权保护的严格化趋势与对策［J］．北京航空航天大学学报（社会科学版），2018（4）．

论视频分享网站的著作权侵权责任

李　江[*]

内容提要　随着互联网信息技术的快速发展，网络成为信息的重要传输通道。视频分享网站因其具有原创性、交互性等特点，使其在全球范围内迅猛发展。然而，视频分享网站在给广大用户带来方便的同时，也出现了大量关于视频分享网站侵犯著作权的诉讼案件，使得视频分享网站的发展遇到了前所未有的挑战，也暴露了我国在互联网立法方面的问题。在互联网技术飞速发展以及国家大力支持文化产业的环境下，如何妥善处理保护著作权与保障信息传播的关系，如何在充分保护著作权人的著作权的同时，又能保证网络用户利用互联网资源获取各类资讯，保证视频分享网站的持续健康发展十分具有研究意义，同时对于完善我国的互联网知识产权立法也有着积极的作用。

关键词　视频分享网站；著作权；侵权责任；避风港规则

近年来，国家越来越重视文化产业的发展，给文化企业提供了优厚的政策支持。与此同时，中国互联网信息技术的井喷式发展也给文化产业的振兴提供了技术支持。在这两大社会背景下，视频分享网站这一承载着电影、电视等传统影视文化产业和新兴传媒行业的平台遇到了前所未有的发展机遇，视频分享网站已成为当下人们获取信息的重要途径。每位注册用户均可以向

* 李江，扬州大学法学院研究生。

平台上传视频，这样一来大家可以及时分享自己经历的或者身边正在发生的事情，有的用户还用来上传一些热门的影视作品。虽说视频分享网站给大家提供了获取信息资源、交流互动的平台，但是用户上传的某些视频内容很可能是受到著作权保护的有“专属性”权利的内容，这样的话势必会给著作权人的利益造成重大损失。而著作人在选择侵权对象进行维权时，是直接选择上传侵权视频的个人用户还是选择为个人用户提供存储服务平台的视频分享网站，就成为一个非常重要的现实问题。虽然我国目前颁布了《著作权法》《信息网络传播权保护条例》《互联网视听节目服务管理规定》以及最高人民法院发布的《关于审理涉及计算机网络著作权纠纷案件适用法律若干问题的解释》等多部法律法规和司法解释，其中针对网络服务提供商著作权侵权责任的条款所确立的基本原则及法律规定完全可以适用于视频分享网站，但现行立法与飞速发展的信息技术相比毕竟有一定的滞后性。在全面推进依法治国的战略背景下，完善互联网立法，加强对互联网行业的规制，建立起完备的法律制度体系，真正做到有法可依依法治国，让我国文化产业在遵守法律制度的前提下依靠互联网信息技术的创新发展实现我国文化产业行业的振兴。

一、视频分享网站概述

（一）视频分享网站的定义及分类

“视频分享网站是指那些提供信息存储空间和发布平台，供用户上传、在线欣赏或下载视频文件（即进行‘分享’）的网站”。[1] 本文中所指的视频分享网站也是网络服务提供商的一种。根据网站提供服务的不同，“网站”可以划分为“网络内容提供商”（ICP）和“网络服务提供商”（ISP）。在我国，视频网站也分为三种类型：一是为网络用户提供内容服务的网络视频内

[1] 王迁．视频分享网站著作权侵权问题研究［J］．法商研究，2008（4）．

容提供商，以乐视网、腾讯视频、爱奇艺等收费视频网站为代表。二是为网络个人用户提供链接服务和搜索引擎的网络视频服务提供商，例如谷歌、搜狗、百度等。三是为网络个人用户提供信息存储空间服务的网络视频服务提供商，以优酷土豆、56 网为代表，这些网站主要是模仿美国最大的视频分享网站 You Tube 的商业经营模式，目前这些视频分享网站的内容的著作权侵权问题最为突出，本文所研究的也正是这类视频网站。

（二）视频分享网站的特殊法律地位

视频分享网站“作为网络时代的新兴产物，具有有别于传统著作法中规定的主体的特殊性，其地位既不同于报纸、电台等出版者，也不同于书店、报刊亭等销售者”。[1]

1. 不同于内容提供者

网络服务内容提供商通过其运营的服务器向互联网上传各式各样的信息内容以供网络个人用户去浏览、下载。与此同时，他们还会提供一些额外的增值服务来增加他们的盈利收入。视频分享网站是提供信息存储空间服务的网络服务提供商，其与提供网络信息内容的服务商均归属于网络服务提供商的范畴。但二者间又存在一些不同之处，并且这些不同之处可追溯至美国国会在 1998 年颁布的《千禧年数字版权法》（DMCA）。该法案由五个部分组成，其中第二部分根据网络功能的不同，分别明确了服务提供者和内容提供者的权利与义务，后者因为直接提供内容，所以需要承担严格的法律责任。[2]我国于 2006 年颁布施行的《信息网络传播权保护条例》（以下简称“条例”）也借鉴了 DMCA 的部分内容，而且将网络服务提供商分为服务提供商和内容提供商这一区分方式也成为国际的通行标准。网络内容提供商因为其直接提供内容，所以需要承担严格的法律责任，承担较高的注意义务，需要对提供的信息内容进行侵权与否的审查与管理，而且对于那些侵犯他人著作权利的内容，不管其是否存在主观上的恶意，其侵权行为均适用无过错责任

❶ 宋文华．论视频分享网站的著作权侵权责任［D］．长春：吉林大学，2011：3.

❷ 刘婧．视频分享网站的著作权问题研究［D］．广州：华南理工大学，2014：18.

原则，而不能引用“避风港规则”来主张免责。

而视频分享网站作为网络服务提供商因为其为用户提供的是信息存储平台并不直接涉及具体的内容，所以其只需承担一般管理人的注意义务，无须对用户上传的作品进行严格的权属审查。而且即使其行为真的侵犯了他人著作权，只要能够满足“避风港规则”的要求就可以免除或者减轻相应的法律责任。

所以，视频分享网站与网络内容提供商二者之间的法律地位存在非常明显的差别。“视频分享网站作为网络服务提供商，在网络环境中所起的是辅助作用，对于作品的传播处于从属的法律地位。而网络内容提供商在网络环境中所起的是控制和支配的作用，对于作品的传播处于主导的法律地位。”

2. 不同于内容出版者

传统意义上的内容出版者，例如报纸、杂志，著作权法对其出版者规定了较为严格的审查义务，其对所要公开出版的内容有充足的时间和机会进行甄别、审核，可以充分行使出版者的编辑权和控制功能。但是如果出版者疏于履行审查义务，造成对他人著作权的侵犯，那么毫无疑问他将对自己的侵权行为负责。而视频分享网站其提供的存储服务平台中的信息存在内容数量极多、内容极其复杂、更新速度极快，权利人也分布在全国乃至全球各地，如果要求其承担和传统出版者一样的审查义务，那么他们的工作量可想而知，基本是不可能完成的任务。目前各大视频网站的都有自己的“审片组”，但他们的审查任务也仅限于审查是否存在严重危及社会和平安稳秩序的内容。

所以，视频分享网站的特殊性也决定了不可能让它担负与传统出版者相同程度的审查义务。否则的话将会严重限制我国视频分享网站行业的发展，这与国家鼓励支持信息文化产业的发展要求相悖离。

3. 不同于内容销售者

视频分享网站与传统的内容销售者，例如书店、报刊亭等存在一定的相似性。视频分享网站提供的存储服务平台普遍具有非常强的开放性，只要网络个人用户注册、登录即可向平台上传信息，视频网站通常不会有所限制。

书店、报刊亭也一样，只要所销售的内容均来源于正规渠道即可，两者都不会去审查内容是否存在侵犯行为，也不会对销售的内容进行编辑或修改，所以两者通常也都不会承担直接侵权责任。“只有在销售者事先知道，或有充分理由可以判断所售作品中含有侵权内容而故意视而不见的情况下，才需要承担法律责任。”❶ 但视频分享网站与传统销售者在事后的控制能力上存在明显不同。传统销售者面对的消费者都是随机的，一旦将报纸杂志出售就失去了对他们的控制，即使其中存在侵权的内容也没有后续的救济办法，无法控制侵权内容的继续扩散。而视频分享网站因其提供的是数据内容的存储，存储设备始终处于他们的控制之下，一旦有权利者通知存在侵权内容即可马上采取措施中断数据链接，能够有效地控制侵权内容的继续扩散。

因此，在对于事后控制和救济上，视频分享网站又具有传统销售者所不具备的优势，在此方面我国网络著作权立法上应该加以区分，不能“一刀切”。

总之，随着网络信息技术的不断发展，今后的视频分享网站将会有更多类型和更复杂的问题来等着他们面对，这就要求立法工作能跟上时代的步伐，真正发挥法律所应有的规范功能，平衡各方主体、各种关系之间的利益。

二、视频分享网站著作权侵权责任的类型及其责任构成

目前，根据我国著作权法的理论。将著作权的侵权责任划分为直接侵权责任和间接侵权责任。本节将从归则原则和责任构成两方面来研究视频分享网站的著作权侵权责任。

（一）直接侵权责任及其责任构成

我国《著作权法》为权利人创设了 13 种“专有权利”，这些权利构成对著作权人的保护圈。如果某一种特定的行为落入了专有权利的保护范围，则他人在没有特殊法律规定的情况下，擅自实施这种特定的行为就会构成对该

❶ 郭杰．美国著作权法 IS 责任演进［J］．法制与社会发展，2003（6）．

种专有权利的直接侵权。“如果一种行为根本不在某种专有权利的控制范围之内，则他人实施这一行为不可能对其构成直接侵权。此时只能考察行为人是否具有主观过错的状态下帮助或引诱他人实施直接侵权，从而构成间接侵权。反之，如果一种行为本身受到某种专有权利的控制，则他人在没有法律依据的情况下，未经许可地实施这一行为当然构成直接侵权。”❶

视频分享网站因其运营模式的特殊性，对其是否侵权的认定还要根据具体情况来进行具体的不同分析。首先，若视频分享网站是以网络信息内容的提供者的角色出现时，那么其与传统的出版者性质相同，其具有对信息内容的审查、控制能力，此时如果出现侵权内容，那么毫无疑问其必定要承担著作权的直接侵权责任。其次，若视频分享网站是以为用户提供信息存储平台的网络服务提供者的身份出现时，其本身对于信息内容不做侵权审查，则此种情况下视频分享网站就不承担直接侵权责任，但如果其存在主观过错即“明知”用户上传的为侵权信息内容，那么可能会承担帮助侵权的间接侵权责任。

此外，对于传统侵权责任的构成要件中，著作权侵权的直接侵权责任不要求一定存在过错，即行为人的主观过错并非构成直接侵权的必要条件。由此可知，直接侵权的归责原则为无过错责任原则。即使行为人能够举证证明自己对直接侵权行为无主观上的过错或者主观上存在的过错程度较轻，那也不会影响直接侵权责任的认定，但可能会适当地减轻或者免除其赔偿责任。

（二）间接侵权责任及其责任构成

著作权法中所指的间接侵权，主要是“行为人没有实施受知识产权专有权利控制的行为，但却为他人实施侵害专有权利的行为提供帮助或者教唆、引诱他人实施侵害专有权利的行为”。❷ 所以视频分享网站间接侵犯著作权的行为具体的就是指视频分享网站没有直接实施侵犯著作权的行为，但却教唆

❶ 王迁．网络环境中的著作权保护研究［M］．北京：法律出版社，2011：5.

❷ 李忠妹．视频分享网站著作权间接侵权责任问题研究［D］．北京：北京邮电大学，2013：26.

他人或者引诱他人直接实施侵犯著作权的行为，或者在他人实施侵犯著作权的行为时给予了一定的实质性帮助。

与直接侵权行为不同，间接侵权行为存在两个独有的特征：“第一，间接侵权行为并不是著作权‘专有权利’所限定的行为；第二，间接侵权行为是直接侵权行为的帮助行为或预备行为。法律之所以规定间接侵权，其目的是加强对著作权的保护，既可以避免权利人因无法追究直接侵权人的责任而蒙受损害，也可以防止直接侵权行为发生并抑制损害后果扩大。”❶ 由此也引出了间接侵权的一个分支——帮助侵权责任。

1. 帮助侵权责任

帮助侵权责任是指网络个人用户将信息内容直接上传至网络空间，而网络储存服务提供商明知或有理由应当知道存在侵权行为，而给予侵权行为以明示的或默示不作为的帮助时所应承担的侵权责任。其责任构成要件包括两点，“一是帮助者知道他人侵权，仍然从事了帮助的行为，具有主观上的故意。二是帮助者以引诱、促使或以提供物质手段的方式，促使他人从事了直接的侵权行为。”❷

（1）归责原则。

网络服务提供商作为视频分享网站的一个重要代表，其承担的帮助侵权责任的归责原则经历了一个从过错推定到过错责任的发展历程。在早期的著作权网络侵权纠纷案件中，由于没有具体、明确的法律规定，导致很多法院认为网络服务提供商对自己掌握的数据信息有监控管理义务，如果没有尽到相应的监管义务，那么就推定其具有主观上的过错，从而要承担相应的赔偿责任。后来欧美国家的互联网立法相继问世，例如美国的 DMCA、欧盟的《欧盟电子商务指令》，但其中都没有规定网络服务提供商负有监控审查义务。此后各国的立法相继效仿，对于在网络服务存储平台中出现的侵权内容，只有当网络服务提供商存在主观过错时才要求其承担相应的侵权责任，从而网络服务提供商著作权侵权责任的归责原则由过错推定原则发展为过错

❶ 吴汉东．论网络服务提供者的著作权侵权责任［J］．中国法学，2011（2）．

❷ 李明德．美国知识产权法［M］．北京：法律出版社，2014：390．

责任原则。

在我国，无论是最高法颁布的《关于审理涉及计算机网络著作权纠纷案件适用法律若干问题的解释》还是《条例》都没有对网络服务提供商是否负有对存储内容的审查义务进行明确规定。笔者认为，根据民法“法无禁止即自由”的理念，应当认为网络服务提供商不负有对存储内容进行是否侵权的审查义务。除此之外，依照我国《互联网视听节目服务管理规定》视频网站提供的内容中不得含有“违反宪法、法律、社会公德以及侵害公民个人隐私等他人合法权益”等10类的内容，但没有规定“不得含有侵犯他人著作权的内容”。其原因在上文中也已分析，故此不再赘述。

综上，无论是现有法律规定还是根据法理推论，对于视频分享网站的帮助侵权责任的归责原则目前通说观点是过错原则。

（2）视频分享网站过错的认定。

在认定帮助侵权责任时，帮助侵权者主观上的故意即“明知”“应知”的判断是认定该责任的一大难题。因为“明知”“应知”是行为人的一种主观心理状态，难以确定。在这一问题上最早规定使用“红旗原则”来判断网络服务提供者“应知”的主观状态的是1998年美国的版权法修正案。“具体判断时，红旗标准结合了主观和客观两个方面因素。判断网络服务商是否知悉了‘红旗’时，必须考察其对有关事实和信息的主观知悉状态。判断相关事实和信息是否构成‘红旗’，也即是网络服务商是否看出侵权行为明显存在，则需要依据客观标准考察，即一般理性人在相同情况下是否可以认识到侵权行为是明显存在的”。❶

“红旗原则”实际上是以一种客观标准来衡量网络服务提供者的主观状态，如果普通人都能注意到侵权视频的存在，那么视频分享网站只要尽到了合理的注意义务也就可以发现侵权视频的存在。在发现侵权视频后仍放任侵权视频存在的情况下，视频分享网站就具有主观过错，“应知”而不禁止。我国《条例》第23条的规定国内很多学者认为是对“红旗原则”的引进。

---

❶ 史学清，汪涌．避风港还是风暴角——解读《信息网络传播权保护条例》第23条［J］．知识产权，2009（19）．

但这条规定过于简单，在司法实践中很难解决视频分享网站主观状态该如何判断这一“老大难”的问题。

对于判断视频分享网站是否构成著作权的帮助侵权这一问题，美国还提供了另一标准，即美国联邦最高法院于1984年在索尼案中确立的“实质性非侵权用途”标准。该标准的具体表述为“如果一种产品‘能够具有一种实质性的非侵权用途’，即使制造商和销售商知道其设备可能被用于侵权，也不能推定其故意引诱、帮助他人侵权并构成‘帮助侵权’”。视频分享网站为个人用户提供了能够存储数据信息的空间和平台，从这一角度来说视频分享网站就为个人用户侵犯著作权的直接侵权行为提供了必要的侵权场所，客观上也就构成帮助侵权行为。但按照“实质性非侵权用途”标准来考量，视频分享网站也具有让个人用户上传、分享自己拍摄的原创视频的实质性非侵权用途，且在实践中大量的用户也是如此，所以仅以视频分享网站存在侵犯著作权的视频就推定该视频分享网站构成帮助侵权，并要求视频分享网站承担间接侵权责任，这对视频分享网站来说是非常不公平的，同时这也将会给我国的互联网文化产业带来不利影响，阻碍其发展。

因此，对于主观心理的判断应该结合我国发展实际，既要借鉴国外经验又要创造出具有中国特色的制度体系，充分利用技术手段来尽可能地规避网络侵权行为的发生。

2. 替代责任

替代侵权是指“行为人在具有监督直接侵权人行为的权利和能力，同时又从直接侵权人行为中获得直接经济利益，即使不知道或没有理由知道直接侵权行为，仍旧要为直接侵权行为承担责任”。[1] 替代责任是传统民法上雇佣关系中的责任形式，1963年美国Shapiro案的判决将雇佣关系中的替代责任应用于著作权侵权领域，并确立了由“直接利益”和“控制能力”两大要件构成的Shapiro标准，后来美国的DMCA对此也进行了规定。“控制能力”即网络服务提供商对某一直接侵权行为是有控制权利和能力的。“直接利益”

---

[1] 崔立红. P2P技术带来的版权问题与对策研究［J］. 山东大学学报（哲学社会科学版），2007（6）.

即从侵权行为中获得了直接经济利益，无论对于直接侵权行为是否明知。美国虽然开著作权替代责任的先河，但其法律并未明确何谓“有控制的权利和能力”，使该条款丧失了可操作性，最终导致各案的法官都有不同的解释。

我国对美国替代责任制度的借鉴部分规定在了我国《条例》的第22条。与美国相比，我国只在《条例》第22条第四项中规定了未获得直接经济利益的可免责。因此，我国有的学者就认为我国不存在替代责任，《条例》第22条也不是对美国替代责任的借鉴。笔者认为，之所以我国仅仅规定未获得直接经济利益可免责，是因为替代责任的“控制能力”要件无法做出具体可操作的规定，如果盲目引入也发挥不出其本来的作用。而且我国互联网文化产业起步晚，发展水平同发达国家相比有很大差距，若再过多进行限制将不利于提高我国互联网文化产业的竞争力和创造力。

三、视频分享网站著作权侵权责任的承担与免除

（一）著作权侵权责任的承担

著作权侵权的责任承担方式不同于传统民法上的侵权责任承担方式。因为与著作权法不同，传统民法的侵权对象是有体物，所以著作权侵权责任的承担方式为停止侵权和赔偿损失。停止侵权是侵权责任承担方式最基础的方式之一，故在此不做论述。

1. 承担方式——赔偿损失

关于损害赔偿额的计算，我国《著作权法》第49条做了详细规定，包括实际损失、违法所得、法定赔偿三种确定方式，且三者是按照先后顺序进行适用。但在具体案件的适用中，通常难以对著作权人的实际损失和侵权行为实施者的违法所得进行确定，所以这类案件通常是由法院按照法定赔偿的限额做自由裁量。通过查阅相关判决可得知，法院确定的法定赔偿额通常较低，多数为诉讼请求的一半，具体到数额上最高的15万元，最低的仅为2万元。但就目前热播影视剧的信息网络传播权许可费来看，各大视频网站每部

剧基本都在千万元以上。对比衡量许可费与法定赔偿额，侵权赔偿远远弥补不了侵权行为造成的经济损失。对此，国内许多学者建议提高著作权法的法定赔偿限额，法定限额应该随着经济的发展而相应提高，否则将会失去对权利人利益的切实维护。除此之外，笔者认为，我国的《著作权法》可以借鉴《食品安全法》和《消费者权益保护法》，增加适用惩罚性赔偿条款，“适用惩罚性赔偿重心在于遏制主观极为恶意的严重侵权行为”❶ 和对多次侵犯著作权的以及侵权行为造成巨大经济损失的（须能举证证明）进行惩罚性赔偿。惩罚性赔偿可以实现震慑侵权人，遏制侵权行为的发生，从而实现降低著作权侵权行为发生的概率。

2. 赔偿主体

对于视频分享网站著作权侵权来说，无论是直接侵权还是间接侵权，权利人通常都会向视频分享网站来主张由其来承担著作权侵权责任。因为无论是从确定侵权主体，还是从经济实力来看，把视频分享网站作为被告都是最省时省力的。对于网络著作权侵权，我国《条例》第 23 条和《侵权责任法》第 36 条进行了规定，这两条明确了视频分享网站这类“被告”何时，何种情况下承担责任，承担什么样的责任。无论是从司法实践还是从法律规定都可以看出，著作权的侵权责任承担间接侵权责任是主要趋势。上文中已详细论述间接侵权的分类及构成，故此不再赘述。承担间接侵权责任对于著作权人来说更能保障其利益，对于视频分享网站来说可以给予其更规范的约束，从长远发展来看更利于互联网文化产业的有序发展。

（二）著作权侵权责任的免除——避风港规则

避风港，顾名思义就是躲避风暴，保护安全的港湾。自视频分享网站诞生以来，网络环境的开放性与用户的广泛性，就促成了其屡次成为网络著作权侵权案件的被告。同时这也给视频分享网站行业的发展带来了前所未有的冲击，为了保护这一新兴产业的发展，各个国家和地区相继出台了“避风

❶ 姚依哲．视频分享网站版权侵权认定［J］．人民司法，2011（3）.

港”条款。该规则最早起源于美国，在 1998 年的 DMCA 中进行了明确规定。DMCA 在第 512 条第（c）款中规定了网络服务提供者能够免责的三项事由："一是网络服务提供者并不实际知晓材料或在系统或网络上使用材料的行为是侵权的；在缺乏该实际知晓状态时，没有意识到能够从中明显推出侵权行为的事实或情况；在得以知晓或意识到（侵权行为）之后，迅速移除材料或屏蔽对它的访问。二是在网络服务提供者具有控制侵权行为的权力和能力的情况下，没有直接从侵权行为中直接获得经济利益。三是网络服务提供者在得到侵权通知后，做出迅速反应，移除被指称侵权的材料或侵权行为的内容，或屏蔽对他们的访问。"❶ 我国的"避风港"规定在《条例》第 22 条，共 5 项。并且要想实现免除赔偿责任，那么就要满足这五项免责条件。换句话说，这五项免责条件是实现免责的充分必要条件。对比中美两国的法律发现，两国均采用了"直接经济利益标准""主观过错标准"以及"通知删除规则"。对此，笔者认为，中国是在借鉴美国的基础上进行了补充发展，使得"避风港规则"适用起来更严格。通过对我国"避风港规则"分析研究可以发现，我国规定的这五项免责条件可以分成两组，第一组是（一）和（二），这两条是对视频分享网站直接侵权责任的否定。明确了视频分享网站需要标明自己所提供的网络服务种类并需要公开自己的通信信息，因为如果视频分享网站不明示其服务种类，法院一般情况下就推定网站上传侵权视频，但是明确了自己仅是提供内容存储平台就可以免除这种被推定的风险。要求不能对用户上传的内容做出任何修改，那么也就排除了视频分享网站的直接侵权的可能。第二组是（三）、（四）和（五），这一组则是对视频分享网站间接侵权责任的否定。（三）是对主观过错的否定，既然视频分享网站既不知道也不应当知道就排除了其具有主观上的过错。（四）是对损害后果给予的否定，既然视频分享网站没能够从侵权视频中获得直接经济利益，那么就可以认定其未给权利人造成经济损失，换句话说，即使权利人遭受了损失也与它没有因果关系。（五）是对间接侵权中帮助侵权的否定，即使侵权

❶ 张建华．信息网络传播权保护条例释义［M］．北京：中国法制出版社，2006：84.

内容存在于存储平台中，一旦经权利人通知而知晓著作权侵权行为，及时切断网络链接或者将侵权内容进行删除，则视频网站也就不存在帮助侵权行为。

避风港规则的存在有效地保护了守法企业的利益，能给遵规守矩的视频分享网站提供安全的港湾。但因其是把“双刃剑”，如果不能严格适用则会使违法企业钻了空子，这样的话著作权人的利益就无法得到有效的保障。总之，该制度的存在就是为了能够平衡企业与权利人之间的关系和利益冲突，通过法律制度的规范使得互联网文化产业能够健康发展，著作权人的利益也能受到法律保护，从而激发著作权人的创造力。

四、完善我国视频分享网站著作权侵权责任法律制度的建议

正所谓“知其病灶，才能对症下药”。想要完善视频分享网站的相关法律制度，还是要从其存在的问题入手，综合上文的论述以及目前理论界和司法实务中存在的争议，对于我国视频分享网站现存的问题主要归纳为以下几点：一是我国视频分享网站著作权侵权问题没有一个完整的、系统的法律制度体系，且对于间接侵权的规定不明确、不具体，司法审判标准不统一。二是对于视频分享网站侵权时存在的主观心理状态难以进行客观衡量，对其注意义务的规定不明确、不具体。三是在预防著作权侵权方面缺乏技术思维。四是对于处理视频分享网站和著作权人之间的利益关系上缺少制度性的保护，彼此之间也缺少沟通交流。针对以上四点问题，下面对于完善我国视频分享网站著作权侵权责任法律制度提出五点建议。

1. 明确间接侵权的责任制度

我国关于视频分享网站的立法最早为《著作权法》中对信息网络传播权的规定，此后，随着该行业的迅速发展，我国又在 2006 年《条例》和 2010 年《侵权责任法》中进行了更为详细具体的规定。此外，最高人民法院又针对司法审判中出现的问题以司法解释的方式进行了补充。虽然我国的法律法规正在不断完善，但是因其规定较为分散，且存在于不同效力层级中，直到

现在也未能形成一个完整的互联网法律体系。目前我国解决网络著作权侵权问题一般采用共同侵权理论，但对于间接侵权行为的认定以及何种情况下，由谁来承担间接侵权责任等问题均没有明确规定，这就造成法官在审理案件时没有一个统一的参考标准，扩大了法官的自由裁量权，增加了案件审判结果的不确定性。

对于日益复杂的互联网环境，我国亟须完善互联网法律制度，尤其是侵权行为频发的网络著作权领域。为此，笔者建议我国应修改、完善网络著作权立法，明确间接侵权的责任制度，对于常见的间接侵权行为可以列举到相关法条中。同时引入帮助侵权制度，对帮助侵权的责任构成进行详细规定，将我国的网络著作权立法同欧美等发达国家推向统一高度，做到与国际接轨。这对于我国企业的国际化发展也是有极大的帮助作用的，只有提前适应了国际通行的法律标准，才能使日后的国际化经营一帆风顺，至少不会因为法律壁垒而丧失竞争力。

2. 明确视频分享网站的注意义务

我国现行法律中没有明确规定视频分享网站对于用户上传的内容是否应进行侵权审查，因此视频分享网站对平台内的内容并不当然地负有审查义务。但是由于视频分享网站为用户提供存储平台且平台服务器也在其控制之下，而且我国法律还规定了10种应当进行审查的内容，所以视频分享网站对个人用户上传的内容仍应尽到一般的、合理的注意义务，即采用一个具有一般知识或经验的人处理相同事务时的注意标准。但目前我国许多视频分享网站的做法是，将各类视频进行分栏设置，而且对于正在热播的电影电视作品会创设一个“热门”专区，甚至是“向你推荐”。对于该类热播剧，如果用一个普通正常人的思维去思考，著作权人和制片方怎么会提供免费的观影服务呢？即使该类热播剧的资源是由用户上传，但平台内的栏组设置是由网站自行管理。因此，我们不难想到视频分享网站此种做法的真正意图！

参考我国众多学者的观点，建议我国法律应对视频分享网站的注意义务进行分类规定。对普通视频内容的，视频分享网站仅需尽到一般注意义务即可，而对于有内容分区甚至是创设了“热门”专区的这种侵权概率更高的视频分享网站应规定其尽到特殊的注意义务，即应对内容是否存在侵权可能进行审查。

对于一个行业的健康发展，我们不仅要靠完善的制度来对其进行规制，更重要的是通过设定某种制度使行业本身树立一种自律的意识，只有这种自我约束自我规范的意识才是行业健康发展的根本保障。

3. 强制采用防止侵权的高科技技术

当下高科技的发展是一把“双刃剑”，它既能促成侵权行为的发生，也能成为阻止侵权行为的工具。目前视频分享网站著作权侵权频发的原因之一就是，缺乏“过滤机制”。美国是世界上公认的技术较为领先的国家，对于网络视频侵权行为美国在2003年颁布了《数字广播内容保护法案》，“要求所有数字电视接收设备都必须使用广播标记技术，这样当被著作权人加了权属标记的作品进入数字电视接收设备时，接收设备只会将这些作品传输到符合加密要求的数字设备中，以防止在网络上的大规模传播”。[1]

目前我国的数字加密技术也相当成熟，因此我国也可以借鉴美国的做法用法律来强制规定适用“过滤技术”以此来降低网络著作权侵权的发生。我国的视频分享网站爱奇艺就在其部分视频中应用了此技术，并在影片的开头进行如下提示“警告：您即将观赏的影片已经被进行了隐秘水印处理。未经授权，对影片进行的所有复制、发布行为均属侵权行为。任何盗版侵权操作，我们都可能会追踪到您本人，并依据相关法律规定，对您进行刑事诉讼或采取其他法律手段”。爱奇艺的做法表明我国一流的视频分享网站已经开始使用技术手段来对侵权行为进行规制，笔者认为，我国立法部门应该积极响应并顺应这一发展趋势，对强制使用防止著作权侵权的高科技技术进行系统性规定。

4. 建立视频分享网站补偿金制度

著作权补偿金制度是指：“为了保障著作权人能够获得一定的经济收益，在生产和销售复制设备和复制媒介时，必须按照其价格的一定比例向著作权

---

[1] 汤志远．试论视频分享网站侵权责任［D］．长沙：湖南师范大学，2013：37.

人支付‘补偿金’，以补偿著作权因随后的复制行为而蒙受的损失的制度”。❶

目前我国尚未建立著作权补偿金制度，但许多欧洲国家已经建立起完备的制度体系。通过建立著作权补偿金制度，可以在很大程度上弥补权利人因遭受著作权侵权行为而造成的损失，以补偿金的形式来实现侵权行为的事前救济。而且该制度还使作品在网络范围内实现最大范围的传播，这对于著作权人来说，既可以广泛传播其作品提高本人的知名度，又可以提高所获得的经济利益。对于广大观众来说，也增加了获取影片的便利性。而视频分享网站也可以在这些热门的视频上收取更多的广告费用，总之该制度就是一项“皆大欢喜”各方均受益的制度。

补偿金的收取可以参考我国电影行业的发展模式。在电影行业中，每部电影的票房收入会拿出5%来作为电影行业的发展基金。借鉴到视频分享网站行业，网站除了可以和著作权人签订著作权许可合同外，还可以由各大视频分享网站由其每年视频服务的收入中抽取一部分建立视频分享网站行业的补偿基金，通过使用该基金来和著作权人达成更多的著作权许可合同来获得更多的影片。补偿金制度既能平衡著作权人和视频分享网站之间的利益分配，减少网络著作权侵权责任，又能促进我国网络文化产业的进一步发展。不过，“从权利管理的角度看，集体管理是补偿金制度不可缺少的配套措施。原本赋予作者的某项专有权，又不得不通过集体管理的方式来行使，即补偿金的收取、分发依托于集体管理机构。”❷ 这就要求我们要将著作权补偿金制度和网络著作权集体管理制度有机结合，构建一个完整的制度体系。

5. 建立网络著作权集体管理制度

“著作权（包括邻接权）的集体管理是指著作权人通过一种组织系统，对某些受著作权保护的作品的使用予以许可，收取相应的报酬，并向著作权

---

❶ 李青文．论数字环境下我国著作权补偿金制度之构建［J］．编辑之友，2017（11）．

❷ 吉宇宽．数字图书馆建设著作权侵权纠纷解决方案探索——以著作权补偿金制度为模式［J］．国家图书馆学刊，2010（19）．

人进行分配的制度。”❶ 我国《著作权法》第8条，对于著作权人和邻接权人可以将其享有的法定权利授予著作权集体管理组织代为行使进行了规定。此外国务院于2004年颁布了《著作权集体管理条例》对著作权的集体管理作出了更加细致的规定。目前集体管理制度在著作权领域的应用最多的是在音乐作品上，我国还成立了中国音乐著作权协会，该组织成立以来为许多的音乐作品著作权人成功地索回本属于他们的利益，极大地维护了音乐作品著作权人的权益，因而深受音乐作家和音乐作品著作权人的欢迎。我国《著作权集体管理条例》对于著作权集体管理组织的活动范围进行了具体规定，其中包括：与使用者订立许可使用合同、向使用者收取使用费，以及代替权利人进行涉诉法律活动等，可以说著作权集体管理组织无所不能，权利人加入著作权集体管理组织就好像雇用了一位“全权管理著作权的管家”。

想要解决网络著作权侵权纠纷，光靠规制视频分享网站的运营活动是远远不够的。因为这一问题不仅有视频分享网站一方，著作权人的配合也是解决网络侵权纠纷不可或缺的一环。而且目前视频分享网站和著作权人都面临一个尴尬的境地，网站上每天上传的视频数量非常大，而视频的权利人可能分布我国各个省市甚至是在全球各地，这样一来即使视频分享网站有心获取著作权的许可也是有一定难度的。与此同时，著作权人也很难及时发现自己的作品被侵权，而且维权之路也是漫长的，并且许多著作权人对于救济途径也并不是十分了解。如此一来就更能体现出著作权集体管理组织的优势了。

根据我国网络著作权的发展现状来说，我国急需一个由著作权集体管理组织和视频分享网站一同构建的合作平台来解决网络著作权侵权问题。建立网络著作权集体管理制度，由集体组织管理组织对著作权进行统一建档管理，对于同类的著作权可以与视频分享网站进行整体谈判、“打包”许可、统一收费。此外，建立网络著作权集体管理制度还能够有效解决单一权利人寻求救济的问题。总之，建立网络著作权集体管理制度是解决网络时代下著作权侵权问题的一个大胆借鉴，通过改变传统的著作权管理运营的模式增进

---

❶ 刘春田．知识产权法［M］．北京：中国人民大学出版社，2014：126.

权利人与权利受让人之间的互动实现双方的互利、联动，以此来达到防止著作权侵权行为在网络环境下的滋生，在视频分享网站里的蔓延。

结论

我们正处在一个信息爆炸，网络技术日新月异的时代。基于法律所固有的滞后性对于新技术带来的新问题制度的完善在一定程度上显得是有些“亡羊补牢”。我们虽然无法前瞻性地去预见未来技术的具体发展程度，但是依旧可以针对现有问题去及时弥补制度缺陷，并且可以根据未来技术大的发展方向进行制度机制的预设想。正所谓“存在即合理”，视频分享网站除了带来了众多的网络著作权侵权案件，也使得我们获取信息内容变得更容易。视频分享网站诞生的初衷也不是为了制造侵权纠纷，而是如何使得信息更便捷、自由地去传播。

对于视频分享网站这一发展迅速又迎合大众需求的新兴行业，我们更需要去建立完善的法律制度去规范它，使其能够在遵守法律规范的前提下更好地发挥文化传播、交流的作用。面对现存的视频分享网站著作权侵权责任中主观心理难以判断、间接责任法律缺失、责任承担的赔偿数额无统一标准等问题，我国无论是在立法领域还是制度研究构建上还都较为滞后。解决一个行业的发展问题，不能完全仅靠国家来规制，更重要的是需要行业本身以及企业的参与。有效地解决网络著作权侵权纠纷可以化解视频分享网站与权利人之间的矛盾冲突，平衡双方的利益天平使其真正地实现互利共赢这也是著作权法的最终目的。在这一过程中，各大视频分享网站可以充分发挥自身的优势，加强彼此之间的合作，通过建立共同的授权视频库以及利用现有技术创设“过滤机制”等方式来规范自身的经营，只有通过自律的方式改变商业运行模式去主动避免侵权行为的发生才能让该行业发展得更持久更有生命力。

计算机单字字体的著作权保护

——基于民法实体性论证规则

黄福亮*

内容提要 知识产权法作为民法下的特别立法，准用民法实体性论证规则。符合独立完成和具有创造性两项条件的计算机单字字体具有独创性，赋予其著作权法保护能够实现著作权法所追求的利益平衡目标，这使著作权法在计算机字体保护问题上从强式意义上的平等向弱式意义上的平等转变，并限制部分使用者的自由。准用实用艺术作品的保护规则能够解决美术作品保护所产生的展览权行使问题，并避免国际公约上的国民差别待遇。

关键词 实体论证规则；独创性；利益平衡；美术作品；实用艺术作品

随着方正诉宝洁“飘柔”字体侵权、汉仪诉笑巴喜字体商标侵权等经典案例的发生，计算机字体的著作权保护问题受到了学界的广泛讨论。剖析纷繁杂乱的表象直达问题的本质，我们能看到这类问题的讨论围绕着四种客体而展开：(1) 设计开发公司经过样本制作、数据化拟合、检验修正及组合输出等流程，在GB2312-80国家标准下制作而成的涵盖至少6763个常用汉字的字体字库；❶ (2) 该字库中每个单字字体；(3) 通过电脑等电子产品运行

---

* 黄福亮，南京财经大学法学院研究生。

❶ 黄武双. 计算机字体与字库的法律保护：原理与判例［M］. 北京：法律出版社，2011.

指令序列从而调用字体的字库软件；（4）每个单字字体在数据化拟合后的输入数据。在这四类客体中，字库软件与单字字体数据的属性鲜有争议，[1] 惟字体字库与单字字体的属性及保护问题存在较大分歧。法律问题的解决与进步往往经历着实务反馈、理论证成、实践检验几大过程，然而关于计算机字体的著作权问题却面临理论证成难有定论的尴尬境地，所引发的直接后果就是实务中同案不同判的情形屡见不鲜，[2] 这对字体产业的存在和发展造成很大的困难和不确定性。[3] 笔者在计算机字体单字字体所涉及的基本问题进行探析与反思的基础上，意欲以民法基本论证规则为此类问题寻找解决路径。[4]

一、计算机单字字体著作权保护问题可准用实体性论证规则

王轶教授认为，民法问题可划分为事实判断问题、价值判断问题、解释选择问题与立法技术问题。通过事实判断确定关系类型，在此基础上进行价值判断以决定民法是否介入其中，并对此种关系进行妥当安排；接着以解释选择的方式将价值判断的结论实现从“生活世界”向“民法世界”的过渡，并在立法技术的协助下将其妥善安置于法典当中。[5] 在此标准上，计算机单字字体是否适用著作权法予以保护这一问题系属价值判断问题，是在探讨围

---

[1] 字库软件因其特殊性，一旦满足独创性条件即可纳入软件作品的保护范畴；而单字字体的输入数据仅是计算机扫描运算而成的二进制代码，被内置于字符映射表（Camp）、字符轮廓表（glyf）之中，其形成仅是纯粹劳动的结果，故而不予著作权法上的保护。

[2] 方正诉宝洁“飘柔“字体侵权案［北京市海淀区人民法院民事判决书（2008）海民初字27047号］；汉仪公司诉笑巴喜公司字体商标案［江苏省南京市中级人民法院民事判决书（2011）宁知民初字第60号］；北大方正诉邮星食品著作权侵权案［江苏省南京市中级人民法院按民事判决书（2018）苏01民终5156号］等实务案例即最好佐证。

[3] 吴伟光．中文字体的著作权保护问题研究——国际公约、产业政策与公共利益之间的影响与选择［J］．清华法学，2011（5）．

[4] 尽管很遗憾，在民法典各分编草案中，我们未见知识产权编的身影，但是笔者以为，这仅是立法技术选择问题，并不意味着知识产权法与民法就此割裂。民法总则中的知识产权条款表明，民法与知识产权法存在共同的立法价值与立法目标，故而知识产权法作为民法下的特别法，依然适用民法的实体论证规则。

[5] 王轶．民法价值判断问题的实体性论证规则［J］．中国社会科学，2004（6）．

绕计算机字体而形成的字体权利所有者、字体传播者以及字体使用者三方关系能否通过著作权法予以调整，质言之，即著作权法的立法价值能否引导实现三方关系的利益平衡。

针对价值判断问题，民法的两项实体论证规则发挥着至关重要的作用：(1) 在没有足够充分且正当理由的情况下，应当坚持强式意义上的平等对待；[1] (2) 在没有足够充分且正当理由的情况下，不得主张限制民事主体的自由。[2] 在版权意识尚未萌芽，版权法未出台之时，人们对于智力成果的利用处于强式意义的平等状态下，人人自由使用而不受限制；然而出于实现特定公共政策的需要，法律创设出知识产权限制他人“自由”地对智力成果进行仿制、利用，将自由的“信息”转变为创造者的财产。此时，正是通过保护创作者的独创性活动以提高大众创作积极性，从而促进社会的跨越式进步这一充分且正当的理由，使得应运而生的知识产权法实现了人们从强式意义上的平等向弱式意义上的平等的转变，即除创造者及取得特定许可人外，其他人皆不享有某一智力成果的知识产权。将整个知识产权问题细化至计算机单字字体问题时，我们面临同样的疑问——是否存在足够充分且正当的理由，使得著作权法在此问题上限制人们的自由以及强式意义上的平等，而赋予计算机字体设计者这一部分群体以著作权保护？

对于这一问题，我们能够罗列出诸如保护字体设计者的权益，激励字体设计者以促进字体行业的蓬勃发展等理由，问题在于究竟何种程度的理由才能称为“充分且正当”？此时我们把问题进一步转化为，如何才能将“充分且正当”这一主观标准客观化？佩雷尔曼在研究价值判断的逻辑分析时曾得出结论：价值判断不能够单纯通过经验的确认（自然主义），也不能够通过

---

[1] 所谓强式意义上的平等，即抽象人格上的人人平等；而与之相对的弱式意义上的平等则是在坚持平等原则的基础上，按照一定的标准对人群进行分类，被归入同一类别或范畴的人才应当得到平等的“份额”。

[2] 王轶．民法价值判断问题的实体性论证规则［J］．中国社会科学，2004（6）．

任何一种自证（直觉注意）来加以证立。[1] 于是根据其提出的惯性原理[2]以及洛伦岑提出的对话逻辑，[3] 阿列克西总结出论证负担规则[4]用以进行价值判断。当然，论证负担规则的运用需要借助一定的公认标准以中断证立，避免无穷递归的尴尬境地。[5]

具体到计算机单字字体究竟是否适用著作权法予以保护问题上，笔者认为一旦计算机字体单字设计过程中满足独创性要求，即可构成受著作权法保护的作品。那么笔者所需承担的论证责任在于对这一问题的争议焦点进行充分证立，并对相关反对观点进行有效反驳。在前期文献研究过程中，笔者对该问题的争议焦点总结如下：（1）计算机单字字体是否具有独创性；（2）对计算机字体单字赋予著作权法保护，是否违反知识产权法所追求的利益平衡？（3）若对计算机字体单字予以著作权法保护，应当将其纳入何种类型作品之中？而在对这些争议焦点作出论证之前，为避免证立的循环，首先应当将公认的标准予以明确——比照我国《著作权法实施条例》第 2 条、[6]《伯

---

[1] ［德］罗伯特·阿列克西．法律论证理论［M］．舒国滢，译．北京：中国法制出版社，2003：195.

[2] 惯性原理要求，一度曾被认可的某个观点或某个时间（实务），若没有理由不允许又加以抛弃。

[3] 对话逻辑的根本在于若有人提出适用一定范围的观点，那么他就必须能够随时证明该范围内任一情形下该观点是可行的。

[4] 论证负担规则是关于论证责任的分配规则，例如当 A 主张“p→q”，另一人提出“¬ q”时，A 要么承认“¬ p”，要么反驳“¬ q”，或者放弃“p→q”的观点。

[5] 例如，欲证明命题“A 行为恶劣”，提出了“A 说谎话”作为支持理由，并以“说谎话是恶劣行为”作为前提标准。问题在于“说谎话是恶劣行为”并非必然公认标准，因为还存在“善意的谎言”这一情形。此时意欲论证前述命题，又必须论证“说谎话是恶劣行为”的正确性，正是由于缺少公认前提标准，导致这样的论证会无穷递归。［德］罗伯特·阿列克西．法律论证理论［M］．舒国莹，译．北京：中国法制出版社，2003：223.

[6] 《著作权法实施条例》第 2 条规定，著作权法所称作品，是指文学、艺术和科学领域内具有独创性并能以某种有形形式复制的智力成果。

尔尼公约》第2条第1款❶以及TRIPS协议第9条第2款❷规定，要构成著作权法所保护的作品的条件在于：（1）其必须是智力成果；（2）能被他人客观感知的外在表达；（3）具有独创性。❸ 除以上三个条件，《伯尔尼公约》允许成员方增加一个可有形复制的条件，而这一条件亦被我国纳入著作权法规定当中。故而讨论计算机字体单字能否受到著作权法保护的先决标准在于判断其是否满足以上条件，除此之外任何提高作品获得著作权法保护门槛的条件均不属于公认标准。

二、部分计算机单字字体具有独创性

（一）著作权法上的“独创性”

“独创性”系属著作权法的根本与核心，英美法系中“独创性”（originality）肇始于Trade-Mark Cases,❹ 在创设之初仅表示原创性，也意味着美

---

❶ 《伯尔尼公约》第2条第1款规定，“文学和艺术作品”一词包括文学、科学和艺术领域内的一切成果，不论其表现形式或方式如何，诸如书籍、小册子和其他文字作品；讲课演讲、讲道和其他同类性质作品戏剧或音乐戏剧作品；舞蹈艺术作品和哑剧；配词或未配词的乐曲；电影作品和以类似摄制电影的方法表现的作品；图画、油画、建筑、雕塑、雕刻和版画作品；摄影作品和以类似摄影的方法表现的作品；实用艺术作品；与地理、地形、建筑或科学有关的插图、地图、设计图、草图和立体作品。

❷ TRIPS协议第9条第2款规定，版权的保护仅延伸至表达方式，而不延伸至思想、程序、操作方法或数学概念本身。

❸ 王迁．知识产权法教程［M］．北京：中国人民大学出版社，2016：22以下．

❹ 100 U. S. 82 (1879). 尽管该案最大的意义在于宣示宪法中的知识产权条款并未赋予国会登记注册商标的权力，但在案件中美国联邦最高法院提及，宪法知识产权条款仅对具有独创性的作品予以保护．熊文聪．作品“独创性”概念的经济分析法［J］．交大法学，2015（4）：131.

国版权法对作品的判断奉行“额头流汗”标准，[1] 即以付出劳动的多少作为判断作品的“独创性”。直至 Feist 一案中，法官首次对“额头流汗”标准提出质疑，要求构成版权法上的“独创性”除了付出劳动外，还必须具备少量的创造性（modicum of creativity）。[2] 至此，独创性演变为两大含义——独立完成与创造性的融合。相较而言，大陆法系始终对作品的独创性要求较高，德国在著作权法在颁布之初即要求受著作权法保护的作品具有一定的创作高度，随后又创设了“小铜币”理论区分不同作品的不同创造性标准。[3]

纵观两大法系，对于著作权法要求作品所具有的“独创性”，笔者认为可以拆分为“独”与“创”两部分理解。其中，“独”的理解在两大法系中并无歧义，它要求作品必须由作者独立创作完成，而非抄袭、复制的产物，质言之“独”的判断标准在于作品创作的过程之中，是对作品“量”的要求。在这一理解下，“独”可以进一步细分为两种情形：（1）从无到有进行独立创作；（2）以他人已有作品为基础进行再创作。而“创”即创造性，指的是作品必须具有一定的智力创造高度，其判断标准在于作品创作所呈现的结果上，是对作品“质”的要求。[4] 两大法系对于“独创性”判断的分歧恰恰就在于对“创”所要求的“创作高度”标准的不统一。那么，究竟多高的创作高度才能满足独创性标准呢？这一问题的回答应当追溯至著作权法的立法目标上。著作权法旨在通过对著作权的动静态保护与限制，以实现创作者、传播者、使用者三方的利益平衡，其实质是通过对创作者著作权的赋予来解决作品的公地悲剧问题，从而通过市场交换实现作品的经济价值，一定

---

[1] 这一标准可追溯至斯多利（Story）大法官在 1845 年的判决中，他在判决中写到“简而言之，通过自己的技能、判断和劳动写出的一部新作品，如果不是纯粹复制他人的作品，较现存作品的变化并非表面或者模糊的，就有权因此获得版权法保护”，而到了 Bleisteinv. DonalsonLithographingCo. 一案，更加明确只要付出劳动并且独立完成作为美国版权法判断作品独创性的标准。

[2] 姜颖．作品独创性判断标准的比较研究［J］．知识产权，2004（3）．

[3] 对电脑程式、商品目录等作品仅要求其独创性达到“小铜币”的高度。

[4] 王迁．知识产权法教程［M］．北京：中国人民大学出版社，2016：32.

程度地增加社会福利并促进创作。[1] 这一立法目标的实现却显然与“创造性”标准的高低并无必然关联，最直接有力的证据在于英美法系在“创造性”上普遍适用较低的标准，然而其近几十年的版权业发展却极具活力。再者，毋庸置疑的是关于“创造性”标准的判断是一种主观性判断，仰赖于法官的自我素养和价值偏好，过高的标准会使得这种判断的主观化更为明显。因此笔者坚持，对“创造性”的判断适用最低限度标准——对于“从无到有”创作而成的作品，其“创造性”在“作品的表达有取舍的余地”即可达到，[2] 只要作品的表达在客观上并非“必然如此”，这种“从无到有”创作而成的作品便具有创造性；而对于以他人已有作品进行再创作形成的作品，以“实质性差异”进行判断，即再创作作品与原作品存在能够为一般人所识别出的差异便符合“创造性”的要求。

（二）计算机单字字体的独创性判断

上文业已提出，作品只要满足系智力成果、能被客观感知的外在表达、可有形复制、具有独创性四个条件即可纳入著作权法保护的范畴，此为国际学界共通认识，亦是进行实体论证的基本前提。关于计算机单字字体的著作权保护问题中，智力成果、能被客观感知的外在表达、可有形复制三条件学界并无争议，唯单字字体是否具有独创性分歧较大。笔者认为，单字字体的独创性分析需要见微于字体的创作过程。一般而言一套计算机字体设计完成需要经历如下几个步骤：（1）由专业设计师设计风格统一的字稿；（2）扫描输入电脑，经过计算形成高精度点阵字库，给出字库编码；（3）进行数字化拟合，按照一定的数学算法，自动将扫描后的点阵图形抽成接近原稿的数字化曲线轮廓信息，通过参数调整轮廓点、线、角度和位置；（4）人工修字，提高单字质量，体现原字稿的特点和韵味；（5）质检，使字形轮廓光滑，结构合理，配合技术规范，提高存储效率和还原速度；（6）整合成库，配上相

[1] 吴伟光．中文字体的著作权保护问题研究——国际公约、产业政策与公共利益之间的影响与选择［J］．清华法学，2011（5）．

[2] 李琛．谢绾樵与独创性［J］．电子知识产权，2005（8）．

应的符号、数字和外文，转换成不同编码和不同格式。[1]

首先，从“独”的角度来看，计算机单字字体的设计制作过程，无论是专业设计师手稿的在先设计，还是数字化拟合过程中，软件员通过调整参数以改变字体点、线、角度和位置，抑或修字过程中，质检员通过自身所具有的设计素养调整字体的间架距离、笔画角度及长短使字体风格趋近统一等，无一不是参与设计人员独自劳动的结果，其中并未出现对他人已有作品的简单复制或纯粹抄袭，符合“独”的要求。

其次，从“创”的角度来看，不同类型的字体设计稿“创造性”有所不同。一类是“书法家用传统毛笔书写的单字（其中也包含古代书法家作品中的单字），如著名的‘舒同体’‘启功体’”，[2] 此种类型字体设计稿由书法家“从无到有”创立而成，极具书法家自身的风格特征，每个单字都体现着书法家对着墨轻重、笔画长短的特殊选择，同时每种字体的特征又皆存在可取舍的余地，不因表达唯一而适用“混同原则”，[3] 故而其所蕴含的“创造性”不言而喻；另一类则是“由书体设计人员使用铅笔等现代工具描绘的美术字”，[4]此类字体多是建立在流入公共领域字体，如“黑体”“楷体”“宋体”等基础上的再创作。字体的设计要求设计者本身具备相当程度的专业素养，在设计过程中以传统字体为基础，确定一款能够吸引大众关注的特殊风格，并将此种风格融入每个艺术字体的间架结构和笔顺笔画中，最后进行字体笔画长短、粗细调整以达到预期的艺术效果。设计而成的字体相较于传统字体大部分存在“实质性”可识别的差异，如方正诉宝洁案中的“倩体字”，其字体特征是“亲切、幽雅、柔美和华丽，如少女亭亭玉立的倩影，给人以美的享受；字形以扁平硬笔的书写轨迹为基础，笔锋避免尖锐，设计成微小

---

[1] 北京市海淀区人民法院民事判决书（2008）海民初字第27047号。

[2][4] 江苏省南京市中级人民法院民事判决书（2011）宁知民初字第60号。

[3] 所谓著作权法上的“混同原则”，指的是在某种情况下，对于一种“思想”仅存在一种或极其有限的表达，无论表达具有多高的独创性，都因表达与思想混同而不受著作权法保护。

的圆弧，柔润舒畅，方正饱满”；❶ 再如汉仪诉笑巴喜案中，汉仪秀英体其特征表现为“横竖笔画粗细基本相同，笔画两端为圆形，点为心形桃点，短撇为飘动的柳叶形，长撇为向左方上扬飞起，捺为向右方上扬飞起，折勾以柔美的圆弧线条处理，折画整体变方为圆，其表现的形态与公知领域的美术字的基本笔画相比具有鲜明特色”。❷ 这些能够具体描述并为公众所感知的差异显然已经达到了“实质性”这一程度，故而此类字体单字同样具有“创造性”。当然笔者赞同并非所有单字字体皆具有“创造性”，例如笔画简单的“一”“二”“十”等字，受到简单笔画限制难以创造出具有和普通字体具有“实质性差异”的新样态，故而不能一概将此类字体也纳入具有“创造性”范畴。

（三）关于部分单字字体具备独创性的质疑缺乏充分合理论证

诚然，“实质性”差异这一标准尽管力图将创造高度判断的主观性降低，却无法将其消除——原因在于差异往往取决于对比，而对比又仰赖于情景化的主观心理评价，正如美国学者所说，关于创造性的判断与科学无关，因为没有绝对的标准（将来也不太可能有），也没有客观的方法。这一判断几乎完全是主观的，一种差异在某人看来是“微小的”，在他人看来却可能是“实质的”；某人看来的“创造性安排”在他人看来却可能只是陈词滥调。❸ 故而笔者上述关于部分计算机单字具备“独创性”的论证尽管能够自圆其说，却因论证的主观性而无法满足负担论证规则的论证要求。要证立部分计算机单字字体具备“独创性”，还需要对反对此观点学者的质疑作出回应。

针对计算机字体的设计过程，有学者提出计算机字体无论单字抑或字库，其生成过程并未包含任何创作行为，仅属于劳动。❹ 首先论证中学者提出，对于设计者的初始字稿，“对其行为是否属于创作，整体或单字是否构

❶ 北京市海淀区人民法院民事判决书（2008）海民初字第 27047 号。

❷ 江苏省南京市中级人民法院民事判决书（2011）宁知民初字第 60 号。

❸ 熊文聪．作品“独创性”概念的经济分析法［J］．交大法学，2015（4）．

❹ 刘春田．论方正“倩体字”的非艺术性［J］．知识产权，2011（5）．

成作品，我们是有疑问的，因其不影响本文论题的解决，在此略去不谈。”笔者认为似有避重就轻之嫌。初始字稿若具有独创性，往后的生成过程并不会改变这些初稿字体的著作权属性；若初稿不具独创性，同样会影响生成字体独创性的判断，因此初始字稿的设计几乎是整个字体生成的关键所在。而设计者所设计的初始字稿由其确认统一风格并将此种风格融入每个初稿的单字字体之中，无论是“从无到有”的书法单字字体还是再创作的美术字体，无一不体现了设计者对字体笔画笔顺和间架结构的取舍，这些行为又如何仅能以“劳动”定论。其次，对于生成过程中的人工修字这一步骤，若认定其仅属于劳动，人工修字者仅服从于非人性标准进行字体矫正，那将无法回答为何在人工修字这一流程中字体公司要求修字者同样需要具备一定的艺术素养这一问题。笔者认为，字体设计公司的这一要求恰恰是希望修字者能够充分发挥自身能动性，在笔画长短、部首间距等方面作出自身的取舍判断，使数字化拟合的每一个字体更加符合字体设计的预设风格。

又有实务中的观点认为，单字字体在受到本身实用性功能、笔画结构固定等多重限制下，又需要与字库整体风格协调统一，致使其难以达到著作权法所要求的独创性。❶ 在这一观点的影响下，有学者进一步提出单字字体受到传输信息这一核心实用功能的限制而不具有美术作品所要求的艺术美感，故而排除了其受到著作权法保护的可能性。❷ 实务中的观点建立在为计算机字体确定一个较高的独创性标准基础之上，理由在于“在已有的汉字基础上增加要素，进行演绎，改变已有形态，此种方式的独创性要求不能过低，必须形成鲜明独特的风格，能明显区别于其他字体，否则以对于一般作品所谓的‘实质性相似’的标准进行考量和认定侵权，对于基本结构和笔画相同的汉字来说，保护范围过宽”。❸ 然而笔者之前就强调，即使是再创作作品，其创造性也只需满足“实质性差异”标准即可。判决中所提到若独创性标准过低导致著作权法对单字保护范围过宽，其实是忽视了知识产权法作为民法的

❶ 北京市海淀区人民法院民事判决书（2008）海民初字第27047号。

❷ 黄武双．实用功能排除了计算机字体著作权保护的可能性［J］．法学，2011（7）．

❸ 北京市海淀区人民法院民事判决书（2008）海民初字第27047号。

分支所同样具有的“互换性”这一特征。❶ 在单字字体再创者与原创者之间，单字字体再创者因为较低的独创性标准而享有著作权，然而这种著作权却因为其独创性成分较小而受到极大限制，此时字体再创者同样面临被第三人合法却过度使用其字体设计的情形，为避免这种情形的出现，再创者会自发地提高其再创字体的独创成分以获得更为广泛的著作权保护。因此，民法的“互换性”其实恰如其分地解决了独创性标准较低而带来的著作权侵权问题。至于单字字体因为汉字书写笔画结构固定而导致风格受限，笔者认为这是单字字体独创性程度高低问题而非有无问题。即使受到笔画结构固定的限制，也无法排除设计者抓住极其有限的设计空间而赋予字体与众不同的特征，否则又如何解释，同样是“飘柔”二字，“倩字体”能够让人觉得字以如一位亭亭玉立少女，普通字体却无法给受众带来如此别具一格的感受？而学者所提到汉字具有传情达意的实用功能固然让人无法反驳，但是我们仍要注意时代发展至今，汉字特别是计算机字体早已将实用性与艺术性融合一体，并且在不同的使用类型下能够实现二者观念上的剥离，如方正诉宝洁一案中，宝洁公司对“飘柔”二字的使用不正是处出于“倩字体”的艺术性而非其实用性，否则若仅是为了传递“飘柔”二字所具有的汉字信息，宝洁公司为何不直接使用早已进入公共领域的宋体等艺术性较弱的字体？

最后便是学者所引入的“艺术性”或“美感”这一标准，笔者认为这是人为地拔高了著作权法保护的门槛。笔者前文一再提及此番论证的基本前提在于作品受著作权保护的前提条件仅有系属智力成果、能被客观感知的外在表达、可有形复制、具有独创性四个。“艺术性”显然不在其中，更早有国外学者提出“美学不受歧视原则”，❷ 其目的在于避免裁判者因为自身的艺

---

❶ 所谓民法上的“互换性”，指的是在民事主体在市场交易中，在民事活动中频繁地互换其位置，在这个交易中作为出卖人与相对人发生交换关系，在另一个交易中则作为买受人与相对人建立交换关系。参见：梁慧星．从近代民法到现代民法——二十世纪民法回顾［J］．中外法学，1997（2）．

❷ Ryan Littrell. Toward a Stricter Originality Standard for Copyright Law. 转引自：黄汇．计算机字体单字的可著作权问题研究——兼评中国《著作权法》的第三次修改［J］．现代法学，2013（35）．

术素养和价值偏好影响作品独创性的判断；此外德国亦有判例表明，从审美角度判断是否具有美学价值并不能在艺术作品的判断中发挥决定性作用，更具决定性意义的是人们能否在该成果上看到作者在美学领域所具有的独特观点及创造力。❶ 笔者认为，艺术性高低并非判断作品是否具有独创性的标准，更不能影响作品是否受到著作权法的保护，只要满足上述四项条件都应纳入著作权法保护的范畴。正如雷炳德教授所言“艺术本身并不具有法律上的可诉性，艺术价值与审美价值都不能成为法官审理案件时判断是否受到著作权保护的标准”。❷

通过上述论证，正向上以计算机单字字体的创作过程为分析路径，判断计算机单字字体在风格确定、初稿设计、数字化拟合、人工修字、质检等生成过程中满足“独”的要求，同时部分字体在能够与基础字体具有“实质性差异”情形下，满足“创”的要求；反向上通过对学者们提出的质疑一一回应以加强证立强度，笔者坚持认为，对于“从无到有”创作而成的计算机单字字体具有独创性；对于在原有字体基础上再创作而成的计算机单字字体，只要满足与原有字体具有“实质性差异”这一基本标准即具有“独创性”。

三、赋予计算机单字字体著作权保护符合利益平衡的价值追求

基于负担论证规则证明的部分计算机单字字体具有独创性，只能解释第一项实体性论证规则，即为何在计算机字体保护上，需要依靠著作权法实现从强式意义上的平等向弱式意义上的平等的转换。然而还有第二项实体性论证规则亟待说明，为何在此问题上，要通过著作权法限制部分人的自由而保护设计者权利？

智力成果的无体特征致使所有者无法通过占有的方式彰显其支配权，故

❶ ［德］M. 雷炳德．著作权法［M］．张恩民，译．北京：法律出版社，2005：139.

❷ ［德］M. 雷炳德．著作权法［M］．张恩民，译．北京：法律出版社，2005：46.

而著作权法的立法价值目标在于通过赋予智力成果所有者著作权的方式来解决无形财产的对世性问题，协调创作者、使用者与传播者的三方利益，避免无形财产的公地悲剧。在字体产业中，字体设计公司往往身兼创造者与传播者二职，在设计字体的同时着手字库软件的开发，避免字体在数据化拟合过程中因为主导公司易手而出现风格偏差。在 20 世纪 90 年代，随着汉字激光照排技术的广泛应用，作为创造者与设计者的字体公司在发展上迎来了鼎盛时期，一时间字体企业“遍地开花”。然而市场化的发展若没有配套制度的保驾护航同样容易受到重创——高额的研发费用投入却因为盗版侵权横行无法回收成本，更遑论创造利润，正如方正诉宝洁案中，其字模开发部部长黄学钧曾对媒体回应道：“为了培育字库，方正公司投入 80 多位研发人员，其中不乏像倩体字设计者齐立这样的一流字体设计师。每年投入研发经费达几千万元。虽然投入较大，但方正字库到目前为止还不能实现盈利，主要靠方正公司其他业务的利润来补贴。一个重要原因在于，方正公司的字库从一开始就深受侵权和盗版之害。”❶ 但是，在字体企业面临此等困境时，我国的法律对计算机字体的保护却始终保持暧昧态度。对于反对将计算机字体纳入著作权保护范畴的学者，曾提出以反不正当竞争法对计算机字体提供保护。❷问题是，纵观近年来关于字体侵权的司法判决，❸ 诉讼人以寻求版权保护的角度提起诉讼，司法亦始终以著作权法的相关规定予以审判，鲜有以反不正当竞争法为侵权案件提供解决路径。实践是对司法问题的反馈，笔者认为，对符合独创性要求的计算机单字字体提供著作权法保护路径，恰恰能有效缓解计算机字体侵权的困境，在利益平衡问题上首先保障创作者兼传播者的利益。

---

❶ 张书乐．方正维权的是与非［J］．法人，2011（2）．

❷ 何炼红，晏亮敏．计算机字库单个字体不宜受著作权法保护［J］．政治与法律，2012（6）．

❸ 方正诉宝洁案，北京市海淀区人民法院民事判决书（2008）海民初字第 27047 号；汉仪诉笑巴喜案，江苏省南京市中级人民法院民事判决书（2011）宁知民初字第 60 号；汉仪诉青蛙王子案，江苏省南京市中级人民法院民事判决书（2011）宁知民初字第 59 号；方正诉邮星案，江苏省南京市中级人民法院民事判决书（2018）苏 01 民终字第 5156 号等。

当然，有学者在坚持对计算机字体提供反不正当竞争法的弱保护大门观点下又提出，基于比较法视野，美国版权法不保护字体，而英国虽然承认字体的版权法保护却不见判例，❶ 意欲证明即使是版权法发达的西方国家，对于计算机字体版权保护也同样秉承保守态度。诚然，美国国会在 1976 年的立法报告中提出字库设计不属于受版权法保护的图像、图形或雕塑作品范畴，❷ 同时美国联邦第四巡回上诉法院 1978 年在审理 EltraCorp. v. Ringer 一案中亦重申了国会的观点，提出字体的唯一功能具有实用用途而不能独立作为艺术作品存在，故而不对其赋予版权法保护。❸ 然而需要注意的是，美国联邦第四巡回法院的论证明显是建立在美国版权法一直所强调的对于实用艺术作品要求实现“实用性”与“艺术性”的分离原则之上，出于追求版权法仅保护形式而不保护功能的立法价值，但又囿于形式与功能界限的难以确定，使美国司法以“一刀切”的方式确定了字体不受版权法保护，背后的根源其实在于英文字母简单书写规则和有限的数量，使得英文字体很大程度上难以实现“实用性”与“艺术性”的分离。相较之下，汉字在书写规则上更为复杂精深、在数量上仅以国标 GB2312-80 就有不少于 6763 个，故而简单地以美国版权法对英文字母字体的态度就否定我国字体受著作权法保护的可能性是否过于草率？至于英国尚未出现相关判例，难道不正是从侧面反映出通过版权法保护计算机字体侵权问题所取得的良好效果？

最后还需考虑的是对创作者兼传播者予以著作权法上的保护，是否会过分损害使用者的利益？对此，有学者提出计算机字体属于公共资源，在社会上发挥着传情达意的实用功能，赋予设计者著作权会造成对这种公共资源的垄断，甚至造成“字字收费”的局面。❹ 首先，毋庸置疑的是，无论原型字体（如宋体、楷体等）还是具有独创性的字体（如倩体字等）具有信息传递

---

❶ 黄武双．实用功能排除了计算机字体著作权保护的可能性［J］．法学，2011（7）．

❷ 吴伟光．中文字体的著作权保护问题研究——国际公约、产业政策与公共利益之间的影响与选择［J］．清华法学，2011（5）．

❸ 579 F. 2d 294，301 United States Court of Appeals，Fourth Circuit.

❹ 张玉瑞．计算机字体维权的限度［J］．中国版权，2011（2）．

这一实用功能，然而时代的变迁致使人们对审美价值的追求不断提高，计算机字体所吸引人们的不单单是其实用功能，而更多地在向艺术功能过渡。上述学者的观点显然是混淆了原型字体与具有独创性字体的区别。其次，著作权法保护计算机单字字体，并非对其实用功能使用的限制，而是在其艺术性使用中更加凸显创造者的权益，这并非对所有汉字书写规则的垄断，而是保护创作者在对字体“笔画、笔顺、笔法”和间架结构作出特殊安排后所体现出的独有的“外观、样态、风格和样式”。[1] 最后，关于“字字收费”局面笔者认为此论点有杞人忧天之嫌。且不说能够受著作权法保护的单字字体本身就需要受到独创性标准的限制，市面上存在如宋体、楷体、魏体等早已进入公用领域字体供大众使用，若仅是处于实用功能使用字体，又何须选择付费且具有独创性字体呢？此外，即便是付费字体，亦有合理使用制度等排除使用收费的情形。基于此，笔者认为使用者对于计算机字体传递信息这一功能的使用利益并未受阻，不仅如此，在对计算机字体予以著作权法保护后还能够通过合理使用等制度得到进一步的保障。

综合上述，将计算机单字字体纳入著作权法保护的范畴，既能够缓解字体企业所面临的困境，为其维权提供有效法律路径；又可以在以合理使用制度保障公众使用字体传递信息这一实用功能的前提下，对字体的艺术性、商业化使用提供保护余地。可以说计算机单字字体的著作权法保护，完全符合著作权法所追求的利益平衡立法目标。

四、计算机单字字体应归入实用艺术作品类型中

满足独创性标准的计算机单字字体应当予以其著作权法的保护上文已有论证，接下来需要面临的另一个问题，应当将计算机单字字体归入何种类型作品中予以保护？

---

[1] 黄汇．计算机字体单字的可著作权问题研究［J］．现代法学，2013（3）．

有学者提出将其纳入美术作品予以保护。[1] 其主要理由在于计算机单字字体符合美术作品的特征。我国《著作权法实施条例》规定，美术作品指的是“绘画、书法、雕塑等以线条、色彩或者其他方式构成的有审美意义的平面或者立体的造型艺术作品”，计算机单字字体是以笔画线条设计而成的具有独特风格的平面作品。仅着眼于定义角度，计算机单字字体确实与美术作品特征相吻合。然而笔者认为，将计算机单字字体归入美术作品最大问题在于展览权行使问题。展览权系美术作品创作者所拥有的传播类权利，指的是“公开陈列美术作品、摄影作品的原件或者复制件的权利”。将计算机单字字体归入美术作品，即意味着创作者对其享有展览权，那么将面临单字字体使用者的每次公开使用都需得到原创者的许可，如有学者提到的情形“印有‘飘柔’的洗发水的商家在货架上销售其产品是否属于公开展览而需要额外得到授权”。[2] 当然，亦有学者专门对此问题作出反驳，认为计算机作为实用美术作品，其价值在于将其运用到生产活动中而非展览。[3] 笔者认为此种说法稍欠说服力。既然认为计算机单字字体具有审美意义而将其归入美术作品当中，却在权利分配时又以实用性大于艺术性而将展览权予以排除，如此论证似有自相矛盾之嫌。再者，笔者上文业已提及计算机单字字体有两种类型，其中由书法家“从无到而”创作而成，极具书法家自身风格，此类作品如纳入美术作品范畴后显然更贴近于美术作品中的书法作品，将创作者的展览权一味排除在外显属武断。至于学者援引德国著作权法，认为德国作品展览权随发表权一次用尽，显然是对《德国著作权法》第 18 条的误读。[4] 该条款主要目的在于与《德国著作权法》第 44 条相呼应，以避免未发表作品因所有权转移而引起的发表权与展览权冲突问题。

---

[1] 陶鑫良，张平．具有独创性的汉字印刷字体单字是著作权法保护的美术作品［J］．法学，2011（7）．

[2] 吴伟光．中文字体的著作权保护问题研究——国际公约、产业政策与公共利益之间的影响与选择［J］．清华法学，2011（5）．

[3] 黄汇．计算机字体单字的可著作权问题研究［J］．现代法学，2013（3）．

[4] 《德国著作权法》第 18 条，展览权是公开展览尚未发表的美术作品或摄影作品原件或复制件的权利。

美术作品的保护路径无法跨过“展览权”这一障碍，笔者认为不妨尝试将计算机单字字体归入实用艺术作品这一类型当中。[1]我国在著作权法第三次修改之前并无实用艺术作品这一类型，在最新《著作权法》修改草案征求意见稿（以下简称征求意见稿）中首次将其纳入著作权法之中，指的是“具有实际用途的艺术作品”。简短的定义却涵盖了实用艺术作品的必备特征：（1）具有实际用途且能称为“艺术”；（2）系属作品。两大特征以著作权法术语表达即为，兼具实用性、艺术性且能够实现二者的分离，同时满足著作权法的独创性要求。其中，计算机单字字体的独创性上文业已论证，不再赘述。字体的实用性在于具有传情达意的信息传递功能，而艺术性则体现在通过笔顺笔画和间架结构而展现出的具有审美意义的外观样式。至于实用艺术作品所要求的达到“实用性”与“艺术性”的分离，既可以是物理上的分离，亦可以是观念上的分离。计算机单字字体的实用功能与审美意义显然无法从物理上分离，而观念上的分离需要满足特定标准：如果改动实用艺术作品在艺术部分的设计，影响实用功能的实现，则艺术成分与实用功能就无法在观念上分离。[2]根据这一标准，以方正公司倩体字“飘柔”二字为例，如改动“飘柔”二字原有设计理念，使其笔画笔顺不再具有亭亭玉立少女的飘逸而回复到原始字形时，依然能够传递“飘柔”二字所具有的信息和含义，在此基础上足以证明计算机单字字体能够实现“实用性”与“艺术性”观念上的分离。

将计算机单字字体归入实用艺术作品之中，除了因其能够满足实用艺术作品的构成条件外，还有以下两大理由：（1）避免美术作品因展览权问题而带来的障碍。美术作品所具有的审美意义使展览成为其重要的使用方式，例如收藏家收藏名画的意义除了名画本身所具有的罕世价值外，更有向世人展

[1] 需要说明的是，实用艺术作品究竟是否应当作为新类型作品纳入著作权法保护范畴一直存在争议，诸如规定实用艺术作品后，该类型作品将面临著作权法与专利法交叉保护问题等。这些问题的本质在于因我国知识产权法发展时间较短而导致理论缺乏实践论证的正当性。本文意在解决单字字体著作权法保护问题，故而不就此正当性展开说明。

[2] 王迁．知识产权法教程［M］．北京：中国人民大学出版社，2016：78.

示自己艺术收藏的愿景，若简单将计算机单字字体归入美术作品却排除其展览权，这不符合著作权法的内在逻辑。试问，倘若出现如怀素一般举世闻名的书法家，以“狂草”之笔写就6763字，并由字体公司拟化成字体，此时通过美术作品保护单字字体，却排除设计者的展览权是否合适呢？而将计算机单字字体纳入实用艺术作品之中，由于实用艺术作品更侧重于作品的实用性，不存在展览权保护的规定，故而能够巧妙地避免展览权障碍。（2）避免对外国字体给予过分的保护。[1] 在上文论述中曾提及美国对计算机单字字体并不给予版权法上的保护，而根据《伯尔尼公约》第5条第1款规定“就享有本公约保护的作品而论，作者在作品起源国以外的本同盟成员方中享有各该方法律现在给予和今后可能给予其国民的权利，以及本公约特别授予的权利”。这一规定意味着当计算机单字字体纳入美术作品在我国予以保护，外国字体同样在我国享有美术作品的保护。此种情境下，美国字体在我国所受著作权保护要远比我国字体在美国所受保护要更有力度，不利于我国字体企业的跨国式发展，还有可能进一步吸引外国企业进军中国市场而压缩我国字体企业的生存空间。而若将字体纳入实用艺术作品中，我国则可以根据《伯尔尼公约》第2条第7款的规定，[2] 排除外国字体同等国民待遇，从而对本国字体给予更高层面的保护。

结　语

当前我国字体产业面临侵权横行维权困难的困境而举步维艰，在此情境下外国字体企业却开始进军中国，通过资金输入、企业并购等方式拓宽国内

---

[1] 吴伟光．著作权法研究——国际条约、中国立法与司法实践［M］．北京：清华大学出版社，2013：165页以下．

[2] 《伯尔尼公约》第2条第7款规定，在遵守本公约第7条第4款之规定的前提下，本同盟各成员方得通过国内立法规定其法律在何种程度上适用于实用艺术作品以及工业品平面和立体设计，以及此种作品和平面与立体设计受保护的条件。在起源国仅仅作为平面与立体设计受到保护的作品，在本同盟其他成员方只享受各该方给予平面和立体设计的那种专门保护；但如在该成员方并不给予这种专门保护，则这些作品将作为艺术作品得到保护。

市场，进一步压缩民族企业的生存空间。在司法上明确态度：部分计算机单字字体具有独创性，符合著作权法所追求的利益平衡之立法价值，应当准用实用艺术作品的相关规定而受到著作权法的保护，如此才能提高本国计算机字体产业创造积极性，使其重新焕发活力。

第三编

有效运用专利制度　促进创新发展

我国高价值专利培育的现状、存在问题及其对策

黄英俊*

内容提要 随着知识产权界“高价值专利”话题的兴起，高价值专利培育工作正在如火如荼地展开。高价值专利的内涵一般是指技术创新难度高、保护范围合理稳定、市场发展前景好的专利。目前，为了克服我国专利“大而不强，多而不优”的问题，国家及各省市纷纷出台相关政策及措施，主要包括动员企业、高校科研院所、知识产权服务机构相互合作建立高价值专利培育示范中心、出台对发明专利的奖励与资助政策和举办以培育高价值专利为目的的大赛等。在培育的过程中，虽然仍存在相关定义不清、专利代理制度不完善、专利资助政策不合理及专利质量控制措施不完善等问题，但通过明确高价值专利内涵、完善专利代理行业监管、提高专利资助门槛以及完善专利质量控制措施等方法，以期为高价值专利培育提供有效的参考。

关键词 高价值专利；培育；对策

一、我国高价值专利培育的现状

2008 年国务院颁布《国家知识产权战略纲要》以来，[1] 我国专利数量迅

* 黄英俊，南京理工大学知识产权学院研究生。

[1] 国家知识产权战略纲要［M］. 北京：知识产权出版社，2008：43-47.

速上升，截至2010年，我国的专利申请数量已迅速赶超欧洲、美国、日本等发达国家和地区。由世界知识产权组织（WIPO）发布的《2017年世界知识产权指标》报告内容指出：中国受理的专利申请量超过了欧洲专利局、日本、韩国和美国的总和，列世界第一。❶ 需要注意的是，创新在引领国家发展中发挥着越来越重要的作用，仅靠专利数量无法满足高质量发展的需求。合肥华信知识产权事务所正是因为代理太多垃圾专利而被国家知识产权局列入重点监控对象，数据显示，该事务所一年申请专利总量超1.4万件，其中获得授权的仅占1.9%。❷ 可见我国专利“大而不强，多而不优”的问题不容忽视，❸ 否则知识产权将无法起到对创新型经济发展的支撑作用。

我国正加快实现知识产权“质量取胜，数量布局”的目标。❹ 在此背景下，江苏省于2014年最先提出制定高价值专利培育计划，2016年7月，《国务院关于新形势下加快知识产权强国建设的若干意见》（以下简称《意见》）从国家层面表明对专利质量提升工程的重视程度，❺《意见》指出重点要加大对高价值专利的培育。2016年12月，国务院下发《“十三五”国家知识产权保护和运用规划》，❻ 专利质量提升工程被列为提高知识产权质量效益的重点工作。紧接着，各省市也开始从政策号召及多项举措上助力高价值专利培育，取得了令人满意的成果。以下从两部分对我国高价值专利培育现状进行分析。

（一）以江苏省为首的各省市高价值专利培育情况

江苏省在全国范围内最先提出要重视高价值专利培育工作，这项具有前

---

❶ 世界产权组织.2017年世界知识产权报告：全球价值链中的无形资本［R］.

❷ 张晔．别因“数字冲动”丢了知识产权的初心［N］．科技日报，2018-09-04（05）.

❸ 蒋建科，赵展慧．加快建设知识产权强国［N］．人民日报，2014-07-28（24）.

❹ 徐子航．质量取胜数量布局，开启提质增效新引擎［N］．中国知识产权报，2017-01-11（01）.

❺ 国务院关于新形势下加快知识产权强国建设的若干意见［EB/OL］．［2018-10-15］．http：//www.gov.cn/zhengce/content/2015-12/22/content_ 10468.htm.

❻ 国务院关于印发“十三五”国家知识产权保护和运用规划的通知［EB/OL］．［2018-10-15］．http：//www.gov.cn/zhengce/content/2017-01/13/content_ 5159483.htm.

瞻性的工作举措使得江苏的专利申请量、授权量，企业专利申请量、授权量，发明专利申请量等指标连续数年居于全国前列。在数量已经领先的情况下，当下发展的目光开始转向专利质量工作，以求发挥专利在经济建设中的积极作用，在此背景下，高价值专利培育工作应运而生。

2014 年 1 月，在江苏省知识产权局局长会议上，知识产权局局长朱宇宣布江苏知识产权局开始研究制定高价值专利培育计划，加强知识产权强省建设。2015 年 4 月 15 日，《江苏省高价值专利培育计划组织实施方案（试行）》（以下简称《方案》）也在江苏省知识产权局和省财政厅的指导支持下发布，高价值专利培育计划开始在江苏省范围内全面展开。[1]

该《方案》明确“政府推动、市场主导，协同创新、高效发展，重点突破、示范带动”的原则，重点发展战略性新兴产业和特色优势产业，为深化产学研协同创新提供推动力，力求引导企业、高校科研院所、知识产权服务机构相互合作建立一定规模的高价值专利培育示范中心。

在江苏省高价值专利培育的重点内容上，《方案》强调应重点突出以下八项内容，包括建立完善组织管理体系、提高专利信息传播利用速度、深层次分析专利竞争态势、重视并强化专利技术前瞻性布局以及研发过程中的专利管理、建立专利申请预审机制、提升专利申请文件撰写质量并加强专利申请后期跟踪。

在江苏省高价值专利培育的途径上，主要是通过组建高价值专利培育示范中心，将企业、高校科研院所、高端知识产权服务机构结合起来，致力突破关键核心技术，从而培育一批高价值专利，为国际竞争争取优势、为引领产业发展提供前瞻性视野，为建设知识产权强省、助力产业转型升级提供强有力支撑。

在项目管理上，江苏省财政厅、省知识产权局共同管理，在具体的组织及实施上由江苏省知识产权局负责。“诚信申请、公开受理、公正立项、择优支持、科学管理、注重实效”是项目管理遵循的基本原则。项目实施以来

[1] 张锋．江苏启动高价值专利培育计划［EB/OL］.（2015-04-15）［2018-09-15］. http：//www.sipo.gov.cn/dtxx/1103788.htm.

取得了一系列可见的成绩，2015年，江苏省共有7家单位被评为2015年度江苏省高价值专利培育计划实施单位。2016年，江苏省共有10家单位被评为2015年度江苏省高价值专利培育计划实施单位。江苏省出台的各项政策中还涉及企业与高校院所、知识产权服务机构共建高价值专利培育示范中心的奖励政策，最高可达500万元，支持力度之大尚属知识产权工作首次。《方案》初步计划截至2020年，高价值专利培育示范中心规模力求达到100家，一批具有国际竞争优势的高价值专利应在主要产业领域培育起来，以此支撑产业发展。

此外，江苏省委省政府关于加快建设知识产权强省的意见和《江苏省建设引领型知识产权强省试点省实施方案》❶《江苏省“十三五”知识产权发展规划》等系列文件中也提到“建设高价值专利培育示范中心”将是江苏省加快知识产权建设的重点工作之一，❷ 其中以高校为牵头单位的高价值专利培育示范中心已步上正轨并形成先进的专利池。

除江苏省以外，全国范围内其他各省市也纷纷出台相关政策及鼓励措施，并取得了良好的效益。广东省知识产权局着力于提升专利质量及高价值专利培育工作，推动知识产权创造、运用、保护、管理、服务全链条工作。截至2017年上半年，广东省提出的PCT国际专利申请已居国内各省首位，实现经济总量同比增长7.8%，成果显著。山东省于2017年开展全省高价值专利培育计划，印发《山东省知识产权强省建设实施方案》❸《山东省重点产业知识产权运营引导基金管理实施细则》等政策文件，❹ 坚信高价值专利培育工作是克服“大而不强、多而不优”专利短板的利器，由此促成的知识

❶ 省政府印发关于知识产权强省建设若干政策措施的通知 [EB/OL]. [2018-10-15]. http://www.jsip.gov.cn/zwgk/gfwj/xgzc/201704/t20170407_38662.html.

❷ 关于印发《江苏省“十三五”知识产权人才发展规划》的通知 [EB/OL]. [2018-10-15]. http://www.jsip.gov.cn/zwgk/ghjh/zlgh/201611/t20161111_37613.html.

❸ 山东省政府印发《山东省知识产权强省建设实施方案》[EB/OL]. [2018-10-15]. http://www.sdipo.gov.cn/info/1008/4723.htm.

❹ 山东省重点产业知识产权运营引导基金管理实施细则 [EB/OL]. [2018-10-15]. http://www.shandong.gov.cn/art/2017/1/6/art_2267_18495.html.

产权强企的核心专利还获得了中国外观设计金奖。此外，山东省在专利转化、专利权质押融资工作上通过探索“保险共保体”的新型模式实现了高价值专利的价值，积极有效地促进了专利的高质量创造与高效率运用。❶

另外，北京市海淀区知识产权局还通过主办“高价值培育，高质量创新”为主题的大赛来提高对高价值专利培育的重视。在北京亦庄举办的“2018 中国·海淀高价值专利培育大赛”给一批已在专利价值培育上取得良好成果的科技项目提供了一个良好的平台，使这些具备领先技术和市场潜力的项目得以被发掘。据统计，进入决赛的八强队伍，累计提交 352 件国内专利申请，其中 140 件已获授权，通过 PCT 途径提交 63 件国际专利申请，并且参与了 1 项国际标准、9 项国家标准的制定。❷ 通过举办大赛的形式，在宣传推广高价值专利培育的方法、经验和理念上取得了较好的效果，也让高价值专利培育的重要性深入更多人的思想观念中，更好地开展专利培育工作。

（二）我国高价值专利主要培育措施

通过对我国各省市高价值专利培育工作现状的考察，在了解我国高价值专利培育工作后，以下主要从发明创造、专利申请、专利审查和专利运用四个阶段对我国现有的培育措施进行分析。

（1）发明创造阶段。高水平的创造是保证专利具有高价值的基础，我国在培育高价值专利的工作中首先给创新主体提出了更高的要求，国家知识产权局在培育高价值专利的过程中要求发明人在提供发明专利时需保证该成果具有高技术含量。这项要求需要创新主体在研发过程中始终关注市场调查、专利分析及价值评估等工作，综合考量、构思筛选，找到技术发展制高点和

❶ 赵建国．山东：“强筋壮骨”塑造高价值专利［N］．中国知识产权报，2017-07-05（04）．

❷ 韩瑞．培育高价值专利，助推高质量创新［N］．中国知识产权报，2018-09-05（03）．

市场需求空白点之间的交集，明确研发方向和重点，避免重复研发和低端研发，❶ 只有掌握对专利信息的全面深入准确地分析才能站稳高价值专利的核心基础。

此外，在专利的发明创造阶段，国家各省市地区实行专利资助政策，2011 年，江苏省通过修订《江苏省知识产权创造与运用（专利资助）专项资金使用管理办法》，对相关条款结合新的形势予以修改，顺应当下发展，以提高企事业单位和个人发明创造的积极性的方式来提高专利申请质量。2016 年年底，河南省开始着手制定专利奖励办法及其实施细则。其中规定对于发明专利，视其重要程度，属特别重大的，综合考虑其价值和影响可给予最高 100 万元的特殊奖励。❷ 这一系列的专利资助政策在发明创造阶段充分调动了发明人的积极性，是支持高价值专利的培育工作的有效举措之一。

（2）专利申请阶段。高质量申请能够保证高价值专利在获得授权后具备稳定的权利。高价值专利培育工作强调高质量的申请，要求专利代理人在撰写专利申请文件时，需要对现有技术进行分析，对创新成果进行合理专利布局。高质量的专利申请文件是孕育高价值专利的重要基础，在专利申请文件中应避免因为撰写文件方面的内容欠缺而不被授予专利，在授权后因为撰写的原因而被宣告无效。❸ 上海智臻智能网络科技股份有限公司与苹果 Siri 之间的专利之争，最终智臻智能公司专利权被宣告无效的原因就是其相关专利申请文件的撰写存在问题。❹ 可见，高价值专利应是权力状态稳定的专利，若因专利申请阶段的原因使专利的权力稳定性遭受威胁，那也就谈不上高价值专利的培育了。

---

❶ 韩秀成，雷怡．培育高价值专利的理论与实践分析［J］．中国发明与专利，2017(12).

❷ 王康，李倩．河南：高价值专利为强省建设提速［N］．中国知识产权报，2017-12-06 (04).

❸ 岳昕．高质量专利：企业快速发展的助力器［N］．中国知识产权报，2016-11-02(05).

❹ 裴宏，刘叶婷．高水平撰写，打造高质量专利［N］．中国知识产权报，2017-12-13(08).

（3）专利审查阶段。专利审查环节要求审查员对专利进行高标准授权，我国对高标准的严格审查主要从三个方面展开：一是要求完善专利审查指南制度，稳步提高专利授权的标准，促进专利质量的提升；二是加强审查机构的审查责任，创新审查模式，探索合理的专利质量控制体系；三是提高审查主体的自身素质，熟悉并准确理解《专利法》等法律法规和规章制度中对授权的标准和具体的操作细则，牢牢把握专利审查质量关。

（4）专利运用阶段。高效率运用是对高价值专利提出的要求之一，为实现专利的高效率运用，各省市地区积极实施专利成果变现政策，力求能通过高价值专利的质押、专利融资缓解经济发展融资难的问题，使得专利权人也能从高价值专利的培育中获得积极的经济效益。此外，专利长远布局也是体现专利高效率运用的举措之一，统筹时序、抓住高价值专利的优势技术点的专利布局能使专利在运用过程中提前省去不必要的麻烦，达到实现专利更高价值的目标。

高价值专利的培育不是单个环节作用的结果，而是一系列环环相扣的复杂工程，需要在专利创造、运用、保护、管理、服务的各个过程中实现通力合作，才能培育出高价值专利，助力高质量发展。

二、我国高价值专利培育过程存在的问题

在国家知识产权局的号召下，高价值专利的培育工作发展势头迅猛，取得了可见的成果，但是高价值专利培育实践尚在不断探索尝试阶段。高价值专利的培育使得一系列的政策出台，多项举措并举实施，从理论到实践方面仍然存在一些不合理之处亟待解决，主要有以下四点。

（1）高价值专利内涵不明确。高价值专利的定义一直是学界探讨的热点，但是对于什么是高价值专利至今未有统一的看法。多数学者认为高价值专利分为狭义的高价值专利和广义的高价值专利。狭义的高价值专利是指具备高经济价值的专利；广义的高价值专利涵盖高（潜在）市场价值和高战略

价值专利，其中广义的高价值专利需要以技术价值为基础，法律价值为保障。❶ 另有部分观点认为高价值专利应当是从法律、市场、技术三个维度上经得起考验的专利，包括专利实质审查、专利无效宣告以及一系列专利侵权诉讼、能够实现专利成果变现并且在技术领域得以站在前沿性的技术制高点上。❷ 这种观点在立足于特定历史条件的基础上，将高价值专利解读为对经济发展有推动作用的同时又能带来高价值的收益回报，除此以外，高水平的创造也是不容忽视的，它是高价值专利的前提和基础。

缺乏明确的定义对于高价值专利培育的目标、培育方法的确定及高价值专利的评价存在基础性的影响，可以说，高价值专利的内涵越早得到确定，高价值专利培育所面临的首要问题就能越早得到解决，在当下对高价值专利培育的讨论中对于高价值专利的定义都基于个人对其独到的见解，要想在日后的培育工作中提出更有效的创新措施，必须及早明确高价值专利的内涵。

（2）专利代理制度不完善。实践中，许多企业对专利的申请都依赖于专利代理人，而专利代理的质量与专利的质量又存在直接影响。审视我国现行专利代理制度，还存在主体资质不清、代理服务能力不足、市场监管不到位、服务质量不达标的问题。现实中“黑代理”现象不容忽视。据不完全统计，截至 2017 年 5 月，共 614 家无专利代理资质机构出现在中华全国代理人协会所发布的名单上。❸ 这种现象应当引起高度关注，不仅严重损害委托人的合法权益，对专利代理的市场秩序也是有害无利。专利代理服务受到影响，专利审查质量无法提高，从根本上阻遏了技术创新。另外暴露出的一个问题是，我国缺乏对专利代理机构和专利代理人的动态监管，无法从总体上对其进行有效的跟踪管理，达不到令人生畏的监督效果。❹

（3）专利资助政策不合理。纵观我国的专利资助政策，主要还是以地方

---

❶ 马天旗，赵星．高价值专利内涵及受制因素探究［J］．中国发明与专利，2018（3）．

❷ 何炼红．多维度看待高价值专利［N］．中国知识产权报，2017-06-02（01）．

❸ 无专利代理资质机构名单［EB/OL］．［2018-10-15］．http：//www.acpaa.cn/article/content/201609/3934/1.html．

❹ 来小鹏．规范我国专利代理服务的法律思考［J］．法学杂志，2017（7）．

专利资助政策为主，给予地方政府足够的自由裁量权。通过调查研究各地实施的专利资助政策，仍然发现存在一些问题。首先是专利申请的质量难以保证，未对申请专利资助的专利进行质量的把控，难免造成一些问题专利的产生。同时专利权人主观上会以申请专利资助为主要目的进行一些专利申请，而这些专利本身并不具备对技术或者经济推动发展的作用，这种漏洞在造成专利质量下降的同时还使得国家资助资金流失，回报率低下。知识产权专员路剑锋在被选派到海洋国家实验室后力求传播专利工作的思路和提高专利质量的想法，但是在一次实验会议上，许多人表示他们接触的大多专利都是基于结题的硬性要求或者为了评职称及申请专利资助所需。[1] 其次是专利资助政策中对专利申请人未提出严格的要求，即专利申请人申请专利失败时不承担任何风险和成本，[2] 这样的资助政策无法约束专利申请人在申请阶段就保证所申请的专利的质量，容易造成专利资助与高价值专利培育的工作目标相悖。

（4）专利质量控制措施不完善。我国在高价值专利培育的工作中发现的专利质量问题突出，这说明我国在专利质量控制措施上仍存在不足，在申请环节、审查环节及授权后环节中均有体现。首先，在申请阶段缺乏对申请人的信息披露义务的规定，专利审查作为一项行政行为，行政机关应当切实履行对相关信息查询和比对的义务，若缺乏对申请人及相关主体的信息披露义务的考虑，将导致遗漏与专利申请结果相关的重要信息的结果，这对控制专利质量明显不利。[3] 其次，较为松散的审查环境也会让专利申请人有机可乘，有更多的土壤滋生垃圾专利，导致创新与发展受到严重阻碍。同时专利质量控制措施的不完善会导致巨大的专利申请量，在专利审查方面容易出现人力匹配不足的问题。据此，我国需要加快转变专利质量控制理念，完善具体控制措施。

---

[1] 陈婕．高质量专利培育，必须从“源头”开始［N］．中国知识产权报，2017-11-24（04）．

[2] 骆建文，张钦红．基于专利质量的两阶段专利资助政策研究［J］．上海交通大学学报，2009（9）．

[3] 丁宇峰．中美专利质量控制措施比较与启示［J］．理论与改革，2016（7）．

三、解决我国高价值专利培育存在问题的对策

在高价值专利培育过程中，存在包括但不限于以上提出的问题。高价值专利培育工作正当时，我们需要立足当下的需求，在理论及实践层面不断探索，积极思考，使高价值专利培育工作能在正轨上得以运行并取得骄人的成果。针对以上提出的问题，需要进一步思考其合理的解决方法，现提出以下建议对策。

(1) 明确高价值专利的内涵。在对高价值专利进行定义的过程中需要立足于现状，从现实情况出发得出高价值专利的内涵。在对高价值专利进行定义时，普遍承认以技术价值为基础，以法律价值为保障，充分发挥市场价值，其中市场价值应属高价值专利培育的核心。因此，高价值专利的内涵应当综合为以下几点，包括高难度的技术创新、稳定的权利状态、良好市场前景的专利产品以及强竞争力的专利技术。[1] 这几项要素能最大限度地体现高价值专利的特点，对于现行高价值专利培育的研究提供了基础，在高价值专利培育工作上存在一定积极意义。

(2) 完善相应专利代理管理体制。发挥行政监管和行业自律的双重作用，在监管与自律的合力下形成更有效的管理体制。具体而言，一方面要加强事中事后监管，监管坚持“双随机一公开”，即对检查对象及检查人员都进行随机抽取，并将结果进行公开公示。这有助于提升行政执法能力，落实相应的监管责任。在大数据时代下，学会利用信息技术辅助行业监管，发挥媒体的监督作用，使得监管更加智慧精准。除了监管实施层面以外，对监管结果中表明的违法违规现象予以严肃对待，大力惩处相关个人和机构。区分不同模式下的发展情况，针对各个模式的特点创新不同的监管方式。让市场竞争机制、行业自律约束和机构内部控制三重制度发挥合力，在强化职业道

---

[1] 曹新明．以“市场之手”培育高价值专利［N］．中国知识产权报，2017-08-18(01)．

德规范的同时，规范专利代理行为，达成行业公平、合法、有序竞争。[1] 另一方面，重点转向专利代理人的职业责任，在可行的情况下考虑制定《专利代理人法》，类比其他资格考试认定，对专利代理人的报考资格和合格条件进行规定，设定注册规则以及代理人从事的业务范围，并强调职业伦理要求。在职业能力过硬的基础上，还要强调对委托人的忠实义务和对专利局的坦诚义务，同时规定违反职业义务应当承担的法律责任。[2]

（3）提高专利资助的门槛。针对专利资助下专利申请质量无法保证的问题，首先，可以从政策层面设定对质量较高的专利给予较多资助而对质量较低的专利给予较少资助或者不资助。其次，对专利申请人设定一定的要求，比如在申请资助的专利未通过审核或者经审核后并未发挥积极作用的情况下，对专利申请人设置一定的惩罚措施以督促专利资助申请人在申请前可以保证专利质量，一定程度上还能减少审查人员的工作量，使其在高质量专利的审查工作中能投入更多的精力。最后，构建适应专利资助政策的专利质量指标体系，该体系的研究对于保证专利资助申请的专利质量有积极的作用，构建该体系时应当坚持科学、系统、可行性的原则，从宏观与微观双层面进行制度构建。[3]

（4）转变专利质量控制理念，完善控制措施。在这一举措中，首先应当确定合理的专利质量控制理念。这一方面可以借鉴美国在专利控制措施上的理念，将其运用到我国具体实际中。我国在专利质量控制理念上应当贯彻专利与竞争并重、行政与司法相制衡、私权与公共领域相平衡以及权利与义务平衡的理念，从理论层面为构建有效的专利质量控制措施奠定基础。其次应当探索专利质量控制具体措施，比如完善申请人信息披露制度，具体可以规定为申请人及专利代理人在进行专利申请时，必须毫无保留地披露可能会对

---

❶ 关于印发专利代理行业发展“十三五”规划的通知［EB/OL］.［2018-10-15］. http://www.jsip.gov.cn/zwgk/ghjh/zlgh/201705/t20170516_ 39792.html.

❷ 丁宇峰．中美专利质量控制措施比较与启示［J］. 理论与改革，2016（7）.

❸ 唐恒，李绍飞，赫英淇．专利资助政策下专利质量评价研究［J］. 情报杂志，2015（5）.

该申请的可专利性造成影响的关键性信息。❶ 另外转变专利审查监督管理体制，将抽检的结果与审查人员的绩效挂钩，除了实施对审查员的奖惩外，明确审查员的法律责任，包括民事责任、刑事责任等。最后，参照美国的做法，引入公众评审机制，首先在特定领域进行试点推出公众网络平台，最后根据实际效果再进行推广。❷

结　语

高价值专利作为能够引领发展的高水平专利，其权利状态稳定、又具备强劲的市场竞争力、所能带来的积极正面效应遵循着专利法的根本追求。在经济学下而言，能带来“帕累托改进”效应的专利便是具备高价值的专利，即“在没有使任何人境况变坏的前提下，使得至少一个人变得更好”的专利。❸ 在当今大力建设知识产权强国、知识产权强省的背景下，虽然我国目前在专利领域仍然面临“数量多而质量不优”的问题，但是应当认识到“高价值专利”是我国实现知识产权从量变到质变转换的必然产物，也是我国在建设知识产权强国与实现高质量发展的强烈需求。注重分析高价值专利培育的现状及存在的问题，在实践中不断进行探索解决对我国专利质量的提升大有裨益。实现大量高价值专利的产出必将助力我国知识产权强国建设，通过高价值专利培育推动高质量发展将是一条行之有效的道路。

❶ 梁志文．专利质量的司法控制［J］．法学家，2014（3）．

❷ 丁宇峰．中美专利质量控制措施比较与启示［J］．理论与改革，2016（7）．

❸ 李风华．外部性、阶级与帕累托改进——同姚洋教授商榷［J］．政治经济学评论，2018（3）．

论人工智能对专利制度的影响

彭　飞*

内容提要　随着人工智能技术革新进程不断加速，从智能电器，“智慧”医疗到无人驾驶，人类将进入工业4.0时代，给人类日常生活带了很多的机遇和挑战。人工智能不仅本身是一项技术成果，而且在人类赋予其“智慧”之后能够自我创造出新的技术成果。在弱人工智能时代背景下，不宜赋予人工智能法律意义上的人格，使其成为专利法意义上的发明人。然而其产生的技术成果在满足专利审查的“三性”要求时，确认具有可专利性，应对其授予专利权。现阶段将人工智能的技术成果权利归属于人工智能本身的所有权人，显然也是更符合专利法的立法宗旨，能够促进科技的进步和鼓励技术创造。

关键词　人工智能；可专利性；权利归属；专利保护制度

引　言

人工智能，它是研究、开发用于模拟、延伸和扩展人的智能的理论、方法、技术及应用系统的一门新的技术科学。2016年被称为人工智能的技术爆发元年，自2016年至今，人工智能可以说席卷全球，各国都在努力攻占人工智能的高地，欧盟、美国都将人工智能的发展加入国家战略之中。[1] 2017

---

* 彭飞，南京理工大学知识产权学院研究生。

[1] 杨延超. 人工智能对知识产权法的挑战［J］. 治理研究，2018（5）.

年党的十九大报告也提出“要推动互联网、大数据、人工智能和实体经济深度融合”，可见人工智能将会是未来几十年的热点和发展焦点。这场由大数据和人工智能所带来的“智变”，必将冲击着传统知识产权制度，即包括人工智能能否成为民法意义上的“人”，人工智能的产物能否被授予专利权，如果可以赋予其产物可专利性，那么权利归属又将如何在制度上进行设置，还有人工智能产物专利侵权如何处理等，这些都是传统的专利制度所无法解决的问题，然而又是完善专利制度以应对人工智能发展挑战的必经之路。本文仅分析和探讨人工智能产物可专利性和权利归属两大方面，来回答人工智能对专利制度的影响和挑战。

一、人工智能的法律主体问题

根据专利法的规定，专利的取得有两种途径：原始取得和继受取得，即使是原始取得，发明人也并不一定等同于专利权人，专利权人可以是自然人也可以是法人，例如职务发明创造的专利权人可能是单位这一法律拟制的“人”，而发明人必须是实际创造出技术成果的自然人，这在我国《专利法实施细则》第 13 条是明确规定的。[1] 学界有一些学者支持人工智能可以赋予其法律人格，为“有限人格”或者“次等人格”。赞成这种说法的学者认为，近代以来民事主体范围不断在扩张，从一开始仅有的自然理性的人（自然人）到后来法律拟制的人（法人）都被概称为主体意义上的人。在未来，人工智能将更多地以“类人主体”的方式出现，即能够表现人类独特性征的拟人化物体。[2] 相比于法人，人工智能作为人类智慧拟制的机器人更加能够体现个人的意志，法人可以通过法律拟制的方式成为民事主体，同理，人工智能也应当可以成为民事主体之人。吴汉东教授对于法律人格的理解，其核心在于自然人和自然人集合体（法人）的意志能力。人工智能虽然有着类似于

[1] 《专利法实施细则》，2009 年 12 月 30 日国务院第 95 次常务会议通过，第 13 条。

[2] 吴汉东，张平，张晓津．人工智能对知识产权法律保护的挑战［J］．中国法律评论，2018（2）．

自然人一样的思维和意识，甚至在将来有超越自然人的能力，但是仍然与自然人有着不可逾越的差别。更何况，在非生物智能尚未取代或超越人类智慧的弱人工智能时代，轻易动摇民事主体制度的根基并不能起到未雨绸缪的效果。笔者认为，在现有民法学理论框架之下，民事主体和客体之间是无法转换的，对客体中的物也有着明确的规定，人工智能不可能是自然人，也不能是非法人组织，其本身更符合产品的定义。按照现有的民法理论，只能认定其为物，作为权利的客体。因此，在目前的阶段，并不适宜赋予其法律人格。

但是，未来立法是否需要为强人工智能预留一定的空间，各国都做了一些尝试。2017年沙特阿拉伯授予人工智能Sophia公民身份，但是这一身份仅仅具有象征意义，可以为以后的法律制度保留一种改革方案，但在目前的国际大环境下，人工智能成为一国的公民存在很大的争议。然而，美国在制度上做了一些尝试，即通过重新解释本国专利法中发明人的含义，理由是当自然人完全依靠或者基本依靠人工智能进行技术革新、技术方案创造和技术成果的研发时，仍然以自然人作为发明人有欠妥当。欧盟在这个问题上，则采取探讨是否可以赋予人工智能“电子人”的身份，作为一种新的立法尝试。我国虽然在自动驾驶方面在几大城市颁布了相应的路测规定，同时在未来的民法典中也尝试探索制定与自动驾驶相适应的责任规则与责任保险制度，并构建其他智能设备的责任规则，但是在主体的认定问题上仍然持保守态度。[1]

最后，如今确认人工智能为发明人面临民法制度和专利保护制度的双重挑战，这主要是由现阶段的民法制度和专利法制度在应对人工智能时代的到来没有做出巨大的改进，同时在道德和伦理上，在人工智能与自然人之间画等号在短时间内很难让人接受。不过随着科技的进步，在不久的将来人类进入强人工智能时，再对其进行主体认定可能会相对轻松，到那时人工智能可能与自然人无异，甚至可以享有与自然人基本相当的权利和承担责任。

---

[1] 季冬梅．人工智能发明成果对专利制度的挑战——以遗传编程为例［J］．知识产权，2017（11）．

二、人工智能技术成果的可专利性分析

要讨论在人工智能环境下对专利保护制度的挑战与影响，理应要先回答该技术成果或技术方案能否被授予专利权。本文仅以人工智能发明专利为例，关于能否对其提供专利保护，各国学者众说纷纭，意见不一。国内学者也有支持派也有反对派，无论赞成与反对，主要从以下三个方面来进行论述：专利制度的设计目的、人工智能产物是否具备“三性”和可能造成的影响。

1. 专利制度设计目的方面

我国《专利法》第1条规定了专利法制定的目的和宗旨，即制定目的是保护专利权人的合法利益、激励全民创新、推进专利的应用，宗旨是促进科学技术革新和经济社会发展。持反对意见的学者认为，首先，我们现正处于弱人工智能阶段，现阶段的人工智能还不能完全脱离人类而工作，例如IBM公司研发的新一代超级计算机“Watson”，虽然已经超越以往的超级计算机那样进行机械的工作，甚至摆脱了简单地模仿人脑从而能够产生具有创新的技术方案，更有甚之，基于“Watson”而开发的世界上首位人工智能律师“ROSS”不仅能够做到精通法律，而且能够用自然语言与其他人类律师相互谈论，但是这一切还是要建立在人类计算机工程师对人工智能进行具体目标制定、大量的数据输入和提供详细材料的基础之上进行。❶ 因此，现阶段的人工智能很难将其认定为专利法所要保护的作出发明创造的发明人。其次，知识产权制度的设计初衷是“为天才之火浇上利益之油”，授予创造者专有性权利来激励发明创造者，使其创造更多更有价值的科技成果，最直接的方式就是经济上的鼓励。❷ 激励理论是我国专利制度设计的理论基础之一，发

❶ 朱雪忠，张广伟．人工智能产生的技术成果可专利性及其权利归属研究［J］．情报杂志，2018（2）．

❷ 胡一民．人工智能创作物的著作权问题探析［J］．黑龙江省政法管理干部学院学报，2018（2）．

明人在进行一项发明创造期间，需要做大量的前期工作和相对巨额的成本投入，虽然在创造初期发明人并不是仅仅为了获得经济上的利益，但是经济上的激励对发明人起着不可否认的作用，而对于人工智能，显然经济上的激励对其创造力起不到显著的效果，最终激励的还是人类本身。❶ 而持赞成意见的学者提出相反意见，(1) 虽然我们现在处在弱人工智能时代，但不代表未来的强人工智能时代不能实现脱离人类而进行发明创造，早有未来学家预言在21世纪30年代便将出现拥有自我意识的非生物，他们拥有甚至超越人类的各种能力包括创造力。因此，为人工智能产物授予专利权是大势所趋。(2) 确立人工智能产物的可专利性与最后的权利归属是两回事，两者并不一定取其一必将废其二。根据激励理论，授予发明人专利权，使其获利从而进一步鼓励发明创造，这一点对于人工智能并不会产生实效，但是对于人工智能的拥有者即所有权人，并非完全没有作用，鼓励所有权人进一步完善和开发更为先进的人工智能，促进科学技术进步也正好符合专利的宗旨。

2. 人工智能技术成果的“三性”要求

各国专利法都要求被授予专利权的发明创造除属于可授予专利权的主题外，还需要满足特定授权条件，即专利授权的实质性条件。❷ 我国《专利法》规定，发明专利授权的实质性条件即具备新颖性、实用性和创造性。按照传统的专利法理论，若要授予人工智能的技术成果专利权，只要其技术成果满足专利法规定的“三性”的具体要求即可。但是，人工智能作为这个时代最具发展前景也最具争议性的新兴事物，显然传统意义上的“三性”的标准无法适应其发展。

首先，就实用性而言。在我国，认定实用性有三个标准：其一，能够在产业上制造和使用；其二，能够产生积极效果；其三，具有再现性。人工智能在生成技术方案时，如果是在机械和电子领域，基于一定的理论分析能否被制造使用可能是显而易见的，但是在生物化学领域，此技术方案可能需要人类进行实际的检测和实施，否则无法得知其能否被制造使用，甚至不知其

❶ 刘强，彭南勇. 人工智能作品著作权问题研究 [J]. 南京理工大学学报，2018 (2).

❷ 吴广海. 专利法：原理、法规与案例 [M]. 北京：知识产权出版社，2014：109.

是否能够产生积极效果。显然在我国专利审查程序上，认定人工智能技术成果具有实用性存在一定障碍。然而，《欧洲专利公约》认为只要技术成果能够在产业中制造和使用，这里的产业含义范围也包括农业，就被视为产业上的应用性。美国对此也有类似的规定，只要不涉及难以置信的科学原理和假设，都可认定技术方案符合实用性的要求。

其次，在对人工智能产物是否满足新颖性判断之前，要先明确新颖性的条件，即人工智能产物不属于现有技术，同时在专利申请的时候不存在相冲突的抵触申请。人工智能在生成权利要求书是依靠自身的专利数据库完成的，凭借它自身强大的计算能力和数据分析能力，在专利申请的过程中通过专利检索规避在先技术，为该技术成果进行首次申请，并且人工智能在操作此过程中速度极快，只要为其输入指定的标准和格式的程序代码，它可以在短时间内写出数以万计的权利要求书，显然对人工智能产物进行新颖性审查并不能起到实质审查的作用。然而反对可专利性的学者认为，在大数据时代的今天，一旦人工智能运用其庞大的数据库和超强的计算能力穷尽在某一领域技术方案的所有可能性，将会影响这些技术方案所有后续研究成果的专利申请，同时这些庞大的技术方案并非每一个都满足实用性的要求，这将导致真正可以进行后续研究的技术方案埋没在了庞大的专利申请之中。

最后，对人工智能技术成果的创造性条件的判断。创造性作为专利授权的必要条件，即与现有技术相比，该技术成果对于所属技术领域内的人员来说是“非显而易见的”，也是突出的和显著的技术进步。从人工智能的第一次提出到如今的发展初期，其产生的成果大大超过了人们的想象，仅仅从一个技术人员的角度，人工智能的产物显然带有创造的因素在其中，但是在专利实质审查中仍然不能仅仅依靠具有创造的因素，而是要以在先技术作为参照物进行对比，同时还要满足“非显而易见”的标准。在弱人工智能时代，很多技术方案大都是以先前技术为基础，再通过数据分析和逻辑推理演绎而成，对于所属技术领域人员来说，这种简单整合的技术方案可能虽然在实践中没有被实施，但是也很难在技术层面上认定其是非显而易见的。当进入强人工智能时代，创新高度可能会显著提高，带来的技术成果和技术方案也会相较于在先技术而言是一个质的飞跃，这反过来使得“所属技术领域的人员”这一法律拟制的人需要搭配更高的审查标准。因为不提高标准，那么某一高度发达的人工智能将会垄断它所熟知的技术领域的所有专利申请，并且其创造成本很低，作为专利权人显然会长期控制专利的申请进度，力求经济利益的最大化，这并不利于技术的进步和推广。只有提高对人工智能的创造性审查标准，对于人类发明家则采用传统的审查标准，这样才会相互促进创造研发。❶

3. 确定可专利性可能带来的影响

很显然，确立人工智能的技术成果的可专利性对整个专利保护制度都将产生巨大的影响，本文仅从两个方面来进行论述。

（1）对专利审查工作带来的影响。根据数据显示，中国专利申请数量不断增加并逐年递增。国家知识产权局编制的《2017 年中国专利统计年报》数据显示，国内发明专利申请量从 1988 年的 4780 件到 2013 年已增至 704 936 件，到 2017 年以 1 245 709 件的申请量远超国外位居世界第一位。❷逐年快速增长的专利申请已经使得审查委员会的工作人员不堪重负。反对的学者认为，人工智能技术成果的大量涌入，势必增加工作人员的工作量，使得专利授权的周期进一步延长，在技术变革如此快速的现代，授权周期延长，保护周期缩短，会大大减损专利权人的研发动力。但是支持的学者则认为审查工作人员可以借助人工智能的运算速度和大数据检索，提高专利检索的效率和正确率，甚至可以在未来有人工智能完全取代人类审查员。❸

（2）对专利侵权的影响。对人工智能的技术成果确定可专利性之后必将引起其权利归属该如何设定的问题，权利归属的不确定会导致所有权混乱，继而引发专利侵权纠纷。对于权利归属，学界一直争论不休且没有定论，若

---

❶ 刘强，周奕澄．人工智能发明专利审查标准研究［J］．净月学刊，2018（3）．

❷ 中华人民共和国国家知识产权局专利统计年报 2017［R/OL］．［2018-10-15］．http：//www.sipo.gov.cn/tjxx/．

❸ 曹建峰，祝林华．人工智能对专利制度的影响初探［J］．中国发明与专利，2018（6）．

承认其技术成果可以授予专利，那么必然会产生专利纠纷，在涉及人工智能专利侵权案件中，有关侵权人和被侵权人便无法确认、侵权事实无法证明，以及证据的收集困难和保全措施无法进行的问题层出不穷，进而法院无法居中裁判，做到定纷止争，必然会阻碍专利制度的发展和社会的进步。即使是支持人工智能成果可专利性的学者也知道在这一问题上需要长期的研究和实践经验的总结，才能建立一个适应人工智能时代的相对完善的专利保护制度。

三、人工智能技术成果的权利归属问题分析

讨论完人工智能技术成果的主体问题和可专利性问题之后，除非认为其不应授予其专利权，否则将不可避免落入探讨关于人工智能产物的权利归属问题之中，这是由专利保护制度的严密逻辑体系所决定的。

经过上文的论述，人工智能在现如今很难认定其为技术成果的发明人，这就必然会引出一个新的问题：人工智能的产物权利归属的问题。我国《物权法》第1条规定该法制定目的是为了明确物的归属，发挥物的效用，保护权利人的物权。❶ 技术成果作为一种知识产权，同样属于物权法中规定的物，而物权法的创立的目的就是确立物的归属，充分发挥物的效力，技术成果作为民法上的物，结合专利法的设立目的，将技术成果用于推动社会技术革新和科技进步，其权利归属的设定显得尤为关键。现阶段的人工智能产物几乎都是由自然人或者法人依靠人工智能共同研发的，这其中主要涉及的主体有：人工智能的所有权人、数据库的提供者、人工智能的使用者和人工智能源程序的编撰者。❷ 在实践中可能存在更多更复杂的主体介入，这里仅简单讨论以上四个主体。

---

❶ 《中华人民共和国物权法》，2007年3月16日第十届全国人民代表大会第五次会议通过，第1条。

❷ 朱雪忠，张广伟．人工智能产生的技术成果可专利性及其权利归属研究［J］．情报杂志，2018（2）．

如果将技术成果归属于人工智能的数据提供者，那么就会出现一个仅仅提供研发“原材料”，并没有对最终研发成果作出实质性工作的主体享受了作为权利主体所带来的巨大的经济利益和社会价值利益，这显然是不合理的。即使在职务发明创造中，法人能够成为专利权人不仅仅因为提供了原材料，更多的是提供了物质技术条件。若将最终的技术成果归属于人工智能最初的源程序编撰者，有合理之处但也并非万全之策。合理之处在于最初的编撰者起到的作用是建立了数学模型，在很多工业领域往往之前的数学模型要比后续的数据收集、数据分析和最终的技术成果诞生要重要得多，而且最初的数学建模可能在整个研发过程中是至关重要的。但是将权利归属于源程序的编撰者显然是在一定程度上否认后续进行大量数据分析，艰苦实验的科研人员的劳动成果，有点顾此而失彼。而人工智能的使用者有时便等同于那些在整个研发工程中除去建模工作的科研人员，如果将最终成果归属于使用者，那么也是在否认之前完成数学建模工作的程序员的劳动，作为一个科研人员可能在自身所研究的领域很精通，但是并不一定对人工智能本身的创造很精通，排除先前的建模工作人员的工作成果显然不利于人工智能本身的科技研发。

而将人工智能的技术成果权利归属于人工智能的所有权人，这在某种意义上可以暂时解决上述出现的矛盾，因为在人工智能本身的前期研发和测试需要投入大量的资金和人力，当今人工智能的拥有者几乎都是超大型企业，例如美国的谷歌、国内的华为和百度，只有这些资金雄厚和人才济济的大型企业才能支撑起研发成本，也只有这些拥有者才能够召集一大批人才，包括以上的数据提供者、源程序的开发者以及后续使用人工智能进行科研的工作者，让所有权人享受后续研发成果带来的高额收益，并将这些高昂利益按照一定的分工给予整个科研活动过程中付出劳动的人显然是合情合理，这样也符合专利制度的激励理论。[1]

当然，本文认为权利归属于人工智能的拥有者也是建立在如今弱人工智

[1] 朱雪忠，张广伟．人工智能产生的技术成果可专利性及其权利归属研究［J］．情报杂志，2018（2）．

能时代，在未来进入强人工智能时代权利归属是否会变动还是值得期待的。正如在著作权制度历史发展过程中，《安娜女王法令》颁布之初并非是为了保护作者的利益，而是为了维护出版商的利益。虽然如此，这一法令的颁布也在一定程度上促进了著作权制度的发展。笔者认为，在人工智能这个问题上同样也会如此，将权利归属于所有权人虽然也有不妥之处，但同样是现阶段的最佳选择。

结 语

虽然现如今我们仍处于“弱人工智能时代”，但是在不久的将来人类将进入“强人工智能时代”，达到此阶段的人工智能的智慧水平与人类智能无异甚至极可能超越人类智能，人工智能产物的可专利性可能已经为公众所接受，但是在权利归属方面仍然会争议不断，这主要涉及经济利益的分配上，当人工智能能够真正成为一个独立个体而存在时，独立地享受权利、承担义务甚至能够拥有“私人”财产时，那么此个体所独立创造的技术成果还归属于原来将其作为“物”而拥有的所有权人时，并不一定符合社会价值追求。专利法在应对时代的挑战时，不仅要考虑法律的滞后性，在面对新事物的发展上也要不断更新，参考在克隆法立法上预先立法的经验。同时要从两个维度来衡量人工智能的可专利性和权利归属问题，在横向上，需要综合考虑人工智能的贡献程度、参与方式、技术方案的“三性”要求等因素进行判断；在纵向上，需要考虑人工智能的智能水平、普及程度与可兼容性。[1] 未来已来，到21世纪中末期，人工智能技术的发展将趋近成熟，与人工智能的相关问题值得我们更进一步的深思与探讨。

---

[1] 季冬梅. 人工智能发明成果对专利制度的挑战——以遗传编程为例［J］. 知识产权，2017（11）.

军民融合背景下专利运营特殊性及其对策研究

吕　航*

内容提要　军民融合背景下的专利运营，应当结合其特殊性从主体、客体、内容三个角度进行分析，并将专利运营进行阶段性划分，针对我国目前的运营阶段，提出确定国防专利权利归属、推动国防专利市场化和强化军民融合中政府职能三个方面的建议来促进军民融合背景下的专利运营。

关键词　军民融合；国防专利；专利运营

一、引言

近年来，我国的国防科技领域技术创新成效显著，国防建设的发展为军民融合下实施创新驱动发展战略奠定了良好基础。2017年6月，习近平总书记在中央军民融合发展委员会第一次全体会议上指出，加快建立军民融合创新体系，培育先行先试的创新示范载体，推动科技协同创新，加快推动军民融合深度发展。❶ 随着我国对“军民融合”政策的重视，可以预见军工行业未来的发展空间巨大，学术界一直将如何将这些处于“沉睡”状态的专利发挥出它们潜在的价值作为研究的焦点。我国学者对军民融合专利的研究大多

---

* 吕航，南京理工大学知识产权学院研究生。

❶ 习近平总书记在中央军民融合发展委员会第二次全体会议上做重要讲话［J］. 中国军转民，2017（6）.

集中在如何推动国防专利的转化上，但随着时间的推移，国防专利价值的实现必将依托于专利运营。从广义上来讲，市场主体针对专利的使用、运作和一切提升专利权价值的行为，都属于专利运营，在把军口领域的专利扩展到民口领域的过程中，专利运营的方法、模式会存在一定的特殊性。军民融合专利运营特殊性的研究是军民融合专利价值转化的基础。

目前学术界对专利运营并没有明确统一的解释，苏平认为，专利运营主要是通过对专利的运用来引导实现专利的真正价值。❶ 冯晓青认为，专利运营的核心是盘活专利无形资产，发挥专利权的资产价值，使其通过与企业生产经营的有效结合，为企业财务绩效作出贡献，提高企业专利能力。❷ 结合众多学者的观点，专利运营是一种使专利发挥出经济价值，提高专利所有人的核心竞争力的一种经济行为，在讨论国防专利运营时应当将运营进行不同阶段的划分，即初级阶段、成长阶段和成熟阶段。

关于国防专利的特殊性研究，大多数学者都集中在权利归属、保密性、军用性等具体的点上进行研究，吕炳斌认为，国防专利的特殊性主要有权利归属和保密性两点，权利的归属问题应该采取多元化模式，即发明人享有小部分权利，国家享有绝大部分权利。而保密性是专利法中的一个例外。❸ 范威认为，国防专利的特殊性主要在于强制性、保密性、军用性三方面。其中强制性是权利归属的一种体现，即权利强制归属于国家。❹ 到目前为止，大多数学者都是将国防专利的特殊性进行单独研究与讨论，鲜有将其置于军民融合的环境，更没有在运营的过程中讨论其特殊性。但是国防专利在军民融合的背景下发挥价值主要是通过专利运营来实现，或者说是通过交易实现技术的产品化或者再研发，所以有必要将国防专利的特殊性置于军民融合的专利运营的大背景下进行研究。

---

❶ 苏平，张转．共享经济下专利运营生态的研究［J］．知识产权，2018，(6)．

❷ 冯晓青．我国企业专利运营及其战略运作探析［J］．清华知识产权评论，2015 (1)．

❸ 吕炳斌．国防专利的特殊性研究——兼谈知识产权保护制度之创新［J］．时代法学，2007 (2)．

❹ 范威．浅析我国国家军用标准涉及必要专利问题的特殊性［J］．中国金属通报，2017 (7)．

二、军民融合背景下专利运营特殊性的具体表现

军民融合的主体、客体、内容的多样性导致军民融合领域专利的运营具有一定的特殊性。国防军工企业、科研院所以及民间中小型军工企业在一定程度上都属于军民融合领域的主体，类似于军工企业在上市的过程中存在可能泄密的隐患，相关主体的研发目的不同于一般专利主体，其研发后的服务对象并非面对市场，甚至由于国家机密不予以公开等。国防专利、“军转民”专利以及“民参军”专利都是当前军民融合背景下专利运营的主要客体，军民融合背景下的专利相对于一般专利而言，其特殊性在于，国防专利需要进行解密过程才能投入“军转民”，在“军转民”和“民参军”过程中还会存在技术标准不统一的问题等。在军民融合的背景下，不同的专利在运营的过程中可能受到不同程度的限制，对于某些专利而言，不能完全按照市场规则进行许可受让。以上种种特殊性是军民融合专利运营所绕不开的问题，所以为了更好地实现军民融合中的专利运营，需要从专利运营的主体、客体以及内容三个角度进行特殊性分析。

1. 专利运营主体的特殊性

在军民融合的背景下，根据运营主体的性质不同主要可以分为以下三类：国防军工企业及军事科研院所，参与到军工产业的民间机构，参与到军民融合活动中并促进军民融合进程的国家机构。这些机构由于性质差异，在推动军民融合专利运营的过程中也会存在一定的差异。

对于国防军工企业以及军事科研院所而言，其特殊性在于部分专利难以进行产业化运营，另一部分专利在进行产业化运营中需要经过额外的解密过程。国防军工企业和军事科研院所的研发资金及其他投入都是由国家政府机构进行管控支持，其科研成果大多用于国防建设，是支撑国防力量的基础，此类国防专利有很大一部分处于保密不可查的状态，其价值的实现主要是用于巩固国防实力，产业化运营的可能性小。除以上国防专利外，早在2018

年，中央军委装备发展部国防知识产权局就集中脱密了4000余件国防专利。[1] 所以，部分国防军工企业的专利是具备像普通专利运营的可能性，但脱密环节是其中不可或缺的一步。

参与到军工产业的民间机构在军民融合过程中的专利运营的特殊性主要是其具有特殊的准入门槛以及后期产品供给的对象单一。民间机构在军民融合过程中的专利运营主要集中在“民参军”这一环节。“民参军”与一般的专利运营不同，企业单位要想参与军品的研制和生产，首先需要拿到相关的资格认证，“军工三证”依旧是进入军工市场的必要门槛。此外，民间机构在进行技术研发或者与军工机构合作研发后，技术投放的对象是国防单位，而不是普通专利运营的自由市场。

参与到“军民融合”的国家机构在运营过程中的特殊性在于其具有政策扶持和公益性的特点。一般的专利交易平台都是以获取经济收益为目的，为买卖专利的双方提供信息从而获取服务费用，这一类平台一般都是由企业搭建的，而军民融合背景下的信息服务机构则是依托于政府创办，例如2010年工信部、财政部建立军民融合公共服务平台。除创办性质的差异以外，军民融合背景下的信息服务机构设立的目的不同于一般专利交易平台，其主要目的是将交易平台作为军队、军工单位和民口企业之间的桥梁，为响应国家军民融合的政策，推进国家军民融合发展。相比之下，由于是政府创办，所以获取经济收益并不是首要目的。

2. 专利运营客体的特殊性

在军民融合背景下，根据军民融合的主要内容进行划分可以将专利运营的客体分为：“军转民”专利和“民参军”专利。“军转民”专利在权利归属、公开程度和专利标准上与普通专利有一定的差异。

“军转民”专利主要指国防专利，在国防专利的权利归属问题上，大多数学者认为主要权利归国家所有，但目前的分歧在于发明创造人所享有的权利份额能占多少。梅术文、朱南茜认为：对于国防专利的归属问题，应当把

[1] 中央军委装备发展部首次集中发布4038项国防专利脱密信息［J］. 网信军民融合，2018（4）.

国家安全放在首位，只要涉及国家安全的专利一律将所有权视为国家享有。在一般情况下，权利归属遵循投资者享有的原则。[1] 刘欣扬认为：国防专利的所有权归属于国家，发明创造人享有某些其他权利。[2] 一般专利在运营过程中，其权利归属按照《专利法》的规定十分明确，但国防专利由于其涉及国防安全以及法律法规的交叉，导致权利归属上的不一致。目前我国大多数的国防专利是由国家通过投资国防研发经费来推动创造的，根据我国的《国防法》规定，国家为武装力量建设、国防科研生产和其他国防建设直接投入的资金形成的用于国防目的武器装备和设备设施、物资器材、技术成果等属于国防资产，归国家所有。[3] 笔者认为，在对发明人进行了公平且充足的补偿后，国家才享有国防专利的绝对权利，补偿的依据主要有：创造专利所花费的资源、国防专利所产生的价值、与一般专利进行比较等几个方面。

除权利归属以外，国防专利的公开程度与一般专利也大不相同，由于国防专利关系到国防安全，所以国防专利即使已经申请也不具备一般专利的可查性，只有部分专利在经过解密以后才予以公开。专利的运营不仅指技术与产品的转化，还包括前期技术的布局和研发，所以国防专利的不公开性增加了运营过程中专利布局、专利研发指导的难度。所以，对目前的国防专利运营，只能借助已经公开的国防专利，已经转化为“民用”的专利进行专利布局和研发性指导。

在技术管理标准上，国防专利由于用于军工行业，所以其技术标准不同于一般专利，若是将国防专利转向民口市场运营，则需要一定的技术转化过程。在转化的过程中，由于国防专利的提供者和国防专利的受让者存在信息不对称的因素，会导致受让方出现运营困难的结果。因为国防专利的提供者掌握着国防专利详尽的技术信息和因为自身属性而独有的专利管理机制，例如技术成熟度、后续研发能力、生命周期、所存在的技术壁垒以及管理体制和业务的独立性。

---

[1] 梅术文，朱南茜．基于军民融合的专利运营研究［J］．科学学研究，2018（36）．

[2] 刘欣扬．创新驱动发展下国防专利权属问题研究［J］．创新科技，2017（11）．

[3] 参见《中华人民共和国国防法》第六章第三十七条，1997 年修订。

3. 专利运营内容的特殊性

与一般的专利运营相比，军民融合过程中的专利运营具有高成本性和高要求性的特点。

国防专利在交易过程中，交易一般限于国防领域，并且交易都涉及国防安全，这导致国防专利的交易会受到交易范围和交易内容的限制，这是导致其具有高难度性的原因之一。此外，国防科技成果的国家安全保障属性决定了在实践中，因为泄密将会对国家带来更大的潜在损失，“因此，我们更愿意选择一种不经济的方式来降低这种极大损耗的概率”。[1] 国防专利解密的高成本也为运营增加了难度。

由于国防专利涉及国防安全问题，所以上市的过程中对部分国防专利进行披露时应该着重注意到所披露的专利是否泄密影响国防安全。例如，在沪市官网查询“航空动力（600893）”“成发科技（600391）”相关法人股东与存货周转率，就有可能暴露我国战斗机装备资料。[2] 所以，对于国防专利的运营应采取“严标准、严要求”。除此之外，如今的反向研究技术愈加发达，在开展军民两用的技术过程中，也存在泄密的可能性，任何产品都存在被反向工程的可能性。这也使得运营具有更高的要求。

三、军民融合背景下不同阶段的专利运营模式

发挥专利价值的行为包括拍卖、招投标、许可、抵押、质押等诸多运营模式。军民融合战略不是一个短期的目标，而是一个长远的持续发展的计划。所以，军民融合的进程必将经历萌芽期、成长期、成熟期、衰退期。与此对应的运营也会有相应的阶段。从市场上来看是买卖中权利、信息和服务在运营中所占权重的变化。

---

[1] 杨梅兰．我国国防专利解密制度的检讨与重构［J］．南京航空航天大学学报（社会科学版），2015（17）．

[2] 亓文婧．军民融合发展中“军技民用”推进问题与支持策略研究［J］．科学管理研究，2018（36）．

1. 初级阶段的运营模式及其特征

在专利运营的初级阶段，运营市场的格局还未形成，主要是由运营主体之间进行简单交易。[1] 在军民融合背景下，“军转民”由于涉及国家安全，所以私下交易的行为是法律所禁止的，但是“民参军”的运营方式是确实存在的，2005 年，国防科工委颁布《武器装备科研生产许可实施办法》，其中规定了我国国防科技工业领域面向全社会，部分符合条件的非公有制企业可以正式进入国防科技领域，“民参军”的起始时间是远早于军民融合战略的。[2]

在军民融合背景下，专利运营的初级阶段有如下特征：(1) 运营主体具有一定的限制。《实施办法》第二章对申请生产许可的单位具有严格的要求，例如保密资格的认定，《武器装备科研生产许可申请书》的批复。(2) 运营的方式是产品的批量化生产及交易为主，专利的转让和许可为辅。获取相应资质的单位通常是接受委托，批量化生产相应的产品进行销售，同时也存在军工企业获取相应的专利许可，进行自我生产。(3) 专利运营的竞争性低。在初级运营阶段，主要的竞争是资格的认定，当单位获得资质许可后，主要是对军工单位进行产品销售，由于销售主体数量少，所以行业之间的竞争关系较弱。(4) 运营的目的并非获取经济利益。最早的“民参军”兴起于日本，当时日本是“二战”的战败国，军工发展缓慢而民用科技发展迅速，“民参军”战略的推进主要是为了给国防事业注入创新活力，提高国防实力。[3]

2. 成长阶段的运营模式及其特征

在专利运营的成长阶段，运营平台逐渐搭建起来，相应的规则制度也日趋完善，运营内容也有了更加细化的分工和流程，在运营的过程中规则性和政策性愈加凸显。

---

[1] 林小爱．专利交易特殊性及运营模式研究［J］．知识产权，2013（3）．

[2] 参见《武器装备科研生产许可实施办法》第一章总则第七条，2005 年修订。

[3] 李仲篪，姜少娥．日本民间企业发展军用高技术的潜力评价［J］．中国高新技术企业评价，1996（1）．

在军民融合背景下专利运营的成长阶段，有以下特征：(1) 运营主体进一步丰富，在军民融合政策的推动下，"军技民用"也成为推动供给侧结构改革与产业转型的重要方式，除一些符合"民参军"要求的企业，军工企业部门也成为运营的主体。在政府的支持下，国防专利的解密工作也在不断进行中，政府搭建的国防专利交易平台也越来越多。(2) 运营的方式转变为产品交易与专利转让、许可并重，在"军技民用"的过程中，主要是通过将国防专利进行转让许可，在"民参军"过程中依旧是以产品的批量销售为主。(3) 军民融合中的规章制度相对完善，政府通过下发关于开展"军民融合"的通知文件，促进军民融合活动的有序合法进行，使得运营内容有据可依。

3. 成熟阶段的运营模式及其特征

在专利运营的成熟阶段，运营主体之间的分工明确，运营过程中所包含的环节变多，运营的模式更加多样化，但效益相对于前期的运营更高。此时的专利商品是实物、权利、信息和服务交易的综合体。

在军民融合背景下，专利运营的成熟阶段具有以下特征：(1) 运营主体的协助者参与到运营过程中。例如国防知识产权局对国防专利的脱密审查，专利价值评估机构对军民融合中专利的价值评估，相关技术人员对"军转民"过程中技术标准不一致时的转化。(2) 运营过程中所包含的商业模式不仅是专利的许可交易等权力转移行为，国防专利也可以用于上市公司的无形资产申报，或进行质押。(3) 军民融合背景下的专利运营规章制度已经完成，其中包括"军转民"和"民参军"交易平台体系的健全化，涉密信息安全化管理的完整化，政府对开展军民融合活动的主导化等。(4) 军民融合作为一项国际政策，其目的是促进资源共享，助力国家经济发展，而不单是发挥专利的价值。

四、我国军民融合背景下的专利运营建议

在我国，军民融合理论的发展经历了军民分离、军转民、军民结合、军民融合等四个演变过程。我国军民融合的进程已经进入高速发展的阶段，目

前的运营阶段也由成长阶段逐渐走向成熟阶段，关注运营的各个基本环节有助于完善目前阶段的运营模式，结合我国军民融合的特殊性探讨专利进行运营的关键因素是推动军民融合背景下专利运营的必要选择，主要的关键因素有以下几个：(1) 建立完善的国防专利运营法律保障体系，一切运营都应该建立在确保国防安全的基础上，我们既然已经选择了一种不经济的方式来保障国防安全，那么就应该始终把国防安全放在首位。(2) 建立“军转民”市场和“民参军”市场，在科技创新与应用的系统下引入市场机制，可以更好地优化军民融合的资源配置。(3) 加大政府在运营过程中所起的作用，军民融合作为一种国家战略，政府有必要建立军民融合信息化服务平台，在军方和民间企业之间搭建沟通的桥梁。

1. 明确权利归属，避免产权纠纷

在专利运营过程中，权利的界定是基本要求，所有权是否明晰决定了交易是否安全。解决国防专利的权利归属问题应该把握以下几点：(1) 完善国防专利制度体系，目前国防专利的权利归属问题的出现是由于立法缺陷导致的，对于一些基础的权利问题，可以在《国防专利条例》中加以确定，可以约定国防专利的所有权属于国家，其他的权利属于发明创造人，在对发明人进行公平且充足的补偿后，国家才享有国防专利的绝对权力，例如限制许可的权利。(2) 在解决国防专利权利归属的问题时，需要将国家安全放在最高位置。在权利归属严重涉及重大国家安全利益时，此时专利权应该属于国家。但应该积极调和国防专利的权利归属矛盾，将下达科研任务的经费一分为二，一部分用于科研的基础需求，另一部分用于日后购买国防专利。国家的安全利益高于市场的经济利益。

2. 建立市场运作体系，促进国防专利市场化

建立军民融合市场运作体系，是将市场化的因素融入军民融合的过程，包括融资、价值评估、技术转化等经济化内容。因此，在建立市场运作体系时应当考虑以下几个因素：(1) 加强知识产权价值观念，将知识产权作为一种无形的资产应用到市场活动中。例如军工企业的上市中，允许在保障国防安全的前提下对国防专利进行一定的披露，并作为无形资产纳入公司的评估资产。此外，还可以完善国防专利的融资机制，提高国防专利的市场化融资能力。(2) 将市场竞争作为推动国防专利的手段。通过市场竞争一方面可以提高国防专利转让方的经济收益，使得科研人员能够获得高的运营收益，从而激发发明创造者的研发热情，在某种层面上进一步推动国防专利创造的发展。另一方面，军民融合的推进本意就是为了让更多的民营企业参与到军民融合的市场中，所以市场竞争是不可避免的一种趋势，这种市场竞争能够更加广泛地吸收市场领域的资金力量，实现资金与成果的整合。

3. 发挥政府职能，推进军民融合战略

目前国防专利交易的关键在于专利交易平台的搭建，在军民融合背景下的专利运营中，信息不对称是影响运营的首要因素，因此构建国防专利运营信息平台是专利运营中的重要环节。从 2010 年确定西安市为首批军民融合产业基地到目前为止，我国已经确定了八批军民融合产业基地，这些产业基地都搭建了相关的军民融合示范平台，例如 2017 年四川军民融合大型科学仪器共享平台开始运营。由于各个省份之间的军民融合进展不尽相同，例如山东、陕西、吉林等省份的军民融合进程明显快于西藏、新疆等地区。

搭建军民融合交易平台要把握以下两点：(1) 政府主导，民营企业协助共建。从以上的试点产业基地来看，政府在建设中发挥着重大的作用，其原因首先在于政府具有较强的宏观把握性，能够更为全面地掌握交易双方相关信息，起到统一信息的作用。其次，军民融合产业基地属于半公益性质的平台，只有在政府推动的基础上才能将其应用于实际交易。所以各级政府在搭建平台时应该积极借鉴其他省份的平台搭建经验，结合本省的特点搭建相关的国防专利运营信息平台，并且政府应当对平台事务采取全方位的保障措施，国防专利运营平台作为一个买卖平台应当做好平台的监管义务保障国防专利提供方和受让方的合法利益，后续的专利再研发和应用提供相应的信息帮助。(2) 将解密程序并入军民融合服务平台。目前我国国防专利的解密任务是由中央军委装备发展部国防知识产权局负责，但是随着军民融合进行的推进，中央军委发展部必将难以承担众多国防专利的解密任务，所以有必要在各省份所设立的军民融合服务平台进行解密活动。在试点初期可以设立军事服务专利咨询委员会，为专利的解密活动提供技术咨询。

结　语

军民融合战略赋予国防专利助力我国国防建设和经济建设的使命，在军民融合战略实施的过程中，应当根据国防专利特殊性所带来的问题以及特定的运营阶段，提出稳妥的解决方法。完善权利归属制度，提出合理的资金分配方案，强化知识产权价值观念，促进国防专利市场竞争，建设军民融合试点平台，提供军民融合专业化服务是当前军民融合背景下专利运营的基础。稳固军民融合背景下专利运营的基础，有利于促进军民科技的交融，有利于我国创新体系的完善，有利于促进市场经济的发展。

商业模式的专利权保护制度研究

黄心雨*

内容提要 随着科技发展，商业模式在商业竞争中的重要性不断增加，但是商业模式易被低成本地复制、运营并且由于商业模式在法律上界定的不明确，目前为止还没有切实可行的法律制度去保护商业模式。商业模式作为在商业活动中产生的解决商业问题的具体方法完全符合专利的构成要件，可以运用专利制度保护商业模式，保护商业模式权利人的合法利益。本文首先介绍本文的选题背景。其次，通过对商业模式的法律界定、特点与价值的论述明确专利制度保护商业模式的合理性以及提出现行的专利法对商业模式保护的不足之处。最后，对于商业模式的知识产权保护制度提出一些构想。

关键词 商业模式；专利；制度

一、绪论

1. 研究背景

自从进入21世纪以来，互联网在中国迅猛发展，互联网应用走向多元化。互联网越来越深入、全面地改变着中国人民的生活方式。从日常的衣食住行到理财投资，互联网深入到社会生活的每个角落，以其特有的优势带给

* 黄心雨，扬州大学法学院研究生。

了人民便利、促进了社会的发展。根据2018年1月31日中国互联网络信息中心发布的第41次《中国互联网络发展状况统计报告》❶显示，截至2017年12月，我国网民规模达7.72亿，普及率达到55.8%，其中网民线下消费使用手机网上支付的比例提升15个百分点，网络直播用户规模年增长率最高，共享单车用户规模突破2亿，中国上市互联网企业数量破百，市值接近9万亿元人民币。随着中国互联网的大踏步发展，许多新的商业模式被创造并运用到市场竞争中去，成为一家企业的核心竞争力，例如美团、滴滴打车等采用的O2O（Online To Offline）商业模式，淘宝、京东等采用的B2C（Business To Customers）商业模式。但是，当一种商业模式获得成功时，会有许多商家肆意地、几乎零成本地对其进行模仿，这种模仿不仅严重损害了商业模式创造者的合法权益，而且无益于社会的经济发展。

2. 研究目的

（1）论证商业模式作为知识产权保护的合理性。自2015年3月23日中共中央办公厅第一次发文提及"研究商业模式等新形态创新成果的知识产权保护办法"❷以来，我国政府发布了多份有关于商业模式的知识产权保护制度的官方文件。但是，仍有一些学者认为商业模式属于"抽象思想"，不具备被知识产权制度保护的实质性要件。诚然，商业模式刚被创造出来之时的确只是抽象思想，但其在被实际运用在企业经营之中后，已经不再是一种单纯的想法而是成为一种具体的商业模式，具备技术性、可实施性。具备可实施性的具体的商业模式的创建和运营无一不是耗费了企业大量的资源与人力。如果没有切实可靠的制度去保护商业模式，不但会损害企业利益，而且会损害市场经济秩序。所以，本文的目的之一就是论证商业模式作为知识产权进行保护的合理性。

（2）构建商业模式的知识产权保护制度。目前，与商业模式保护有关的

---

❶ 中国互联网络信息中心．第41次中国互联网络发展状况统计报告［R/OL］．［2018-09-15］．http：//www.cac.gov.cn/2018-01/31/c_ 1122346138.htm.

❷ 中共中央国务院关于深化体制机制改革加快实施创新驱动发展战略的若干意见［EB/OL］．［2018-09-15］．http：//www.gov.cn/gongbao/content/2015/content_ 2843767.htm.

知识产权制度包括专利制度和商业秘密制度。关于商业模式的专利制度保护，虽然在2017年由国家知识产权局颁的《专利审查指南》中明确指出“涉及商业模式的权利要求，如果既包括商业规则和方法的内容，又包含技术特征则不应当依据专利法第二十五条排除其获得专利权的可能性”[1]，但是商业模式的审查方式和审查标准并没有一个明确的规范，仍旧处于比较混乱的局面。另外，商业模式在我国成功申请到专利的案例数量较少，无法从已经申请成功的商业模式专利中总结出一套能相对为大众认可的审查标准。所以，本文将对构建知识产权保护制度提出自己的看法。

3. 研究意义

管理学大师彼得·德鲁克曾说过，当今企业之间的竞争，不是产品和服务之间的竞争，而是商业模式之间的竞争。在互联网迅猛发展的今天，阿里巴巴、京东、美团的成功完美地印证了一个优秀的商业模式能带给企业的不仅仅只是一个运营方法，它是企业最核心的竞争力，是企业成功的根基。因此，构建一个切实有效的知识产权保护制度对使商业模式免受肆意复制，避免商业模式的运行被恶意破坏至关重要。从国务院将“研究完善商业模式的知识产权保护制度”写入《“十三五”国家知识产权保护和运用规划》不难看出，国家对商业模式的知识产权保护的重视，并且其再一次证明了商业模式对促进我国创新与经济发展，最终实现创新驱动战略的宏伟目标的重要作用。

二、商业模式的法律界定

（一）商业模式的定义

“商业模式”一词于1957年首次提出，在20世纪末期才开始被广泛关注，进入21世纪以来，国外学者对商业模式的研究与日俱增，商业模式的

[1] 国家知识产权局．关于修改《专利审查指南》的决定［EB/OL］．［2018-09-16］．http：//www.sipo.gov.cn/docs/pub/old/zwgg/jl/201703/t20170302_ 1308618.html.

研究俨然已经成为一个热门话题并且已经得到很大的进展。中国关于商业模式的知识产权保护制度研究始于2000年，经过十几年的大量专家学者的研究，尽管官方已发布文件将商业模式的知识产权研究列入“十三五”计划，将其视为施行创新驱动创新发展战略的重要内容，但是对于商业模式依旧没有一个明确的定义。

1. 国内外对商业模式的定义

在学术研究上，相较于法学领域，商业模式的研究更多地出现在经济学和管理学领域。我国著名管理学学者、北京大学汇丰商学院魏炜教授、朱武祥教授在总结现有商业模式定义，分析现有定义的不足后指出商业模式的本质：商业模式本质上是内外部利益相关者的交易结构，包括定位、业务系统、关键资源能力、盈利模式、自有资金流结构和企业价值六个构成要素。但这是从商业模式的构成、运营等方面来定义商业模式，与在法律层面定义商业模式还是大相径庭。

在法律层面，“商业模式”与“商业方法”多有混同。商业方法在我国的法律中也并没有明确的界定，只有两份文件曾经提及商业方法，一份是已经于2008年被废止的《商业方法相关发明专利申请的审查规则（试行）》，另一份是国家知识产权局的《审查操作规程·实质审查分册》，其中第九章“涉及计算机程序的发明专利申请的审查”中提到了商业方法，将商业方法定义为“实现各种商业活动和事务活动的方法，是一种对人的社会和经济活动规则和方法的广义解释，包括证券、保险、租赁、拍卖、广告、服务、经营管理、事务安排等”。[1] 世界知识产权组织对商业方法的定义是借助数字化网络同时又具备创造性的方法。

2. 本文对商业模式的定义

商业模式可以和商业方法等同，并且在当今社会，用商业模式一词更加恰当。首先，经过多年来国内外诸多专业学者的研究，商业模式的定义早已不单单局限于单纯的经营策略，更包含能够使其策略切实可行的具体技术方

[1] 国家知识产权局．审查操作规程·实质审查分册［M］．北京：知识产权出版社，2011：231.

案。而商业方法也并非局限于经营策略的具体技术方案，同时也包括抽象意义上的经营策略。商业模式与商业方法这两个概念已经没有显著区分。

其次，之所以认为当今使用商业模式一词更为恰当是因为商业方法一词来源于美国的判例，更多运用在专利制度中，相较于商业模式更具专业性，对人们而言比较陌生，而商业模式一词已经被广泛运用在日常生活之中，人们更为熟悉。并且，自 2015 年来，政府官方的文件、政策都是使用的商业模式一词。

对于商业模式的定义不应单独从经济学、管理学等单方面出发，而应该从其本身含义出发，运用语义解释的方式，如此，才可以将商业模式所涵盖的内容悉数归结进去。从其本身出发，商业是随着商品交换和商品经济出现产生的包括围绕商品生产和交换所进行的一切活动。百度百科给模式所下的定义是这样的，模式是主体行为的一般方式，是理论和实践之间的中介环节，具有一般性、简单性、重复性、结构性、稳定性、可操作性的特征。根据上述两个概念的定义，本文将商业模式定义为商品生产和交换中形成的具有简单性、重复性、结构性、稳定性、可操作性的能够解决商业问题的一般方式。

（二）商业模式的特点

1. 公开性与秘密性

商业模式由于其普遍存在于商业活动的整个流程之中，所有参与商业模式运营的人包括商家、消费者都很容易感知其大概的框架。以 O2O 商业模式的“滴滴打车”为例，所有使用过该 APP 的人，无论是接单的车主抑或下单的消费者都可以很清晰地知道，滴滴打车是一个平台，它的商业模式是收集消费者的下单信息再由系统分享给距离最近的车主，通过车主接单、消费者网上支付车费形成一个 O2O 的封闭链条。但是，这仅仅只是滴滴的商业模式最粗略的框架，其中涉及的如何收集下单信息、采用何种方式与车主进行签约等这些具体的信息，大众是无法清晰地知晓的，所以商业模式还具有秘密性。

2. 复制性

自 2015 年第一批共享单车进入北京大学校园，仅仅过了短短一年的时间，到 2016 年，共享单车出现爆炸式的增长，从一开始只有 OFO 小黄车到后来出现的摩拜单车、永安行等五颜六色的共享单车，共有 20 多个品牌的共享单车出现在街头。其向市场投放自行车供消费者使用，再借由网上支付收取租金的商业模式几乎毫无成本地被简单复制，并且迅速在市场上运营，不难看出，商业模式具有复制性。但是同时，一年内已有 5 家共享单车宣布倒闭，这证明即使企业可以简单复制他人的商业模式，但由于无法知悉商业模式的具体信息以及各种市场因素的制约，后来的复制者并不一定能够复制之前的成功。

（三）商业模式的价值

著名管理学家彼得·德鲁克曾指出，现代企业之间的竞争，不是不同产品之间的竞争，而是商业模式之间的竞争。时代华纳前首席技术官邓恩说过，在经营企业的过程中，商业方法和商业模式比技术更重要，因为前者是企业能够立足的先决条件。[1] 纵观在当今的互联网时代取得成功的企业，阿里巴巴、京东、滴滴打车等企业之所以能够在市场上取得一席之地并不是因为他们在销售的产品上有了质的突破，而是他们独创的商业模式将传统的商品、服务以一种全新的方式进行了整合、销售，便利了消费者，进而改变了公众的消费习惯、生活方式。

一种优秀的商业模式是企业能够在市场竞争中立足的基础，它能够优化交易结构、提升资源配置效益、提高经济效率，对国家实施创新驱动战略具有重要意义。

三、商业模式的专利权保护制度解析

1. 商业模式作为专利的合理性

如果想利用专利制度来保护商业模式，首先必须论证商业模式作为专利

[1] 李晓秋．信息技术时代的商业方法可专利性研究［M］．北京：法律出版社，2012：78.

的合理性。中国专利保护的客体有发明、实用新型和外观设计。商业模式显然不属于实用新型和外观设计，故本文将论证商业模式是否符合发明的构成要件。《专利法》第2条第2款对发明给出了这样的定义：发明，是指对产品、方法或者其改进所提出的新的技术方案。

发明是一种为解决特定技术问题而作出的具有创造性的技术方案，是技术思想和技术方案的统一。技术思想是形成技术方案的基础，技术方案是将技术思想转变为现实的途径。而模式的定义指出其是理论和实践的中介媒介，可见在现实生活中模式发挥的作用与发明是一样的。而商业模式只不过是将模式的范围限定在了商品生产和交换的过程中。

发明是在利用自然规律基础上的技术改造与革新，而非单纯地揭示自然规律本身。❶ 正如上文对商业模式的界定，商业模式是商品生产和交换中形成的具有简单性、重复性、结构性、稳定性、可操作性的能够解决商业问题的一般方式。商业模式是在商品生产和交换过程中针对商业问题提出的解决方案，是针对现有的商业模式的不足而提出的创造性的技术方案，并非单纯地揭示商业问题、介绍商品生产和交换的规律。随着电子信息技术的普及，商业模式作为技术方案与网络技术的结合更突显了其技术性。技术性作为专利客体的判断标准之一，商业模式越来越明显的技术性特征无疑为其作为发明来进行专利保护提供了客观条件。

发明是解决特定技术课题的完整技术方案，而非单纯提出课题或构思。如上文所述的商业模式的定义，商业模式具有可操作性，能够直接地解决商业问题，其不再仅仅只是抽象的构思，而是能够直接进行实施的含有具体操作方式的技术方案。

综合上述三点，商业模式符合发明的特征，能够成为专利制度保护的客体，然而若想真正地通过审查获得专利授权，还需要符合《专利法》第22条规定的应当具备新颖性、创造性和实用性。

2017年国家知识产权局颁布的《专利审查指南》中明确指出“涉及商

❶ 冯晓青，刘友华．专利法［M］．北京：法律出版社，2010：24.

业模式的权利要求，如果既包括商业规则和方法的内容，又包含技术特征则不应当依据专利法第二十五条排除其获得专利权的可能性”。这份文件的颁布表示商业模式获得专利权具有法律意义上的合理性。

2. 商业模式的专利保护的不足

目前我国提及商业方法或者商业模式的法律法规一共有三份，分别是分属法律的由全国人大常委会制定的《专利法》（2008 年修订）、分属行政法规的由国务院制定的《专利法实施细则》（2010 年修订）、分属部门规章的由国家知识产权局制定的《专利审查指南》（2017 年修订）。虽然有三份文件提及有关商业模式的专利保护，但仅仅只是明确了把专利权的授予范围扩大到了含有技术特征的商业模式，并没有对商业模式的审查标准给出明确的界定。

而涉及商业模式的审查的文件至今只有两份，分别是国家知识产权局于 2004 年发布的《商业方法相关发明专利申请的审查规则（试行）》以及国家知识产权局内部规范《审查操作规程 · 实质审查分册》（2011 年修订），在这两份文件之中，采用的还是“商业方法”一词，自 2015 年官方文件将商业方法全面用商业模式一词替代之后，还未发布新的文件对商业模式的审查进行指导。但是这两份文件对研究商业模式的审查同样具有重要意义。

《审查操作规程 · 实质审查分册》中列举了三种审查方式：（1）当审查员根据说明书介绍的背景技术和公知常识认定该商业方法不是技术方案时，可认定其不属于专利客体，直接不予授权；（2）在对该商业方法进行检索之后发现该商业方法解决的技术问题已经被解决或审查员初步判断其解决的问题为非技术问题，则同样可以直接不予授权；（3）当审查员检索到可能影响申请的商业方法新颖性、创造性的现有技术之时，审查员可以跳过对商业方法专利客体的审查，直接对新颖性和创造性进行审查。上述三种方法虽然给商业模式的审查提供了一定的思路，但同时也存在一定的问题。

首先，按照《审查操作规程 · 实质审查分册》的表述，这三种方式是一种平行关系，任择其一即可，但专利审查现行的一半程序是先进行专利客体的审查，再对该申请专利的发明是否具备授予专利权的专利“三性”条件予以审查。该分册中提出的从三种方式中任意选择一种进行审查的方式看似更为便利，但在实际操作中，反而会引起审查程序的混乱。更为重要的是第三种方法，只有当该商业模式率先满足新颖性和创造性才有可能进行专利客体的审查，这无疑无形中增加了商业模式成为专利客体的门槛。

其次，《审查操作规程·实质审查分册》是国家知识产权局内部文件，其使用说明部分指出，本规程为内部规范，不对外公开，引用本规程规定时，不应提及出处，最终的审查结论应引用《专利法》《专利法实施细则》《专利审查指南》的规定。该说明表明，作为内部规范的《审查操作规程·实质审查分册》不具备部门规章的法律效力，无法成为商业模式专利审查的法律依据，这就意味着目前为止还没有切实有效的法律文件去支撑商业模式的专利保护制度。

最后，对于商业模式的新颖性、创造性标准审查，商业模式被我国列入可授予专利权的范围的时间并不久，加之法律依据的缺失以及审查标准的混乱，真正被授予专利权进行保护的商业模式并不多，很多商业模式没有被授予专利也并没有被记载在专利审查的文件之内。因此，在对现有技术进行检索时，很有可能有些商业模式因为现有的数据不足导致审查人员认为其具有新颖性而授予专利权，这就造成专业审查中的漏洞，不仅会对现有商业模式的运营者带来损害，还会使专利审查的新颖性标准降低，造成商业模式审查标准更为混乱的局面。

四、商业模式专利权保护制度的构建

1. 专利制度的优势

商业模式作为解决商业问题的办法，其已经被专利法纳入保护范围，与其余被专利法保护的客体一样，对商业模式没有必要进行单独的立法。只需要将《专利法》和《专利审查指南》有关商业模式的部分进行进一步地细化以及给予明确的规定即可。在当今的互联网时代，采用专利权制度对商业模式进行保护的呼声不断高涨，在已经有许多优秀的商业模式在顺利运营推进经济发展的情况下，法律依据的缺失使专利权制度对商业模式的保护显得十分被动、不足，以最快速度制定出符合实际、具有可行性的法律制度是非常必要的。而与《专利法》相比，修改《专利审查指南》的程序要相对简单，也就能更快地产生法律效力。所以，当前对《专利审查指南》中的有关商业模式的内容予以拓展、进行详细规定是最好的选择。

专利权是绝对权具有排他性，其权利主体仅限于权利人，而义务人则是除权利人外的任何人，专利权的绝对排他性体现在“只有经过发明专利所有者的允许，专利发明才可以被利用。不经过这种许可，利用则是非法的。这样，就可以阻止他人利用专利发明。这种阻止并不需要专利所有者采取什么行动，只要他不给予许可，利用就是非法的”。[1] 首先，专利权的排他性使得商业模式的保护范围更大。专利权可对除权利人之外的任何侵权人主张权利、要求赔偿。其次，商业模式通过专利制度公之于众，并且同时获得法律上的垄断，在法律上划定保护范围，完全禁止他人使用。

专利属于知识财产，知识财产是指存在于人体之外的、能够为人所支配，并能满足人类需要的知识。[2] 知识财产的本质是知识，属于思想的范畴。专利制度保护的是创意，世界知识产权组织在解释《伯尔尼公约》具体条款的指南第 2.3 条指出：“一个基本要点在于，创意本身不受版权保护。要寻求这种保护必须去找专利法而不是版权法。因此，除了专利保护之外，人们一旦公开了自己的创意，就无法阻止他人使用这一创意”。[3] 如此，专利制度保护的范围就更为宽泛，只要商业模式蕴含的核心思想是相同的，其本质上产生的效果、作用没有显著的变化，无论其表达的方式是怎么样的，均可以认定为侵犯专利权，通过法律维护合法权益。

---

[1] 吴汉东．知识产权总论［M］．北京：中国人民大学出版社，2013：27.

[2] 齐爱民．知识产权法总论［M］．北京：北京大学出版社，2014：51.

[3] 刘波林．保护文学和艺术作品伯尔尼公约（1971 年巴黎文本）指南［M］．北京：中国人民大学出版社，2002：218.

2. 商业模式的专利保护制度的构建

根据上文对商业模式的专利保护制度的不足的分析，本文提出以下构想。

(1) 在《专利审查指南》中提出明确的审查方法和审查标准。在现有的具有法律效力的文件中，《专利审查指南》是相对来说修改程序最简单的文件，因此也是能最快生效的文件。在上文提及的《审查操作规程·实质审查分册》中给出了三种审查方式，但由于其表述不够清晰，究竟是平行适用还是递进适用仍存在含糊的地方。在制定新的审查方式时一定要明确说明其适用方式，并且将客体审查和实质性审查区分开来，客体审查和实质性审查应该是递进关系，先进行客体审查，只有当申请的商业模式符合客体审查的标准才能进入下一步的实质性审查。在实质性审查中，再根据审查的难度，依实用性、新颖性、创造性的顺序进行审查。如此，可以使得商业模式的客体审查和实质性审查都具有一个统一的标准。

(2) 建立检索数据库。收到相关的专利授权申请之后再去收集相关信息无疑会使得审查的效率变慢，也会使得审查过程变得更加复杂烦琐，建立数据库可以很好地解决这个问题，在建立完善数据库的时候可以和专利局、互联网企业合作，对数据库进行实时补充和更新。由于目前获得专利权的商业模式数量还不足，对于新颖性的审查覆盖面不够广泛，可能会导致不具备新颖性的商业模式侥幸通过新颖性的审查，所以，在建立数据库时有必要扩大数据收集范围，比如暂未获得专利授权的商业模式、商业报告、新闻等。另外，可以加强与美国、日本等在商业模式已有较大发展的国家合作，加强国际联系、促进国际商业模式检索。

(3) 根据商业模式的发展状况对《专利审查指南》进行更新。随着近年互联网企业的迅猛发展，商业模式也同步有了很大的发展。为了满足不断增加、改变的商业模式的知识产权保护的需要，与商业模式有关的法律法规需要进行不断地、实时地增减和修改。《专利审查指南》的灵活性在客观上能够满足商业模式不断发展的需求，但也同样需要相关人员积极地推动立法，以更好地保护商业模式。

关于 FRAND 原则适用的合同法思考

钟离心庆*

内容提要 标准与专利的融合，增强了专利权的垄断属性。在标准必要专利许可当中，基于标准所产生的“网络效应”与“锁定效应”，双方当事人的谈判地位出现极大的不平衡。作为一项与知识产权相关的基本政策，FRAND 原则存在含义不清、效力不足等缺点，在协调标准必要权人与标准实施者双方利益平衡方面适用的难度较大。通过知识产权利益平衡理论与合同法基本原则的有机结合，对 FRAND 原则的适用进行科学指导，既弥补了专利制度的不足，又促进了标准必要专利许可合同的规范化，推动了技术标准的推广和应用。

关键词 标准必要专利；许可合同；FRAND 原则；合同法基本原则

一、问题的提出

专利许可是专利权人处分其权利的一种民事法律行为，受专利法和合同法的调整。在我国合同法中，专利许可合同没有单独的分类，在类别上被定义为“技术转让合同”，其实施需要遵循合同法的基本原则。而合同自由则是在专利许可过程中双方当事人应当遵循的首要原则，在一般的专利许可过程中，专利持有者在法律允许的范围内有权自行决定是否将其专利进行许

* 钟离心庆，南京师范大学法学院研究生。

可，并与他人缔结许可使用合同。近年来，随着标准在技术领域的确立，越来越多的专利被纳入本领域的技术标准。由于专利权本身的私权属性和垄断特征并没有改变，其垄断性借助标准的强制力和约束力被无限放大。[1] 专利技术在被确立为标准之后，在本领域当中，潜在实施者无法绕开其专利，其产生的锁定效应极强。故在标准化趋势越发成熟的今天，专利权人、被许可人以及社会公共利益之间的冲突问题越发激烈。没有了其他直接竞争者，专利权人在标准的保护下对相关市场取得了极大的控制力，随之而来的便是专利权的滥用。双方当事人地位的不平等导致其许可合同必须要在 FRAND（Fair，Reasonable，and Non-discriminatory）原则的规制下才能维持许可行为的公正性，专利权人的“自由权”受到了限制。FRAND 许可原则的确立对于技术标准的推广发挥了极大作用，但是由于标准必要专利往往涉及大量的专利技术的许可，在不同许可情况下的复杂程度不同，FRAND 原则的适用亦不可一概而论，因此，需要借助合同法基本原理来明确 FRAND 原则在许可合同中的利益衡量问题。

二、FRAND 原则的合同法解释

自从 FRAND 许可原则在商业实践中被创设以来，作为规范技术标准中专利许可行为的基本准则，逐渐被标准制定组织中的专利权人和标准实施者所广泛接受。然而伴随着其在知识产权政策中地位的提高，争议也随之而来，其中最主要的原因便是对“公平、合理、无歧视”的专利许可原则在实务中如何具体适用没有统一的衡量标准。由于所站立场的不同，专利许可双方当事人对“公平、合理、无歧视”的理解也各不相同。学界和实务界对 FRAND 原则的性质和内涵也都没有一致的观点，笔者希望能够先从“公平、合理、无歧视”原则整体内涵的角度出发，通过剖析其内在的合同法机理，找寻出 FRAND 原则的理论基础及价值目标与合同法的基本原则间的契合性。

[1] 吴太轩．标准必要专利权人滥用禁令请求权的反垄断法规制［J］．竞争政策研究，2017（2）．

1. FRAND 原则及其内涵

FRAND 原则，又称 FRAND 承诺，是指专利权人为了将其专利纳入标准而向标准制定组织作出一项承诺，即在其专利纳入标准之后，专利权人承诺其将按照公平、合理、无歧视的原则向专利的潜在实施者进行许可。“公平”“合理”是 FRAND 原则在具体适用中的首要内容，多数学者认为这两者在内涵方面并没有太大的区别，作为 FRAND 原则的核心，在这里有必要将其作为一个整体，共同界定其内涵。“公平、合理”的核心内涵在于维持利益的平衡，即私益与公益的平衡，在标准必要专利许可中具体则是通过调整许可双方当事人之间的利益关系来实现的。标准未被确立以前，实现特定技术的手段往往有多种，专利技术手段之间具有竞争关系，双方当事人都通过正常商业竞争选择谈判的对象，各方之间的利益平衡通过正常的协商往往就可以解决。当技术标准与专利融合之后，专利权人在谈判中的地位被加强，从而导致双方利益严重失衡，对一方明显不利。正是基于这一方面考虑，在解释“公平、合理”的内涵时，首要强调的便是调整双方的利益关系，使许可合同双方之间利益再平衡。

我们应当认识到，无论是按照合同法还是专利法的规定，权利人将其专利授予他人实施，就应当有要求他人支付对价的权利，这是市场经济环境下契约精神的应有之义。通过赋予专利权人一定的权利使其获取适当的利益，有利于提高专利权人向大众主动公开和分享其技术成果的积极性，实现专利法激励创新、促进专利技术传播与应用的目的。但是，如果专利权人要求的对价过高，会进一步增加被许可人的生产成本，导致其负担过重，则会加剧双方利益的失衡。这种利益的不平衡是由于专利权人基于标准所产生的锁定效应，迫使标准实施者接受专利权人的要求。标准化运动在促进进步，节约成本的同时，给专利许可领域也带来了一定的风险，解决这些风险就必须要通过其他手段对双方当事人之间法律关系进行调整。同样，也只有维护了标准必要专利许可中被许可人的合理利益，才能促进专利技术进一步传播和推广，实现专利法所追求的价值目标。实践经验中，标准必要专利的许可费率的高低是判断专利许可行为是否符合“公平、合理”的主要表征，美国乔治亚太平洋公司案所确立的确定专利许可费率的15个因素即是“公平、合理”原则的具体体现。

“无歧视”原则的内涵要求权利人“同等对待”，按照对“歧视”的基本含义的理解，可以把“无歧视”理解为：专利权人必须给予相同条件的被许可人以相同的许可待遇。❶ 值得注意的是，“同等对待”并不意味着对所有的被许可人的许可条件都绝对平等，而是指在基本条件相同的情况下，待遇是相似的。因为在具体的许可过程中，影响双方许可的条件有许多，这些不同被许可人之间的差异导致在许可过程中不能简单地套用“无歧视”原则。❷ 因此，专利权许可应当是因条件而异，而不应是因人而异。标准必要专利的歧视性许可通常发生于专利权人既是标准专利的持有者又是下游市场的参与者，通过增加自己竞争对手的商业成本，为自己获取更大的市场利益。专利权人针对不同条件的被许可人进行区别对待、随意定价的行为，严重扰乱了相关领域的市场竞争秩序，影响了其他标准实施者继续参与竞争的热情和动力。不过，大多数企业都把专利许可合同作为商业秘密保护起来，专利权人与其他标准实施者之间的许可费率其他人很难得知，一般的潜在实施者无法确定其接受的价格是否合理。因此，要认定专利权人是否存在歧视性的区别对待行为，需要司法实践和理论相结合下的探讨。

不得拒绝许可是专利权人遵循“公平、合理、无歧视”承诺的必然要求。一般的专利许可过程中，拒绝许可是契约自由原则下专利权人所享有的一项权利。近年来，随着专利与标准的融合，专利权人的自由开始受到限制。因为标准的开放性，标准的设定与社会公共利益息息相关，专利与标准融合之后便具有了公共属性，因此标准必要专利的许可也与一般专利相异。专利权人为追求经济利益最大化，凭借标准必要专利的“锁定效应”与“网络效应”以向法院申请拒绝许可或禁令救济为由，要挟标准实施者以恶意抬

❶ 马海生．专利许可的原则：公平、合理、无歧视许可研究［M］．北京：法律出版社，2010：72.

❷ 罗娇．论标准必要专利诉讼的“公平、合理、无歧视”许可——内涵、费率与适用［J］．法学家，2015（3）.

高专利许可费的行为不仅有损市场竞争对手的合法利益，同时还与社会公共利益相冲突。[1] 因此，如何能够在既满足标准开放性与公共性，又能保障标准必要专利权人正当利益的情况下，平衡标准必要专利权人与社会公众之间的利益，成为当今知识产权法学界的一个重要问题。

2. “公平、合理、无歧视”的合同法原理剖析

关于“公平、合理、无歧视”的性质，通说观点认为其是与标准制定组织签订的利益第三人合同，对标准实施者而言体现为一种善良协商义务。通常，在专利许可的过程中，双方当事人在契约自由的原则下，可以在法律允许的框架下自由协定合同的内容条款，选择合同的当事人。但对标准必要专利来说，标准制定组织考虑到了标准化所带来的垄断优势，从社会公众的利益出发，要求限制专利权人固有的契约自由权利，更多地考虑在合同正义、诚实信用原则的基础上对标准实施者进行许可授权。因此，在权利人向标准制定组织作出了 FRAND 许可承诺后，应当在与被许可主体进行磋商时严格遵循其承诺。但是，因为 FRAND 原则是一个总括性的原则，大多数标准化组织并未明确其含义，仅仅将其作为标准化组织的知识产权政策，在适用 FRAND 原则的过程中无法进行准确把控。因此，只有在标准必要专利的许可合同对 FRAND 原则的本质做出合理的解释，才能准确适用 FRAND 原则。

专利许可本身是一种合同行为，在标准必要专利许可过程中，合同所涉及的双方或多方当事人的具体状况不一，许可条件也大不相同，从而导致其间的利益关系也较为复杂。首先，为了鼓励创新、促进专利权人将自己发明的先进技术快速共享并融入标准中，标准必要专利的许可需要平衡权利人之间的利益；其次，为了最大程度推广技术标准、保障社会公众利益，标准必要专利的许可需要协调专利持有人与潜在实施者之间的利益；再次，为了避免标准实施过程中不正当的商业竞争行为，还需要平衡标准实施者之间的利益。这些复杂的利益关系相互交错，需要通过分析标准必要专利许可合同背

[1] 郑伦幸. 对标准必要专利权人拒绝许可行为的反垄断规制 [J]. 知识产权，2016（7）.

后原则的位阶来对其中关系进行厘清。[1] FRAND 原则必然是知识产权利益平衡原理与合同法原则的具体结合。在许可过程中，影响 FRAND 原则适用的基本原则不仅涉及合同自由、合同公平原则，也包括民法领域中“霸王条款”——诚实信用原则。而 FRAND 原则的适用要考量的多种因素背后本质上就是利益平衡，这也是专利法所要维持的内在利益。“专利法通过赋予专利权、促进发明的公开和促进发明在投资和商业化基础之上广泛传播的目的表明，专利法是国家以技术进步为交易目的，在技术发明人和社会公众之间建立的‘对价’或衡平机制。”[2] 通过这种衡平机制，本文通过对 FRAND 原则所蕴含的合同法原则进行价值位阶的梳理，以期降低 FRAND 原则在具体许可中的适用难度。

合同订立应当遵循的一项最基本的原则就是“合同自由”。“任何人都有订立契约的自由，订立契约的机会向所有人开放，这是契约的基本精神之所在”。[3] 在我国，学者一般认为这项自由应当包括：(1) 缔约自由，即自主决定是否与他人缔约；(2) 选择相对人的自由，即自主决定与何人缔约；(3) 决定合同内容的自由，即决定合同的内容以及与合同相关的事项的自由；(4) 变更或解除合同的自由，合同依法成立后，当事人有权协商变更或解除合同；(5) 选择合同形式的自由，当事人双方有权决定合同订立的形式。[4] 基于此五项自由权利，只要合同行为和合同内容遵循法律、行政法规的有关规定，对于专利许可过程中当事人约定的许可条款是否合理等，法律似乎就不应加以干预。但是，基于标准所带来的“网络效应”和“锁定效应”，专利权人与标准实施人之间已经不再是平等主体之间的关系，再机械地适用合同自由原则将完全偏离合同法维护公平、鼓励交易的目的。鉴于

---

[1] 马海生．专利许可的原则：公平、合理、无歧视许可研究［M］．北京：法律出版社，2010：24.

[2] 冯晓青．知识产权法利益平衡理论［M］．北京：中国政法大学出版社，2006：127.

[3] 杨红军．知识产权制度变迁中契约观念的演进及其启示［J］．法商研究，2007（2）.

[4] 崔建远．合同法［M］．北京：法律出版社，2010：19.

此，便产生了在合同自由的基础上对其进行限制的思想。[1]“拒绝许可”是专利权许可适用合同自由原则的体现，但在标准必要专利许可中无疑成为增强权利人垄断地位的手段。因此，“不得拒绝许可”既是“无歧视”原则在合同订立阶段对权利人垄断地位的规制，也是基于合同公平原则对“契约自由”的一种限制。

合同公平原则源自民法中的公平正义原则。合同公平原则既表现在订立合同时的公平，强调合同各方当事人在平等协商的过程中对权利义务的分配公平合理；也表现在发生合同纠纷时讲求负担和风险的合理分配，既要严格保护好遵守合同一方的合法利益，也不能使违约方承担超过其过错范围的不合理责任；还表现在当客观情况因突发事宜发生不可预测之变化，如若继续履行合同将使一方或多方当事人的利益遭受不合理的损失时，能够通过调整当事人之间的利益实现公平原则的要求。[2]将民法中公平正义的理念引入合同法中，就是为了防止合同双方当事人滥用优势地位，对其不正当交易行为进行有效的制约，从而对处于不利地位当事人的合法利益进行保护，维持双方之间的利益平衡。在标准必要专利许可过程中，专利权人凭借标准形成的强势地位迫使标准实施者接受其提出的不合理条款，显然有悖于公平原则的内涵。近年来的标准必要专利领域乱象频发，专利劫持与反劫持都是许可合同双方当事人通过各种手段竞争不合理利益的手段。“公平”原则一方面要求标准必要专利权人考虑公共利益，放弃对未经允许的实施者寻求禁令救济的权利，或者对这种禁令救济权的行使进行限制。但另一方面，完全放弃禁令救济无疑增加了标准持有人获得救济的困难程度，也加重了专利反劫持的风险。专利许可行为应当在 FRAND 原则之下，融合合同公平原则、诚实信用原则的内涵，建立合理有效的救济与申诉途径，平衡各方当事人利益，才能杜绝专利劫持与反劫持现象。

诚实信用原则作为民法领域的“霸王条款”，其效力辐射范围包括合同

---

[1] 郑伦幸．技术标准化下专利许可制度私法基础的困境及其超越［J］．知识产权，2015（7）．

[2] 王胜明．关于合同法的基本原则［J］．中国法学，1999（3）．

法在内的整个民法领域。虽然在性质上，诚实信用原则属于一般条款，但在实践中，法院往往可以直接依职权适用。❶ 在合同法上千年的发展过程中，诚实信用原则在法条中已被逐渐具体化，合同法上规定的先合同义务、附随义务等内容皆源自于此。在功能上，该原则不但被用来调整合同当事人之间的利益关系，也为合同各方当事人设定了行为的准则，被认为是被法律化了的市场道德。❷ FRAND 原则作为专利权人承诺的必然结果，理论认为，其相当于与标准制定组织之间“签订”的一项利益第三人合同，其适用必然要严格遵守“公平、合理、无歧视”的要求。标准制定组织所设定的目的在于既要保证专利权人能够在其许可过程中获得应有的回报，同时也要尽量避免专利权人借机向社会中的潜在实施者索取高额许可费率。❸ 这既是专利法保护专利权人合法权益，促进技术传播的要求，也是合同法诚实信用原则在 FRAND 原则中的体现。

三、合同法原则与 FRAND 原则在专利许可合同中的互动

（一）标准必要专利许可过程中的利益冲突

在我国，申请人获得专利授权之后，就取得了该发明专利排他适用的独占性权利，未经专利权人许可，除非有法律或行政法规的特别规定，否则任何单位或者个人都不得实施。而技术标准是指为了实施统一技术事项在某一领域内由标准化组织所制定的标准，其特点是追求技术的统一、开放以及普遍适用，技术标准具有公开性和公益性，所以标准和专利有本质上的不同。根据洛克的劳动财产权理论，专利技术作为权利人劳动的产物，应当属于权利人的私有财产，具有专有性，其权利主体所追求的是在专利有效期内最大化自己的收益。“如果说一个单项的专利技术只影响一个行业的利益的话，

❶ 梁慧星．民法总论［M］．北京：法律出版社，2011：50.

❷ 韩世远．合同法总论［M］．北京：法律出版社，2011：41.

❸ 参见广东省高级人民法院（2013）粤高法民三终字第 305 号民事判决书。

那么，当这项专利成为技术标准的时候，它就能扩大到一个领域，进而直接影响到国家利益。”❶ 在专利被纳入标准后，在FRAND许可过程中双方的利益冲突主要表现为专利劫持与反劫持、专利许可费堆叠等现象。

1. 专利劫持与反劫持

专利劫持是指在标准必要专利许可谈判中，针对标准制定前已经投入了沉没成本的专利使用人，权利人通过申请禁令救济、提起法律诉讼等手段相要挟，不合理地提高专利许可费用的现象。专利反劫持是指标准必要专利的使用人在正常的专利许可谈判过程中，通过恶意拖延支付合理标准必要专利许可费或以低于符合FRAND承诺的许可费率以获得专利许可的现象。专利劫持与反劫持现象都是谈判双方自身为获取不正当利益而扰乱市场竞争的现象，现象产生的一个重要原因即是FRAND原则在适用过程中无法准确进行利益分割与利益衡量，因此在事实和法律层面对专利劫持行为进行准确剖析就显得十分必要。

首先，专利劫持是一种违约行为。通说认为，专利一旦与标准结合，也就意味着对潜在实施者而言构成了默认许可，善意实施者基于FRAND原则与权利人达成共识后支付合理的许可费便可实施其专利。❷ 而权利人基于“锁定效应”，以禁令救济相要挟，恶意抬高许可费以及要求其他附加义务的行为既不符合FRAND原则的要求，也违反了其与标准实施者之间的先合同义务。

其次，专利劫持行为是对公共利益的侵犯。专利纳入标准之后，依托行业组织背书，其专利在本行业内得以顺利地推广运用，迅速占领本领域市场主体地位。作为交换，标准制定组织对专利权做出限制，即要求权利人在其专利纳入标准之前必须作出许可承诺——在不违反FRAND原则的情况下，任何人都可以有偿或无偿使用。如果专利权在已经获得足够利益的情况下，依然索取更多的利益，必然会造成对公共利益的侵犯。

---

❶ 方立维．专利标准化下专利联盟及其专利授权许可政策［M］．北京：知识产权出版社，2015：98.

❷ 张振宇．技术标准化中的专利劫持行为及其法律规制［J］．知识产权，2016（5）.

最后，专利劫持行为属于一种垄断行为。作为一项私权利，禁令救济在标准必要专利许可过程中本来是权利人用来保护其专利不受侵害的救济手段之一，但是在涉及标准必要专利的情况下，如果不对禁令救济加以限制，任由权利人滥用救济手段以威胁被许可人，不仅会损害标准实施者的利益，也会阻碍标准的实施，有损社会公共利益。❶ 在专利权人已经获得市场支配地位的情况下，行业内的绝大多数产品或服务都绕不开其控制，因此，标准的实施给专利所带来的“网络效应”与“锁定效应”也进一步增强，标准必要专利持有人很有可能会在利益的驱使下“借禁令救济之名，行限制竞争之实”。❷

2. 专利许可费堆叠

所谓专利许可费堆叠是指某一个技术标准由多个专利构成，而这些标准必要专利分属于不同的权利人，标准的潜在实施者为了能够得以实施技术标准，必须要与多个标准必要专利权人进行协商，只有获得所有专利权人许可之后才可以避免侵权。专利劫持与专利许可费堆叠所带来的许可费用的提高并不是源自专利技术本身的价值，而是取决于技术标准的价值。正是由于这一点，标准化组织强调在专利许可过程中首先要注意维持专利许可各方当事人之间的利益平衡，要求严格适用 FRAND 许可承诺的限制以协调当事人之间的谈判地位，保障各方当事人在许可过程中的利益平衡。❸ FRAND 原则的产生在某种程度上可以说是源自标准化组织方便管理内部技术标准的必然结果，其不仅是专利权人为了实现将其专利纳入行业标准的目的而向标准制定组织作出的承诺，也是为了实现同样的目的向潜在实施者作出的承诺，作为协调许可各方当事人的主要手段，FRAND 原则下的专利许可费率则是通过具体专利许可过程中不同利益主体之间不断博弈而得以明晰的。

---

❶ 叶高芬．也谈标准必要专利的禁令救济规则——以利益平衡为核心［J］．竞争政策研究，2016（5）．

❷ 韩伟，徐美玲．标准必要专利禁令行为的反垄断规制探析［J］．知识产权，2016（1）．

❸ 马海生．专利许可的原则：公平、合理、无歧视许可研究［M］．北京：法律出版社，2010：47．

（二）合同法基本原则对 FRAND 许可的调整

2013 年，在华为公司诉 IDC 公司关于专利实施许可合同纠纷案中，IDC 公司不服原审判决提出上诉，诉称 FRAND 原则原本来源于境外标准制定组织对其成员的要求，中国法律中并没有与之相对应的概念，原审法院简单地套用中国法律中的基本原则来解释 FRAND 原则属于法律适用错误；并指出，虽然从字面含义上来看在民法通则与合同法“公平、等价有偿、诚实信用”等原则中可以找到与 FRAND 原则中的“公平、合理”相对应的含义，却无法找到与“无歧视”原则对应的含义。❶ 公平、合理、无歧视原则作为在标准制定组织中普遍适用的一项知识产权政策，也是作为其内部成员的标准必要专利权人所应当遵循的一项义务。公平、合理、无歧视原则的内涵与我国新出台的《民法总则》中规定的“自愿”“公平”“诚实信用”等原则❷以及我国《合同法》第 5 条规定的“当事人应当遵循公平原则确定各方的权利和义务”、第 6 条规定的“当事人行使权利、履行义务应当遵循诚实信用原则”相符。由此可以看出，IDC 公司所提之诉称明显是对中国法律缺乏深入的了解。

在专利许可合同中，如何通过适用合同法的基本规则落实公平、合理和无歧视的要求是正确理解和适用 FRAND 原则的关键。

首先，学界普遍认为 FRAND 原则是标准制定组织与权利人之间“签订”的一个合同性质的文件，其权利义务由第三人——潜在实施者享有和承担。标准实施者作为权利义务的实际享有者与专利权人之间存在实体上的联系，这种联系是标准制定组织为了更好地平衡专利权人与潜在实施者的利益而强加在双方当事人身上的义务。但这种人为的“平衡”往往会导致实践中的不平衡，这种不平衡体现在其将谈判优势从专利权人转向了潜在实施者。因此，FRAND 原则的内涵也往往体现为一种对专利权人与被许可人的双向保护。许可双方当事人之间的紧张关系应当在合同法的基本原则之下，以

---

❶ 参见广东省高级人民法院（2013）粤高法民三终字第 305 号民事判决书。

❷ 参见《中华人民共和国民法总则》第 5~7 条。

FRAND承诺为基准，通过协商的方式来解决。一方面，专利权人承诺，对于未来的一切潜在实施者，其会秉持FRAND原则将其专利许可给后者。另一方面，标准必要专利的潜在实施者也必须为使用专利付出与专利本身价值相对等的对价。

其次，双方在许可合同的谈判过程中必须要保持诚意，这不仅是《合同法》第6条中诚实信用原则的要求，也是在各国专利许可合同纠纷中法院对于双方当事人行为的要求。在华为公司诉IDC公司案中，IDC公司为使华为公司接受其提出的不合理条件，在双方谈判过程中置FRAND原则于不顾，突然在美国法院对华为公司提起诉讼并申请禁令救济，形成对华为公司的专利劫持。从合同法意义上讲，IDC公司的此种行为不仅违背了其在先作出的承诺，更是违反了民法层面下规定的诚实信用原则。在被告IDC公司不遵守诚实信用原则向原告华为公司提出不合理要求的前提之下，华为公司一度陷入绝境，如果华为公司没有通过司法途径来寻求救济，则只能被迫接受被告单方面所提出的条件。[1] 因此，在许可过程中对FRAND原则的适用还要遵循诚实信用原则的内涵，以此来引导各方当事人在谈判中保持诚信，达成合意。如果标准专利持有者在谈判中不能保持诚信、善良的态度，滥用禁令救济不合理地增强自身在竞争与合作中的优势地位从而引发专利劫持，则就应当限制其所持有的标准必要专利所带来的锁定效应；反之，专利反劫持现象则需要通过适用合同法基本原则来规制标准实施者。

最后，FRAND原则的核心在于专利许可过程中的公平、合理，而其关键又在于判断使用许可费率的合理性。在合理性判断方面，美国乔治太平洋公司案确立了美国法院在具体案例中如何判断使用费具备合理性的15项因素，并为后来的专利许可使用费纠纷的解决奠定了基础。[2] 虽然美国法院确定的15项因素既非具体的规定，亦不能提供许可费率具体的计算方式，但

[1] 叶若思，祝建军，陈文全．标准必要专利使用费纠纷中FRAND规则的司法适用——评华为公司诉美国IDC公司标准必要专利使用费纠纷案［J］．电子知识产权，2013（4）．

[2] Georgia - Pacific Corp. v. U. S. Plywood - Champion Papers Inc., 446 F. 2d 295 (2nd Cir. 1971).

相对于公平、合理、无歧视这样抽象的原则来说，在明确专利许可费率方面可操作性更强。2013 年在华为公司诉 IDC 公司专利许可合同纠纷案中，广东省高级人民法院在确定合理的使用费时，也确立了四个考量因素：其一，专利权人收取的专利许可费率应当仅为与其专利价值相对应的利润部分；其二，收取的费率以专利权本身的价值为限；其三，专利权人仅能就其技术标准中涵盖的有效专利收取费用；其四，许可费率应当确定一定的比例限度。[1]在贸易全球化的背景下对于 FRAND 原则内涵的理解各国都大同小异，就不同情况下如何确定专利许可费率的考量因素也并无实质上的区别，有的仅仅是各国法院在技术层面上的考虑不同。[2] 从各国法院实践的总体情况来看，在标准必要专利许可费率如何更具合理性的考量因素中，透露出合同法原则与 FRAND 原则在许可合同中相结合的智慧。

结　语

作为一项知识产权政策，FRAND 原则的本质是知识产权法利益平衡理论与合同法基本原则的有机结合。在具体协商和适用的过程中，FRAND 原则太过抽象，在实践中难以达成一致。通过对标准必要专利许可合同所涉及的基本原则的分析，在符合合同目的的前提下，将 FRAND 原则与合同法基本原则的内涵相互协调，弥补专利制度的缺陷，明确规则适用的顺序和优先保障的权益，为 FRAND 原则内涵的明确提供合同法依据，促进标准的推广实施，保障标准制定组织专利政策的落实。

---

[1] 参见广东省高级人民法院（2013）粤高法民三终字第 305 号民事判决书。

[2] 胡洪．司法视野下的 FRAND 原则——兼评华为诉 IDC 案［J］．科技与法律，2014（5）．

第四编

加大商标保护力度
促进品牌高质量发展

商标取得制度的历史拐点和未来走向

——以美国商标取得制度及其历史为切入点

项晓媛*

内容提要 我国商标法对于商标权取得依据，采纳的是注册取得商标权原则，而美国采用商标权使用取得原则。但是在美国历史上，第一部联邦商标法采用的是注册取得制度，而“商标案”成为注册取得制度转向使用取得制度的“拐点”。不论是对比美国和其他国家的商标法，还是纵观美国商标立法历史都可以发现，使用取得商标权制度是一个例外，是美国特有的法律环境的产物，而注册取得商标权制度才是历史发展的走向。

关键词 使用取得；注册取得；1870 年商标法；商标案

在商标法理论中，商标的取得依据，即注册取得制度和使用取得制度被大量讨论。“我国的历史已经选择了商标注册取得制度，经过多年来的探索和实践，已经形成了采纳注册原则的《商标法》确认并保护注册商标，由《反不正当竞争法》保护部分未注册商标的总体框架。”❶ 有理论认为，为了防止商标“注而不用”“恶意抢注”等现象的发生，建议吸收、引入美国商标法中的“使用取得商标权”制度，在今后修法时将实际使用或意图使用引

* 项晓媛，苏州大学王健法学院研究生。

❶ 王莲峰．我国商标权利取得制度的不足与完善［J］．法学，2012（11）．

入作为自愿注册原则的准备条件，以“使用”作为规范体系的逻辑基础。[1]如今世界各国普遍采用注册制度作为商标权取得依据，只有美国坚持“使用取得制”，但是美国的商标取得制度，是由其特殊的宪法环境和法律土壤导致的。

一、美国商标取得制度的历史拐点

美国国会在1790年制定了第一部联邦版权法和第一部联邦专利法，但是一直到1870年才制定了第一部联邦层面的商标法，此前关于商标只有各州立法。该法案是一部商标的“注册法”，即商标在联邦一级注册不要求使用。但是在“商标案”中，该联邦商标法被宣告违宪，在此之后国会通过的商标法就采用了使用取得商标权原则。

1. 最早的“注册取得制”

美国联邦的第一部商标法即1870年联邦商标法，[2] 该法案的内容被戏称为“三明治式”——既包括商标的内容，也包括版权和专利的内容。而实际上，这部法案中只有第2章规定了商标法的内容。该法规定了对普通法所保护的商标予以注册，并规定了一些实体性权利。1870年联邦商标法是一部单纯的商标注册法，该法并不将商标的使用作为商标的注册条件。“现在足以说，1870年法和1876年法规定了在任何本质上属于商标的东西，都可以在专利局进行注册，任何人依据本法注册都可以排他地使用。对他人注册商标，未经商标所有人许可的非法使用，构成民事诉讼的理由。”[3]

国会意图实现在地方、州、联邦范围内的商标使用规则的一致性，采取了以下两点措施。首先，规定了对商标的注册制度以及侵权的补救措施，但是这仅仅是一种民事上的补救措施，并没有有效地制止商标侵权。其次，国

---

[1] 孙山．商标制度的拐点与未来走向［J］．知识产权，2017（9）．

[2] 美国1870年商标法全称是《关于修改、合并和修订与专利和版权有关之法律的法案》（An Act to revise，consolidate，and amend the statutes telating to patents and copyrights）。

[3] U. S. Supreme Court TRADE-MARK CASES，100 U. S. 82（1879）．

会模仿布鲁士、法国和英国在1876年通过了1870年联邦商标法的补充法案，[1] 该法案将被告侵犯商标权应当承担的责任扩大到刑事责任的范围，即在贸易中欺骗性使用、销售和伪造注册商标，应当判处罚款和监禁。但是到了1879年的“商标案”中，这部法案被美国最高法院裁定违宪。[2] 在之后的联邦商标法中，商标权取得依据即变成了使用取得商标权，然而这一改变并不是因为注册制度展现出了弊端。

2. 从“注册取得制”转向“使用取得制”：商标案

美国最初的联邦商标法采用的是注册取得商标权原则，但是不久即转向了使用取得商标权原则，这一拐点就是“商标案”。“商标案”实际上源于三个不同的刑事诉讼案件：United States v. Steffens，United States v. Wittemann，United States v. Johnson。三名被告因为冒用、伪造商标触犯1876年商标法而分别在纽约州和俄亥俄州被起诉。审理过程中，被告提出违宪审查请求，请求法院审查国会是否有权依照版权与专利条款制定1876年商标法。[3] 在这三起案件的每一份起诉书中，都有一个普遍的质疑：国会在1876年通过的这部法案，是靠什么支撑的呢？[4]

国会立法必然需要宪法的授权。美国宪法第1条与知识产权有关的有2款，一个是“版权与专利条款（知识产权条款）”，[5] 另一个是“贸易条款”。[6] 1870年商标法是国会第一次试图规范商标权。从其标题就可以发现，该部法案的关键词为“作品”和“发明”，很明显国会在行使宪法条款所赋

---

[1] 1876年商标法即《惩罚假冒商标和销售带有假冒商标的商品的法案》（An Act to Punish the Counterfeiting of Trade-marks and the Sale or Dealing in of Counterfeit Trade-mark Goods），该法规定了对于侵犯注册商标和仿冒注册商标的刑事措施，是对1870年商标法的修改。

[2] U. S. Supreme Court TRADE-MARK CASES，100 U. S. 82（1879）.

[3] 黄海峰．知识产权的话语与现实——版权、专利与商标史论［M］．武汉：华中科技大学出版社，2011：266.

[4] U. S. Supreme Court TRADE-MARK CASES，100 U. S. 82（1879）.

[5] 版权与专利条款（知识产权条款）：国会拥有下列权力：……保障著作家和发明家对其著作和发明在限定期间内的专利权，以促进科学与实用技艺的发展……

[6] 贸易条款：国会拥有下列权力：……管理合众国与外国的、各州之间的以及与印第安部落的贸易……

予的权力，但其选择的是“版权与专利条款”。我们也可以合理地假设，在法院进行严格的审查之前，“版权与专利条款”成为1870年联邦商标法的主要的宪法支撑。

在“商标案”中美国1870年联邦商标法被裁定违宪是因为“宪法上的障碍”。因为就宪法的“版权与专利条款”来说，“商标既不属于该条款所说的可获版权的作品，也不属于可获专利权的发明”。❶ 商标和版权、专利不同。在作者创作完成一部作品之前，该作品当然是不存在的；同样当发明人完成一项发明之前，该技术方案也是不存在的。因此，作者和发明人对这一作品或是技术方案享有独占的、排他的权利，并不会影响到其他人的利益。如果没有作者和发明人对作品或技术方案的创作和发明，其他人也无法享受到这样的利益。但是，商标与之不同。商标是将已经存在的“标志”用作“商标”。在这一标志成为商标之前，理论上谁都有使用的可能性，而其成为商标之后无疑影响了他人的使用。在“商标案”中，美国联邦最高法院认为，商标和发明、发现之间并没有必然的联系。“一项发明必然要求新颖性，而商标是将已经存在的某物，作为独特的标志来使用。其不依赖于新颖性，不属于脑力劳动。如果这一标志简单、质朴、陈旧或是众所周知，而原告最先将其用作商标，其仍然可以通过注册获得独占性的权利。尽管这样的立法可能是对保护商标的普通法进行的明智的援助，并且也在立法权力的范围之内，我们还是无法在宪法的‘版权与专利条款’中，找到商标的立法权力。”❷ 因此，国会不能根据“版权专利条款”来制定联邦商标法。

1870年商标法被美国联邦最高法院裁定违宪，但是这不足以使之后的立法转向“使用取得制”，这一拐点的直接原因是“贸易条款”。在国会寻求“版权与专利条款”作为支撑失败之后，只能转向“贸易条款”，而正是由于“贸易条款”的特殊要求，联邦商标立法必须采用使用取得商标权原则。

---

❶ 李明德．美国知识产权法［M］. 2版．北京：法律出版社，2014：457.

❷ 法院由此认为宪法中的专利和版权条款不能成为商标法的立法根据，因为商标法保护的是所有的标记，不考虑任何新颖性或独创性。U. S. Supreme Court TRADE-MARK CASES, 100 U. S. 82 (1879).

3. “使用取得制”的历史必然：贸易条款

除了“版权与专利条款”，能够成为1870年联邦商标法的宪法依据的还有“贸易条款”。但即使认为1870年联邦商标法的立法依据是美国宪法中的“贸易条款”，也还是会导致该法案的违宪。因为在美国宪法第1条第8款中的“贸易条款”，明确限制了国会颁布的法律所能规范的贸易的范围，无论是法条的表述还是深究其本质，都应当仅限于国际贸易、州际贸易和与印第安部落的贸易。反之，如果该法律的主要目的是制定适用于所有的贸易和各个方面的商业活动的规定，特别是如果其明显是管辖了完全在一州之内的贸易。国会制定该法就绝对行使了不属于国会的权力。

但是在1870年联邦商标法以及1876年的修订法案中，我们却无法找到这一原则。无论是在该法所描述的有权在联邦注册商标的人员的类别，还是在该法所规定的商标所适用的商品的范围，都没有暗示出这样的原则。甚至在1870年联邦商标法第4937条表述为：“美国境内的任何公司或是个人，或是美国联邦或是各州所设立的公司，或是居住在与美国有条约或公约关系的外国并且享有类似特权的我国公民，都可以通过注册获得商标保护。”这是个一般声明，可以理解为几乎是任何人都可以通过注册获得商标保护，法条也没有要求这些公司或个人所参与的贸易活动，应当是国会有权规范的贸易活动。

从1870年联邦商标法的名称来看，“国会找错了宪法上的立法依据”。[1] 但是即使将“贸易条款”作为其宪法支撑，1870年联邦商标法由于没有规定使用商标的“贸易”的范围，而涉足了一州之内的贸易，仍然是违宪的。在“商标案”判决之后，1882年3月，美国国会通过了一部新的联邦商标法，作为对“商标案”的回应，这次是以“贸易条款”作为依据。该法明确了这一点：“国会召集众议员和参议院制定本法，在与外国的贸易或与印第安部落的贸易中使用的商标，商标的所有人应当是美国居民，或者是与美国有条约或公约关系的地区或部落，商标的所有人有权对获得对上述商标的注

[1] 李明德．美国知识产权法［M］．2版．北京：法律出版社，2014：457.

册，但要满足下列要求……”❶ 不难发现，在这部法案当中联邦一级的商标注册仅限于对外贸易中使用的商标和与印第安部落贸易中使用的商标，甚至没有提到州际贸易中使用的商标。

其实，这一点就解释了为什么美国的商标法一定要采纳“使用取得商标权”的商标权取得制度。《兰哈姆法》只能规范在国际贸易、州际贸易和与印第安部落之间的贸易中使用的商标，才能合宪。也就是说，权利人使用商标的贸易也必须在这三种范围以内，而绝不能是州内贸易。如果是州内贸易使用的商标，不受联邦立法规范，也不能在联邦法院进行诉讼。一个从未使用过的商标，又如何能够判断其将会被使用的范围呢？如何分辨一个商标所涉及的贸易究竟是何种贸易，答案只能是通过权利人的使用。因此，《兰哈姆法》会要求使用过的商标才可以注册。

二、正确理解美国“使用取得制”

商标的注册取得制度和使用取得制度讨论的根源就在于美国商标法上的“使用”。但是，在美国商标法中，并不是所有的使用都会产生商标权，并且“商标的意义在于使用”并不能使得使用取得商标权原则具备天然正当性。

1. 在州内贸易中的“使用”

在美国成立之初，即通过宪法划分联邦政府和各州政府的立法权限。❷在美国宪法第 1 条列举的规定国会的立法权限的条款当中，与知识产权有关的有两款，一个是“版权与专利条款”，另一个是“贸易条款”。国会依据“版权与专利条款”制定了联邦一级的版权法和专利法，根据“贸易条款”制定了联邦一级的商标法。美国宪法第 1 条第 8 款中的“贸易条款”明确了联邦法律所能规范的贸易的范围，只涵盖国际贸易、州际贸易和与印第安部落的贸易。因此，联邦一级的商标法也规定了在联邦注册并且受到联邦商标

❶ An Act to Authorize the Registration of Trade-marks and Protect the same, 21 Stat. 502.

❷ 根据制宪宗旨，凡是宪法中明确规定由联邦政府规范的事项，各州政府不得涉足；凡是宪法中没有明确规定应当由联邦政府规范的事项，则由各州政府予以规范。

法保护的商标，应当是在上述三种贸易的范围内使用的商标。而仅仅在一州之内的贸易中使用的商标，就属于各州政府予以规范的事项，应当由州商标法予以保护。因此，按照美国的商标法，并不是在所有的贸易活动中使用的商标都能获得联邦商标权。只有在国际贸易、州际贸易或是与印第安部落的贸易当中使用的商标，才可以通过使用获得联邦商标权。而在州内贸易中使用的商标，是无法通过使用获得联邦商标权的，也无法在联邦注册。

2. 在州际贸易中的“使用”

商标权取得制度的核心问题并不是承认使用产生商标权还是注册产生商标权，而是如何处理使用和注册作为商标权的取得依据之间的矛盾与冲突。简单地说，讨论商标权取得制度的场景，主要是在两个人都对某个商标主张商标权，其中一个人以使用为依据，另一个人以注册为依据，如何在这两个人之间“分配”商标权。只承认使用作为商标权的取得依据，而不承认注册作为依据的，是使用取得制；相反，只承认注册作为商标权的取得依据，而不承认使用作为依据的，是注册取得制。当然，使用取得制之下的注册和注册取得制之下的使用，在某些特殊情况下也可能会被赋予产生商标权的效力，不能因此而否认一个国家是使用取得制或注册取得制。

如果一个商标在州际贸易中使用，该商标获得联邦一级的商标权。在发生了贸易的州，该商标必然是有对抗在后使用的商标的效力的。《兰哈姆法》第 7 条（c）规定了该商标在提出联邦注册申请后，在其他各州有推定使用的效力（constructive use）。[1]“提交注册申请的商标构成了推定使用，授予优先权，在全国范围有效，对抗他人在商品或服务商申请注册。”也就是说，获得联邦商标权的商标，在联邦提出注册申请后，就推定在其他各州使用，可以对抗其他州在后使用的商标。但是，如果一个在州际贸易中使用的商标，其获得联邦商标权，但是其未在联邦提出注册申请，也就没有了推定使用的效力。此时是很难对抗其他人在其他州的使用的。如此看来，一个在州

[1] 有文章将“constructive use”译为“建设性使用”，参见：赵建蕊．商标注册所以来的商标使用研究——从 TRIPS 第 15 条第 3 款谈起［J］．比较法研究，2014（2）。笔者认为译为“推定使用”更为合理。

际贸易中使用的商标，已然获得联邦商标权，但是由于未在联邦提出注册申请，而无法在未使用的州获得联邦商标权。

三、各国的商标取得制度

在商标注册制度出现之前，一个标志要成为商标，只有一个途径，即作为商标使用在商品上。设计或选择一个标志作为商标并不是商标权的取得依据，只有使用才是商标权的取得依据。在此情况下，商标权的取得依据是一个完全不需要任何讨论的问题，也根本不存在商标权使用取得这种说法或观念。商标注册制度的出现，使商标注册成为除商标使用之外的一种新的商标权产生途径，这才有了注册取得制度与使用取得制度的区分。以英国为代表的许多国家在商标法的历史上都经历过“使用取得制”。但不可否认的是，目前的商标法现实已经和早期不同，绝大多数的国家和地区的商标立法都规定了商标权经由注册取得的原则。[1]

1. 德国的商标取得制度

德国作为大陆法系国家，其商标法采用的是注册取得制。德国第一部保护注册商标的立法是 1874 年的普鲁士法令。德国的商标法律制度在建立之初就采用了商标注册确权制度，其原来是一个只承认注册的国家，但是随后法院在司法实践中也逐渐承认了在贸易中使用并产生一定的商誉的未注册商标。1934 年德国立法机关正式认可了商标使用原则，并要求使用达到公众将商标与使用者相联系的程度，没有得到公众承认的使用不足以产生实质性商标权。[2] 1995 年修改后的《德国商标和其他标志保护法》第 4 条规定了注

---

[1] 王春燕．商标保护法律框架的比较研究［J］．法商研究，2001（4）．

[2] ［德］阿博莱特·克里格．商标法律的理论和历史［M］//李继忠，黄葆霖．外国专家商标法律讲座．北京：工商出版社，1991：153.

册、实际使用和驰名商标都可以获得商标权。[1]

2. 英国的商标取得制度

现代知识产权法中，英国是最早保护商标权的国家，早期的英国是从防止欺骗消费者的角度来保护商标的。早在1618年的判例中，被告在质量差的布上用了一个有名布商的商标并将其销售出去，法官在该案中承认了制止商标侵权的普通法上的权利。布匹商案成为仿冒法起源的标志，[2] 并在接下来的相当长的时间里按照普通法上所确立的反假冒的原则对使用的商标进行保护。这是现代法律制度确认商标使用产生商标权并提供保护的真实体现。可以说，使用取得商标权是现代商标法制度在早期所普遍采用的商标权取得方式。

1875年，英国通过了《商标注册法》（An Act to Establish a Register of Trade Marks），该法创建了正式的商标注册体系。但是该法并没有创建一个侵权诉讼的救济方式，而是沿用普通法的救济方式。[3] 总的来说，在英国仿冒法和商标法是平行的。1875年商标法并没有要求商标注册前必须使用，同时并不是商标注册之后均可以产生侵权诉讼。[4] 可以理解为，英国的1875年商标法在原有的普通法之外建立了一套商标注册体系，有了这一体系，商标注册后就享有了注册商标所具备的一系列权利，最直接的就是可以进行

---

[1] 《德国商标和其他标志保护法》第4条规定：“（1）商标保护产生于一个标志在专利局设立的注册簿上作为商标注册；（2）通过在商业过程中使用，一个标志在相关商业范围内获得作为商标的第二含义；（3）具有《保护工业产权巴黎公约》第6条之二意义上的驰名商标的知名度。”同法第14条第1款规定“根据第4条获得商标保护的所有权人应拥有商标专用权。”

[2] 在 Magnolia Metal Co. v. Tandem Smelting Syndicate Ltd.（1900）R. P. C. 477（H. L.）一案中，霍尔斯伯里（Halsbury）法官引用了一段话来说明仿冒的古老性。所引用的这段话是本案中多德里奇（Dodderidge J.）法官的评论：“一个布商在普通法院起诉，他对于自己制造的布享有很高的商誉，获利丰厚并且布上有自己的商标，因此，他因所制造的布很有名。另一个人为了达到欺骗的目的，在此布上用了与之相同的商标，消费者也由于该故意欺骗行为而购买了被告的布匹，从而导致原告的正当权益受到损害……最后原告胜诉了。”

[3] 李艳．论英国商标法与反不正当竞争法的关系［J］．知识产权，2011（1）．

[4] 英国1875年商标法第1条原文为：“除非商标注册，否则不能提起商标侵权诉讼”。An Act to Establish a Register of Trade Marks，38 & 39 Vict. c. 91（1875）．

转让。

英国现行商标法中，商标注册同样不要求使用，没有使用的商标在符合条件的情况下，也可以注册。也就是说，不论商标是否在实际的贸易中使用，单纯的注册就能够产生商标权。❶ 但是普通法中仿冒之诉并没有因此而不复存在，商标注册法没有取代普通法上的假冒诉讼。英国 1938 年《商标法》第 2 条指出："根据该法任何人都不能提起对未注册商标的保护，但是该法任何内容都不能影响经营者被他人仿冒商品或服务通过诉讼所获得的救济。"❷ 1938 年《商标法》第 2 条与 1994 年《商标法》第 2 条第 2 款❸含义相同，只是表述有所不同。

可以发现，在英国仿冒法和商标法的关系中，英国一直坚持商标法与仿冒法分离的态度，二者相互平行，商标注册不影响仿冒法。❹ 在英国的商标法形成的商标注册体系中，没有使用的商标也可以进行注册，但是无论是否注册的商标发生侵权行为时，都是通过普通法中的仿冒法来进行诉讼。在仿冒法的诉讼当中，构成仿冒必然会要求原告的商标已经在实际的贸易活动中使用，并且产生了一定的商誉，还会要求被告的欺诈行为对原告造成了一定的损失。❺

由此可见，无论是属于大陆法系国家的德国和法国，还是属于英美法系国家的英国，随着历史的发展，都采纳了注册取得制，只有美国仍然坚持使用取得制作为商标权的取得原则。在美国的商标法历史中，其第一部联邦商标法中商标的注册也并没有以实际使用为条件。正是美国独特的环境，导致其仍然采纳使用取得商标权原则。

---

❶ 英国现行商标法，即 1994 年商标法中第 2 条第 1 款指出，商标注册的商标，被视为一种财产权，注册商标所有人拥有该权利及该法所提供的救济。

❷ Trade Marks Act, 1 & 2 GEO. 6. CH. 22. (1938).

❸ 英国 1994 年《商标法》第 2 条第 2 款规定"对于未注册商标本法不能提供禁止侵权和损害赔偿的程序，但是本法的任何内容都不能影响仿冒法"。

❹ 李艳. 论英国商标法与反不正当竞争法的关系 [J]. 知识产权，2011 (1).

❺ 对于英国的商标法和普通法的关系，和大陆法系国家中商标法与反不正当竞争法的关系不同。大陆法系的商标法中往往既包含商标注册的内容，又包含注册商标的诉讼。

四、商标取得制度的未来走向

在商标的注册取得制和使用取得制的讨论中，注册取得制已经成为商标法历史的发展走向。无疑，注册取得制较使用取得制来看，有许多优势，其可以方便商标权的转让、授权，更加便于厘清究竟谁是商标权人，一方面便于商标的公示和管理，另一方面给权利人的举证提供了便利。各国从采用商标使用取得制走向采用注册取得制已经是大势所趋。有理论认为，“我国商标法应从正面明确规定基于使用也可以获得商标权”，[1] 或是在今后修法时将实际使用或意图使用作为自愿注册的准备条件，[2] 从历史的发展来看，并不合理。

首先，相比“使用取得制”，“注册取得制”并不缺少天然的合理性。有理论认为“商标的价值在于使用”，因此商标使用取得制度代表了公平，具备天然的正当性。商标的价值当然在于使用，没有使用过的商标无法产生识别的功能，没有商誉以及商誉附属在商标上体现出的价值。但是，商誉是在长期使用的基础上产生的，并不是一次使用就能产生。但是使用取得商标权，却是在第一次使用就产生了商标权的，其并不要求一段时间的使用，这时候商标权已经产生，却没有商誉。和注册取得原则一样，使用取得商标权也是一种“先占”，时间顺序上的“先占”只是一种人类社会的自然秩序，和价值层面的公平正义没有太大的联系。在注册制度下第一个申请注册的权利主体可以取得商标权，而在使用取得制度下第一次使用的权利主体可以取得商标权，既然都是先占，就不能否认注册制度的公平性。这两种制度都无法体现公平，只有在反不正当竞争法或是在假冒诉讼中，才能体现公平。其次，相比“使用取得制”，“注册取得制”更加凸显效率。注册制度的效率体现在确权上。在使用取得原则下，只要有人提出在先使用的证据就会不断否认在后的使用，这会导致权利的不稳定。

---

[1] 彭学龙．寻求注册与使用在商标确权中的合理平衡［J］．法学研究，2010（3）．

[2] 孙山．商标制度的拐点与未来走向［J］．知识产权，2017（9）．

纵观世界各国的商标法制度，几乎只有美国商标法至今仍采用的是使用取得商标权原则，但这是否真正值得我们学习，仍然有待考究。美国原本可以和英国一样采取类似的体系，即采用商标注册法和普通法相结合的方式来确定和保护商标权，这也是十分有可能的，但是美国走向了一个相反的方向。在英国、法国等国家都摒弃了使用取得制而转向注册取得制时，美国仍然在坚持其古老的使用取得商标权原则。在美国商标立法的发展当中，不可忽略的就是1870年联邦商标法的违宪，如果没有这一事件的出现，如果美国宪法中没有对联邦权力和州权力在贸易管辖上的独特划分，美国商标法是否也会走向注册取得制呢？总的来说，美国商标法的使用取得制是由于美国独特的法律环境导致的，并不是商标法历史发展的大趋势。注册取得商标权原则才是商标法发展的走向，这一点不可更改。在学习和借鉴方面，我国也更适合学习德国等欧陆法系国家的商标法立法模式。

声音商标显著性认定的讨论

高书语*

内容提要 2013年8月30日，第十二届全国人民代表大会常务委员会第四次会议对商标法进行了修改。此次修改为了顺应时代发展的潮流和趋势，同国际民商事活动接轨，在《商标法》第8条中，首次将声音列为可以被注册的商标类别之一。自此，我国注册商标的类型大家族中增添了“声音商标”这一新成员，也是我国在商标领域立法上的一项重大突破。作为一种注册商标，声音商标必然要受到注册商标的法定条件的约束，因此声音商标亦应当具有显著性的特征。与传统的商标不同，声音商标具有不可视性以及抽象性的特征，因而在认定声音商标的显著性特征时，不能完全按照原有标准进行认定，同时商标的显著性特征的认定本身就包含较多主观价值上的判断因素，因此，确立一套适用于判断声音商标显著性特征的标准，成为目前理论界与实务界的热门讨论对象。

关键词 声音商标；商标注册；显著性；认定标准

一、声音商标的概念及特点

声音商标，又被称为听觉商标、音响商标，是指以某些特定的声音素材进行组合（包括普通物体发出的声响的组合、乐音的组合，或者其二者相互

* 高书语，南京师范大学法学院研究生。

交叉进行的组合）形成一段声音片段或者乐句，在一定的时长内通过对音高、音值、音强、音色的表达，来标记特定的商品和服务的商标。[1] 声音商标与传统商标相比有着明显的不同，其特点主要可以体现为以下几个方面。

第一，从感官和组成元素上来讲，声音商标具有非可视性。传统商标的构成包含图案、色彩、文字等元素，而声音商标的构成元素有且仅有声音。通过不同声音的组合，旋律、音律的高低走向变化，刺激消费者的听觉，使得消费者将其所听到的声音片段同特定的商品或者服务相联系。因此，声音商标是通过刺激听觉记忆来向消费者表达特定商誉。

第二，就商标本身而言，声音商标具有无实体性。传统商标可以通过工业上的加工，成为一个具体可见的物体，通过粘贴、附着、悬挂等方式，或者专门制成产品或服务的周边商品单独销售，来指代特定品牌的产品或者服务，即传统商标可以独立成为一个物理上的以及法律意义上的物。而声音是一种物理现象，只能靠人的听觉去感知，因此声音商标无法像传统的商标那样独立成为一个“物”，进而无法以实体的方式表现出来。

第三，从使用商标的角度来讲，声音商标具有很强的依赖性和主动性。如上所述，传统商标可以被制作加工为现实可见的物，因此在商标使用的过程中，无须商标使用者的过分操作，即可通过视觉传达的方式被不特定消费大众所感知。而声音的延续是一次性的，如不进行滚动播放，那么声音将无法自动地对外表达。所以，声音商标只能通过相应的传播介质的固定，才能实现重复传播，体现了声音商标的依赖性。另外，声音商标具有不可视性，因而声音商标只能通过主动地对外播放，引起消费者的注意，从而刺激消费者的听觉记忆，进而联想到特定的商品或者服务，所以声音商标无法像普通商标那样静置在特定的物上或者地点上即可以引起消费者的关注，而是必须通过主动播放的方式才能引起消费者的关注。

---

[1] 谢明敦，王捷，王云云．我国声音商标显著性审查标准探析［J］．北京邮电大学学报（社会科学版），2017（5）．

二、传统商标与声音商标的显著性认定的联系

商标的显著性，也被称为商标的区别性或者识别性，是指该标志使用在具体的商品或者服务时，该标志能够让消费者根据其一般或者特殊的消费体验认为它应该或者实际指向特定的商品或服务提供人。[1] 对于商标的认定，国际上有两种主要的方式，即注册认定和使用认定，但无论置于哪一种认定体系之下，商标具有显著性都是必不可少的要素，因此某一特定的标识是否具有显著性，直接决定了其是否可以被认定为商标并付诸使用。由此可见，显著性可谓商标之灵魂所在。同理，作为商标使用的声音也必然要具备显著性的特征，因此，传统商标显著性的认定规则亦可以适用于声音商标。但是考虑到声音商标的特殊性，在具体认定之时，某些标准应当予以变通适用。理论界和实务界对于商标显著性特征的认定主要遵循以下四个原则。

1. 结合相关公众认定原则

根据最高人民法院的相关司法解释所述，相关公众指的是与某一商标所标记或者指代的产品、服务有关联的消费群体或者与前述的产品、服务有着密切关联的经营主体。一个特定的词语或者图案，在不同的语言环境之下，不同的社会群体当中，会有着不同的含义。例如，“Jeep”中文音译“吉普”，在国外仅仅是克莱斯勒旗下生产越野车的一个知名品牌，但由于其在中国的成功营销，使得“吉普”二字在中国的语言环境当中，成为整个越野车车系的代名词。同理，该原则亦可以相同的判断方式和标准来认定声音商标。

如果一段声音长期连同某种特定的产品或者服务捆绑使用，且当社会公众听到该声音后能够自然地联想到该特定的商品或者服务，那么该段声音就有可能被认定为具有显著性。例如听到“人在塔在”的读白时，游戏玩家会自然地联想“德玛西亚之力”这样的一个游戏人物，进而联想到美国拳头公

[1] 黄晖．商标法［M］．北京：法律出版社，2017：42.

司所发开发的网络对战游戏“LOL”英雄联盟。

2. 结合商品和服务分别认定原则

在商标的显著性认定当中，商标与其所标识的商品或服务的功能性之间的联系程度与商标的显著性成反比关系。如果一个商标与产品或者服务的功能性联系越密切，那么社会公众有可能很难从商标的层面上对产品进行区分；反之，如果商标与产品或者服务的功能性之间的联系程度不强，那么社会公众一般容易认为它们是在指示这一产品或服务的出处，对此我国的《商标法》也明文禁止将商品的通用名称、图形、型号的标志作为商标注册。而在适用本原则对声音商标的显著性进行认定时，则会稍显复杂。

依据该原则，首先，如果某种声音是产品的本身的物理属性所产生的，那么经过长时间的使用，社会公众在听到这种声音的时候很容易就能够联想到这种产品。但社会公众在这时所联想到的仅仅是该产品的本身，即仅仅是将产品的功能性与其所发出该种声响建立起联系，而并非联想到某个特定品牌的该商品或者说是某一个生产该产品的主体，那么此时就不能认为这种声音具有显著性特征，例如我们平日见到的乐器便是如此。

其次，如果声音非由商品自身所产生，依据通说观点认为，此情况下的声音商标可以分为固有显著性声音商标以及获得显著性声音商标，[1] 前者无须证明其显著性，只要该声音与其所标识的产品的功能性没有必然联系，那么即可认定该声音作为标志使用具有显著性特征，那么该声音就有可能被作为声音商标进行注册。而后者即获得显著性声音商标则需要证明其第二含义与特定产品的功能性之间的联系，进而对其显著性进行判断。

3. 整体认定原则

该认定原则来源于《巴黎公约》第 6 条之 5B.2，依据该规则，只要商标的整体可以摆脱其所指代的产品的功能性特征完全的、绝对的束缚，那么就可以认为该商标具有显著性。例如“碳素牌墨水”属于商标完全被产品的功能性特征所涵盖，不能将其认定为具有显著性。

---

[1] 何炼红，何文桃．声音商标注册保护的域外考查及启示［J］．法学杂志，2001（5）．

该原则具体适用到声音商标显著性的认定当中时，可以分为以下几种情况进行讨论：情况一，如果一段声音是以语言的形式进行表达，且语言所表述的内容为产品的功能性特征，例如街边商贩对其所出售的货物的叫卖口号，那么该声音对商品的标记即具有“描述性”，故依据该原则，该段声音即不具有显著性特征，不可以作为商标注册并使用，但是可以作为广告词或者宣传标语；情况二，如一段声音所记载的内容是由产品的本身物理属性所产生的，亦不能认定其具有显著性；情况三，如果一段声音的内容与产品的功能无必然联系，或者一段语言读白所述内容并未完全为产品之功能性特征所包含，那么就可以认定为具有显著性。例如前文所举“英雄联盟游戏人物读白”之例，此类读白系专门为游戏人物而设定并录制，专属于特定的游戏人物，但又并非基于游戏人物物理属性而产生，因为游戏人物之实质为虚拟动画，并不具备发出声音的功能，故不能将该读白认定为商品或者服务之物理属性。另外，游戏读白则是在产品使用的时候，为玩家所熟知并因此而获得了显著性，因为读白产生的作用便是为了服务于特定的游戏人物，即针对游戏人物具有专属性。故综合考虑，此种类型的声音应当认定为具有商标的显著性，且该类型声音商标的显著性应当归属于“固有显著性”。

4. 考虑公共利益原则

商标是一种搭载商誉的标识，与社会大众的生活密切相关，所以在对商标的显著性特征进行认定之时，必须考量公共利益的因素，必须确保叙述性标记或者指示可以由任何人随便使用。声音商标概莫能外，如上所述，如果一段声音所包含的内容是对产品功能性特征的完全表述，或者该声音即产品本身物理属性所发出，那么声音则不具有显著性。若一段声音所载内容具有显著性，但该内容会对同类型产品带来负面影响，有违公序良俗，那么综合考量亦应当认定其不具有显著性，同时也违反了商标合法性的要求。

三、国外以及我国台湾地区对于声音商标显著性的认定

国外以及我国台湾地区在较早之前便已经将声音标识纳入可注册商标的

范畴，其有关声音商标显著性的立法以及认定标准，要早于中国大陆，因此对于中国大陆的声音商标相关问题的研究具有极大的参考价值与借鉴意义。

1. 美国相关立法与认定标准

美国是世界上较早将声音标识纳为注册商标并投入使用的国家，因此美国的司法实践对于声音商标的认定标准较为成熟，前文所提到的固有显著性和获得显著性就是美国司法实践所确立的认定标准。

美国的商标审判和上诉委员会对声音商标的显著性进行了两种分类：如若一种声音其本身即具有显著性。听者听到该声音之时，能且仅能联想到特定的商品或者服务之上，此类声音商标的显著性特征被称为“固有显著性”；如若一种声音，听者听到之时，不仅会联想到产生该声音的特定物品，同时能且仅能联想到与该声音长期捆绑使用的某种特定的产品或者服务之上，此类声音商标显著性特征被称为“获得显著性”。关于前者，最明显的事例即前文所述美国拳头公司游戏人物的读白声音标识显著性的认定。而后者在实务中最典型的事例就是米高扬公司的“狮吼声”商标，因该狮吼声经长时间放置于电影开头使用，从而使得其具有很强的识别度，因而具有了显著性的特征。❶

同时，就前者而言，美国司法实践中的认定标准认为，如果某种声音是该声音产生物之物理属性所发出的，或者该声音属于该物作为商品价值与功能之所在（例如一种新发明的乐器“手碟”），那么该声音属于该物本身固有的功能属性，故不能认定其具有显著性。且基于对市场运转的考虑，如果该类声音可以被注册成为商标进行使用，那么就会给予率先生产出某类产品的商家一个垄断市场的机会，进而阻碍该类型产品的流通与技术改进。❷

2. 澳大利亚相关立法与认定标准

澳大利亚也是较早将声音商标纳入可注册商标范畴的国家之一，澳大利亚有关商标的立法将商标按照类型划分出两类，即“可视性商标”与“非可视性商标”并在认定标准上有所区分。作为商标使用的声音属于“非可视性

---

❶ 何炼红，何文桃．声音商标注册保护的域外考查及启示［J］．法学杂志，2001（5）．

❷ 张云．声音商标显著性的认定［J］．中华商标，2015（5）．

商标”，因此在对非可视性商标的显著性的认定标准上，在区别于可视性商标的同时，还应具备非可视性商标的显著性的普遍特征。

在澳大利亚本国制定的“商标审查及程序手册”中，相关条文明确规定：作为商标使用的声音，必须具有显著性这一前提，同时还要满足该声音不能是特定产品本身物理属性所发出的，例如某种新型引擎所发出的轰鸣声，即使其声响不同于其他类型、型号的引擎，但是因为声音是引擎运转过程中无法消除的物理属性，属于该引擎物理属性和功能之存在，因此不能够认定该声音具有显著性，更无从谈起将其作为声音商标而使用。[1]

3. 新西兰相关立法与认定标准

新西兰对于商标显著性的认定有一定的逻辑顺序要求。首先要求作为声音使用的商标必须具有显著性特征，且该显著性特征必须具有两种功能：第一是区分功能，第二是锁定功能。即在认定该声音是否具有显著性时，观其是否可以引导社会公众将与其捆绑使用的特定商品或者服务与同类型的商品或者服务区分开来，同时还要求社会公众在听到该声音之时，能够将其主观认知锁定在特定的商品或者服务之上。其次，如果该声音是由于该产品物理属性所产生出来的，或者该声音为该物作为产品流通之价值和功能所在，那么即使该声音对于该产品具有区分功能和锁定功能，仍然不能认定该声音具有显著性特征。

4. 我国台湾地区相关认定标准

我国台湾地区对于声音商标的显著性认定标准基本上与上述国家和地区的认定标准无异，且大体上与美国的认定标准相近似。首先将声音商标的显著性分为两大类，“固有显著性和获得显著性”，然后判断该声音是否基于产品之物理属性而产生，在作为商标使用之时，是否能够引导公众对类似产品或服务进行区分，同时将公众之认知锁定于特定商品或者服务之上等。这些判断标准在台湾地区所制定的“立体、颜色及声音商标审查基准”中均有规定。

---

[1] 湛茜．非传统商标国际注册问题研究［D］．上海：复旦大学，2012.

值得注意的是，我国台湾地区对于声音商标的认定中，对于音乐商标的认定有所细化。实务中声音商标评审部门认为，音乐作品作为商标进行使用不宜过长，应当是短小精悍，容易为社会公众所熟知并记忆。而过于冗长或者篇幅较大的音乐作品，例如一首长达四五分钟的歌曲或者一首交响乐，可能无法达到在短时间能使得社会公众产生记忆的效果，因此不能认定该类型声音商标具有显著性。该认定标准也为我国大陆的声音商标的认定所参考。

5. 国外以及我国台湾地区对于声音商标显著性的认定的对比与总结

从上述内容可以看出，关于声音商标的显著性特征的认定，各国和地区采取的标准大同小异，具体而言可以作如下总结。

第一，在认定声音商标显著性之时，首先应当判断该声音标识的显著性的来源，即该声音所标记的特定商品或者服务与该声音的产生之间的联系。如果声音并非由特定的商品或者服务之物理属性所产生，而是由其他的物体所产生，同时由于其长时间地同特定商品或者服务捆绑使用，致使社会公众在听到该声音之时，能够清楚地认识到该声音产生的本源，同时又能够联想到该特定商品或者服务，那么就应当认定该声音作为商标使用之时，具有商标的显著性，学理上也将这种情形定义为获得显著性。相反，如果某种声音产生于特定的商品或者服务本身，但该声音并非基于该特定商品或者服务的物理属性或者功能而产生，抑或该声音产生的目的和作用，就是为了配套并标记特定的商品或者服务，并且社会公众在听到该声音之时，能且仅能联想到该商品或者服务，那么该声音即具备显著性的特征，学理上将该种情形称为固定显著性。二者的区别就在“声音的产生方式以及听者的主观第一判断”之上。如果作为商标使用的声音产生于商品或者服务本身（非因商品物理属性以及商品自身功能而产生），那么该声音之显著性便属于固有显著性，反之则属于获得显著性。如果社会公众听到某一声音时，能够联想到该声音之本源，同时还可以联想到特定的商品或者服务（主观第二判断），那么该声音商标之显著性便属于获得显著性，反之则属于固有显著性（主观第一判断）。

第二，进一步细化对声音商标显著性的认定时，需要考虑该声音的来源是否基于商品或者服务的物理属性或者产品功能而产生。同时还要讨论某种声音标识是否足以引导社会公众对同类商品或服务进行区分并将认识锁定在特定的商品或服务之上。此时应当分类进行讨论：

如果该声音商标的显著性在第一步时被定性为固有显著性，那么此时需要讨论该声音是否产生于商品或者服务的物理属性或者自身功能，例如上述例子中的引擎轰鸣声。如果讨论认定的结论为“是”，那么该声音应属于产品或者服务本身不可分割的一部分，是产品或服务的功能性的存在，因此不能认定具有显著性。但如果认定的结论为“否”，那么此时应当再行讨论该声音所具有的显著性是否足以引导社会公众区分并将主观认识锁定在相关商品或者服务之上，即此时再行讨论的是该声音商标是否具有区分功能和锁定功能。

若该声音商标的显著性在第一步时被定性为获得显著性，那么此时便无须讨论声音是否产生于商品或者服务的本身，仅需对该声音商标显著性的区分功能与锁定功能进行判断即可。

四、针对声音商标显著性的认定的标准的探讨

在我国，声音商标尚属于一类极其新颖的商标类型，因此实践中对于声音商标显著性的标准一直使用的是上述传统商标显著性认定的四项标准。但是声音商标自身的属性使得原有的标准不足以对其显著性进行完整的评价，因此有学者以我国现有标准为基础，结合国外的实践，总结了以下几项声音商标显著性的认定标准。

1. 非功能性

该标准要求作为商标使用的声音，其内容不能是该产品在使用过程中基于其物理属性而发出的声响。例如某工厂生产的某款警报器，即使该警报器所发出的警笛声与市场上现有的所有类型的警报器的警笛声都不相同，也不能作为该警报器的声音商标进行注册，因为警笛声是警报器的产品功能之所在，不具有明显的区分度，所以不具有显著性。与此同时，产品的功能性声

音是某一类产品共有的属性，属于该类产品的全体生产者和使用者共有的利益，应禁止功能性声音作为商标使用亦是对公共利益的一种保护，保证相关产品的其他生产者在生产销售之时不至于落入某一特定厂商的商标权保护圈套之中，可有效地防止商业垄断的结果的发生。[1] 可见，非功能性原则是对结合商品服务分别认定原则与考虑公共利益原则的结合。

2. 非普遍性

如果某种声音能够为消费群体所熟知，并且能够就此联想到某一类特定的产品或者服务，该声音则在该领域属于普遍使用的一种声音，不能起到对特定厂商生产的产品起到品牌化的区别效应，不能认定其具有显著性。例如，说相声的表演现场，观众发出的“吁——”声，这种现象仅存在于相声的表演现场，是观众与相声演员相互之间打趣交流的方式，也是观众对于节目内容的反向褒奖，且现已成为现场听相声的一种习俗，所以不能够认定其具有显著性。这一标准亦可看作对相关公共原则的具体适用。

3. 非表述性

该项标准是对整体认定原则与对结合商品服务分别认定原则的结合适用。该标准要求用于商标的声音所搭载的内容不能仅仅是对产品的特点以及功能、性质的描述，因为这种形式不足以使消费者产生明显的区分认知。最常见的就是街边商贩的叫卖声，虽然不同的商贩叫卖之时各有其特色，但是所表达的内容都是对其出售的产品特点或者功能性质的描述，故无法认定其具有显著性特点。

4. 创新性

创新性并非要求作为商标而使用的声音标志本身具有创新的特质，而是要求声音商标与特定的产品或者服务相结合，给予消费者一种耳目一新的感觉，再通过长时间的传播，从而使得消费者本能地将该声音与特定产品或者服务建立起联系。创新性是对整体认定原则的延伸，同时也是一部分学者提出的声音商标显著性认定的特有标准。[2] 然而，在商标局所颁布的《声音商

---

❶ 杨延超．声音商标的立法研究［J］．知识产权，2013（6）．

❷ 张云．声音商标显著性的认定［J］．中华商标，2015（5）．

标审查及审理标准》中，将简单的短旋律或者较长的音乐作品，以及平常语调朗读的广告词或者普通话短语排除在可注册的声音商标范围之外，其理由认为上述声音与产品或者服务相结合不能产生创新性的特质，进而不能表现出显著性的特点。❶ 但笔者认为，如此认定稍欠妥当。

学理上依据声音商标本身的表达形式，将声音商标分为音乐商标以及非音乐商标。音乐商标是指由具有旋律性与节奏性特征抑或单纯具有节奏性特征的声音素材的组合所组成的用以标识特定产品或者服务的商标。除此之外的商标均属于非音乐商标。❷ 通常情况下，音乐商标艺术性更强，更容易在使消费者在短时间内形成声音与产品的关联性记忆，而且在实际当中这种记忆所维持的时间更长。例如，浙江卫视制作的一档综艺节目《奔跑吧》，片尾曲是由演员邓超演唱的歌曲《超级英雄》，经过长时间的播放和展演，观众在听到这首歌曲的时候能够自然地将其与《奔跑吧》这档节目建立起明确的联系。同时笔者认为，电视节目虽然受到著作权法的保护，属于作品的范畴，但是其在电视上展播或者出售给影院、视频网站的时候，不仅是一种版权的授权行为，也是将作品作为一种产品出售给他人进行使用的行为，所以作品也应当属于产品的范畴。综上所述，即使是较长篇幅的音乐作品，如果消费者在听到音乐作品之时可以明确地指出与该作品相关联的特定产品或者服务，即在满足声音商标显著性要求的同时，具有较强的区分功能与锁定功能，那么该音乐作品仍然可以作为声音商标进行注册，因此，《声音商标审查及审理标准》过于狭义。

结　语

声音商标作为我国立法新纳入的注册商标类型，对我国的社会经济发展有着重要的意义。这意味着我国对于企业的商誉保护更加立体化、细致化。

---

❶ 王呈．声音商标的相关法律问题研究［D］．重庆：西南政法大学，2015.

❷ 谢明敦，王捷，王云云．我国声音商标显著性审查标准探析［J］．北京邮电大学学报（社会科学版），2017（5）.

当前，我国仅仅是在立法层面上对声音可注册成为商标予以了确定，但是至今仍没有明确有关声音商标的具体认定标准，这一点在声音商标的显著性认定上尤为明显。当前，实践中只能依赖于现有的对于传统商标显著性的判别标准来评价声音商标之显著性，而在具体应用传统标准对声音商标的显著性进行判别之时，可以明显看出传统标准的判别范围有些狭窄，无法有效地满足对声音商标的显著性特点的评判需求，因此就要求商标评审部门应当迅速地在实践过程中不断摸索建立相关标准，并在短时间内进行立法上的确认。声音商标在我国尚属于一类新商标类别，但在国外和其他地区已是相当成熟的一类商标类别，所以我国在建立声音商标评判体系时，应对国外和其他地区的相关标准结合我国实际予以吸纳运用。从另一个角度来看，声音商标的产生与发展可以带动声音商标设计行业的发展，从而激发社会的创作积极性。此外，如将篇幅较长音乐作品纳入可注册商标的范畴，既可以激发创作，同时也给予了一部分音乐作品除著作权以外的又一层保护，对于音乐创作行业的发展也是一种福音。

商标指示性使用构成要件试构

李　坪*

内容提要　在司法实践中，商标指示性使用是被告免责的一个常用抗辩理由。我国商标法没有规定商标指示性使用的构成要件，而是由法官自由裁量认定，这在一定程度上损害了法的预测作用。商标指示性使用应该从主客观二元进行认定，从商标指示性使用认定的三要素到四要件判断，过渡到主客观二元的认定可以合理地限制法官的自由裁量权。商标使用人在主观上须善意使用，在客观上要求使用的必要性。

关键词　商标；指示性使用；制度构建；主客观二元

引　言

市场经济的蓬勃发展，商品琳琅满目，商标作为商品的“身份证”对于消费者选择商品有着举足轻重的指引作用。商标的使用不仅对于消费者有着指示区分作用，对于市场主体的商家而言，更是其实现经济价值不可缺少的方式。商标更多承载着消费者对商品的评价，是商品质量的保证。为了保护私权，同时满足公共需要，有必要研究商标指示性使用的界限。学界对于商标指示性使用构成要件的探索主要有“三要素”说和“四要件”说。“三要

* 李坪，南京师范大学法学院研究生。

素”说力图从客观行为的表现判断商标指示性的构成。“四要件”说虽然强调主客观分离，但在要件建构过程中，使得部分要件内涵不可避免地出现重合。本文从商标指示性使用内涵界定作为出发点，基于对理论界现有判断商标指示性使用构成的学说进行分析，辅之司法实务界的认定标准，认为对于商标指示性使用的认定应该从主客观二元进路进行认定。

一、商标指示性使用之界定

商标指示性使用的内涵不同学者对之有不同的界定，商标指示性使用是被告为了客观指引原告的商品或者服务，用以标识自己的商品或者服务，秉持善意的主观状态，在合理的范围内使用原告的商标，法院不认定为商标侵权的行为。❶ 该定义指出了商标指示性使用是客观需要的，不掺杂商标使用人借用商标原有的指示效果来指称自己商品或者服务的主观心理。善意、合理使用揭示了对商标使用人的主观要求。但是该界定缺乏一个基本前提，该使用是未经过商标权利人的许可。商标指示性使用是指商标使用人没有得到商标权利人的授权使用商标权利人的商标，解释说明商标权利人的产品，而不是客观上用作商标权利人产品的名称，其使用的最终目的是说明商标使用人自己的产品。❷ 该界定方式没有实质地指出商标指示性使用的基本构成要件，以何种方式使用不会构成商标侵权在该定义中并未得到明确。指示性使用，是指商标使用者在经营中善意合理地使用他人商标，客观上说明自己的商品或者服务与他人的商品或者服务有关。❸ 该定义也只是揭示了对于商标指示性使用构成在商标使用人在主观方面的要求，没有对客观指引效果做出要求。

笔者认为商标指示使用是指商标使用人未经商标权利人许可，为了客观说明自己提供的商品或者服务与商标权利人提供的商品或者服务相关，善

---

❶ 刘梅．论商标指示性合理使用的法律认定［D］．南京：南京师范大学，2015.

❷ 赵建良．美国法上域名与商标指示性合理使用之借鉴［J］．知识产权，2015（9）.

❸ 李雨峰，刁青山．商标指示性使用研究［J］．法律适用，2012（11）.

意、合理地在指示效果被满足的必要范围内使用商标权利人的商标。

商标指示性使用在立法上有着明确的规定。《商标法》第 59 条第 1 款：注册商标中含有的本商品的通用名称、图形、型号，或者直接表示商品的质量、主要原料、功能、用途、重量、数量及其他特点，或者含有的地名，注册商标专用权人无权禁止他人正当使用。该条文规定了商标指示性使用，但没有提出具体的标准即在什么条件下是正当性的指示性使用。

商标指示性使用是对商标权利人的商标的合理限制，但其认定的标准没有法条明文规定。为了保护商标权利人的商标权利，同时为了限制法官的自由裁量权，需要明确商标指示性使用的标准。

二、商标指示性使用认定标准之理论学说

在现实的操作过程中，理论的研究必须服务于司法实践。在司法实务中，由于指示性使用的模糊性，作为裁判者的法官，没有具体的标准，因为法官不得拒绝裁判，所以作为私领域行为标准的法律，全部成为法官的自由裁量。这显然是不妥的。在面对法官对于法律没有规制的社会问题径直做出判决从而成为这一社会问题裁判的统一标准这一问题的态度上，我国沿袭了大陆法系的传统做法，由于我国并没有判例法制度，对知识产权领域的法官自由裁量权的运用应该持有严格限制的态度。[1] 法官造法应该持有严格限制态度，但面对复杂的现实生活，为了保持法律的时效，则不得不承认其存在。

学界和司法实务界曾经试图建立一个统一的裁量标准，然而因为其正当性的判断实在太过抽象，所以构建的标准也是空有其骸，不能给现实的司法裁判以指导。但是不能否定学者为其付出的努力与其取得的成果。

1. “三要素”说

在确定商标的指示性使用的合理性方面，学者提出了构成要件“三要

[1] 崔国斌．知识产权前沿问题研究［M］．北京：法律出版社，2015：35.

素"说，包括内容有三：第一，使用他人商标的必要性；第二，使用的数量与形式；第三，是否引起混淆。❶ 在提出三要素判断时，可以发现该学者都是从客观表现进行判断，力图从客观层面做出认定，这样可以避免对行为者捉摸不定的主观方面做出必要认定。在进行探讨时将善意归入必要性中，这样的归类是存在问题的。必要性是客观层次的需求，而善意是对行为人主观状态的要求。将二者等同或者将其中一个要素归入另一要素都是不妥的，二者是对个体行为进行评价的平行概念。必要的并不一定是善意之举，出于善意进行的个体行为可能是没有必要的。在对权利进行正当性限制进行条件的建构时，扩大其内涵，减少外延，是对权利的社会效果，对个体行为的独立性，对"人是目的"这一制度构建基础的尊重。使用的数量以及形式对判定使用者的动机有着至关重要的影响，但将其作为主观判断客观化的标准却显得太过粗糙。多少数量的使用，怎么样形式的使用可以否定一个善意使用者对于商标的尊重。

有的学者经过比较研究，认为需要引入合理使用制度，明确商标合理使用的概念。认为合理使用的本质应该界定为"依照法律规定，在一定的规定条件下"对权利进行必要的限制。❷ 其观点发出的诘难有二：(1) 作者并没有明确何种条件下权利被限制。这样所谓的概念引入并没有实质性的意义，概念的模糊性因为一个不确定的条件，其内涵愈加模糊。(2) 作者认为的法律规定的依据，没有看到法律穷尽现实生活之不能，而在现行法律规定的背景下，使学理探究成文化的努力更是成效甚微。作者在倡导概念的同时，清楚地认识到商标权概念的界定是一个历史范畴，但遗憾的是作者未能针对我国商标保护现状做出概念中国化的努力。在极力倡导引入美国法中的概念同时，没有对具体的制度标准做出应有的论述。

2. "四要件"说

2004 年北京市高级人民法院发布的《关于审理商标民事纠纷案件若干问

---

❶ 李雨峰，刁青山．商标指示性使用研究［J］．法律适用，2012（11）．

❷ 林静．我国商标的商业性合理使用制度的初探——对美国商标的合理使用制度的借鉴［J］．科协论坛，2007（5下）．

题的解答》曾经对指示性使用的判断标准做出过标准化的努力，其指出正当性的构成要件有四：（1）善意；（2）不作为商标使用；（3）使用只是为了说明和描述自己的商品和服务；（4）不会造成混淆，误认。江苏省发布的《江苏省高级人民法院商标权纠纷案件审理指南》虽然没有明确规定商标指示性使用的构成要件，但是在第四部分——商标侵权判定中在第4.3条明确了混淆与误认对商标侵权判定的重要影响，在整个第四部分对于侵权的认定中没有对于侵权人的主观状态做出规定。在2013年商标法的修改中却并未纳入该判断标准，可见其有自身难以克服的局限性。如果使用者使用其他个体的商标作为自己的商标使用，那么如何能够说明使用者主观上是善意的。不作为商标使用本身就是对于使用者主观方面的要求，可见这一标准已经重复，是没有必要的。而且这一善意要求可以做出更加精确的划分，可从观念主义的善意和意思表示主义的善意两方面做出认定。

三、商标指示性使用的实践认定

笔者在中国裁判文书网输入关键词“指示性使用”“一审”获得的数据是2013~2018年使用指示性使用作为裁判依据的案件共有44例。其中论述了商标指示性使用构成要件的是21例，而其他23例案件都是直接认定构成或者不构成商标指示性使用。

笔者在仔细阅读具体论述商标指示性使用构成要件的21例司法判决文书之后，发现法院认定的理由大致可以分为三种：（1）使用的必要性；（2）善意；（3）不会造成混淆。其具体的案例数量见图1。

在图1中，可以直观地发现在司法实务中法院更加愿意用“不会造成混淆、误认”这一因素认定商标指示性使用构成与否，其中有12起案例使用这一客观要件对商标指示性使用做出认定。而对于被告人使用必要性作出认定的案件数量最少，只有4件案例从使用必要性认定商标指示性使用。

笔者选取了几个对于商标指示性构成要件做出详细论述的判决做出分析，在广州市君燕服装有限公司与浙江淘宝网络有限公司、陈泽祥侵害商标

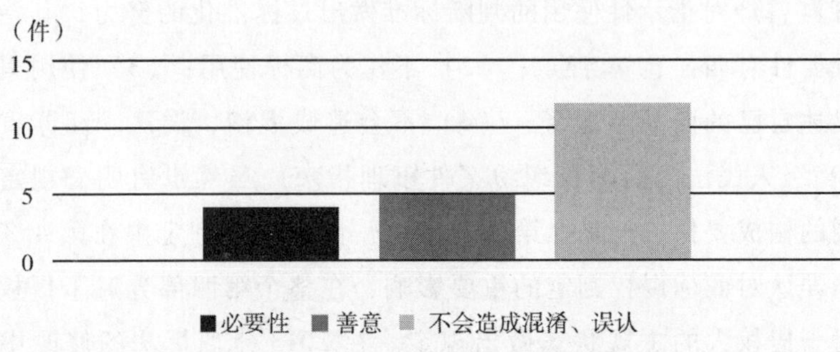

图1 指标性使用构成要件使用数量统计

权纠纷一案中，[1] 法院认为商标与实物相对应，在不能认定商品属于侵权产品的前提下，就不能认定其在相关介绍使用相关标识的行为构成侵权，而且不会造成相关公众的混淆或误认。在本案中对于商标的指示性使用的正当性没有从主观方面进行相应的论证，而是从客观效果以及裁判规则做出认定。法院在做出判决时回避了对指示性使用构成要件的分析，在客观上否定了作为演绎逻辑的前提基础。

在普拉达有限公司与天津万顺融合商业管理有限公司侵害商标权纠纷一案中，[2] 同样没有对被告的主观方面做出应有的评价，法院从零售者通常利用商标表明该区域在售品牌的基本形式的商业习惯以及客观上不会造成混淆或误认来认定商标的指示性使用。《欧共体商标条例》（*European Community Trademark Regulation*）第12条：共同体商标所有人无权制止第三方在贸易过程中使用：（c）需要用来表明商品或服务用途的标志，特别是用来表明商品零部件用途的商标；只要上述使用符合工商业务中的诚实惯例。[3]《欧共体商标条例》表明了欧共体对于商标的指示性使用的构成要件只有一个，即只要符合工商业务中的诚实惯例。该构成要件从客观效果以及对于使用人的主观

---

[1] 详细判决书可见于中国裁判文书网 http：//wenshu. court. gov. cn/htm［OL］，（2016）浙0110民初8912号判决书。

[2] 详细判决书可见于中国裁判文书网 http：//wenshu. court. gov. cn/htm［OL］，（2015）滨民初字第1515号判决书。

[3] 当代外国商标法［M］. 李萍，郑冲，等译. 北京：人民法院出版社，2003：295.

态度都做出了要求。但是对于符合惯例的使用方式是否可以完全等同于使用的必要性做出判断，笔者存在疑问，法律不仅要解决现世的纠纷，更要给未来民事主体的商行为予以指导。在面对现有纠纷解决的进路进行制度建构的同时，笔者认为以“风险规制”进路来进行设计制度的合理性意义更为突出。符合商业惯例只能面对已经存在的商标侵权纠纷。对于还未兴起产业如何给予指导，是论述商标指示性使用构成要件更为重要的目的。是否可以弃主观方面于不顾，径直从社会效果以及商业惯例做出认定呢？主观上的善意与客观上的社会效果不能画等号，虽然社会效果及商业惯例认定，但是不能排除主观上存在不正当使用的恶意。虽然主观的判断，在技术操作上难以有统一的标准，但是势必不能弃主观状态的要求于不顾，舍弃行为者主观上的正当要求，会不正当地扩大商标指示性使用的范围。这不仅不符合比例原则的要求，而且是过度地侵害了私权，与私权神圣的朴素正义观要求相去甚远。

四、从主客观二元探究商标指示性使用构成要件

在分析了我国学界以及司法实务界对于商标的指示性使用的标准之后，借鉴国外的立法经验，试图构建一个符合我国国情的商标指示性使用的判断标准，笔者认为分析个体的具体行为需要从主客观二元状态进行分析，本文标准建构的基石也是从主客观二分基本进路进行探讨。

（一）善意使用

1946 年美国颁布了《兰汉姆法令》确定了商标指示性使用的构成要件：（1）被告的使用是描述性的而不是商标意义上的使用；（2）被告的使用是为了描述自己的商品或服务；（3）被告的使用是善意的、合理的。❶ 从 Re Dual-Deck Cassetter Recorder Antitrust Liting 案到 V. News America Publishing

❶ 邱进前．美国商标合理使用原则的最新发展——The Beach Boys 一案评析［J］．电子知识产权，2005（5）．

案再到 Brothers Records, Inc. v. Jardine4 确定的标准已经发生改变：(1) 若不使用该商标将无法表达；(2) 在合理必要的限度内使用；(3) 使用不得暗示其与原告存在赞助或许可关系。在经过法院判例法的努力实质上修改了第三个构成要件，即不得引起混淆。该判断标准从客观方面出发，要求商标指示性使用的必要以及合理，即使必要且合理还必须不会引起混淆。在构成要件发生实质性改变的过程中，可以看见将被告的主观状态的要求选择了屏蔽。2011 年 5 月《兰汉姆法令》所进行的修订在第 32 条第 1 款规定了除非行为人知晓仿冒行为意图造成混淆、错误或欺骗的，否则权利人无权获得赔偿利润所得或侵害损害的救济，同时在第（b）项规定了商标侵权行为必须有可能造成混淆、错误或者欺骗。[1] 对于权利侵害的判断，美国商标法也是对其做出主客二元进路进行分析。如果要判断商标指示性使用是否构成，因为是权利侵害的正当性抗辩，是否可以借鉴正面侵权的构成要素，来建构商标的指示性使用。

在肯定使用他人商标正当性时必须要求行为人是出于善意，是对于行为人主观心理的要求。我国《商标法》第 7 条，申请注册和使用商标，应当遵循诚实信用原则。在制度构建时不能脱离基本原则的要求，原则指导着对于制度的思考。诚实信用从本质上来分析就是要求行为者出于善意从事法律行为。如何认定善意将会成为本文面临最严厉的诘难。从正面对善意做出类型化的努力是困难的，所以需要从其反面做出努力。在中国民法界，对于恶意最常见的就是合同无效的事由——恶意串通。笔者要借助合同法的规定，一是为了维护整个民商体系的统一，二是合同法领域对于恶意的认定标准相对比较成熟，理论比较精细，对于商标法善意的认定有借鉴的价值以及合理性。在认定主观状态时，可以分为认识因素与意志因素。何为认识因素，在探讨商标的指示性构成时是一个前提条件，使用的商标为他人所有。何为意志因素，在行为人使用他人商标时是为了指示说明，指示该产品的构成包含其他个体的商标，本质仍是为了说明自己的产品，而不是为了借助其他个体

---

[1] 杜颖译．美国商标法［M］．北京：知识产权出版社，2013：52.

的商标宣传自己产品。在民法领域有观念主义的恶意与意思表示主义的恶意之分，在这里的恶意应该认定为意思表示的恶意即不仅要认识到损害的发生，还要积极地追求损人利己的结果发生。回归到善意认定本身，只要行为人具有观念上的善意就可以构成商标指示性上的善意。

在从反面论述了对于行为人的主观状态的要求，也应该努力将主观判断标准客观化。通过“Celine”案，欧洲法院对于善意的认定提出了三点考虑因素：（1）该使用令相关公众联想到产品或服务的程度；（2）使用该商标的人对于联想的知晓程度；（3）使用人是否因所涉商标具有一定声誉而获利。在认定善意时，不管是联想程度或是因为他人商标声誉而获利都应该以一般消费者的认知为准。商品面对的是消费者，做出选择的是消费者，受到损失的至少一方是消费者，本着从市场中来、到市场中去的基本理念，善意的判断不应该是坐在法官席上的法官凭着自我的法学修养做出的认定。善意是行为人的主观状态，如何认知善意是一个需要解决的问题，作为裁判者无法进入行为人的主观世界，只有借助行为人的外在行为才能作出大致的认定，称为主观意思客观化。

笔者认为在中国市场经济日益蓬勃发展的今天，无论是商业化程度或者技术条件都不逊于欧洲，在坚持以一般消费者认知的前提下，该考量因素是值得借鉴的。善意的认定是商标指示性使用的前提条件，在客观要件的建构过程中，必须坚持这一要件，否定善意则不可能构成指示性使用。

在制度建构的过程中，对于“善意”这一主观状态的要求，澳大利亚的立法例是可以被借鉴的。《澳大利亚商标法》第 12 部分第 122 条将商标指示性使用的情形具体化，并明确其作为商标侵权的抗辩事由。“商标使用者善意使用商标用来指出商品（特别是附件或零件）或者服务的用途”。❶ 澳大利亚商标法将商标指示性使用概括为两种具体情形，这样的努力对于落入这两种情形的商标侵权纠纷的解决是大有裨益的，但是，从法条的表述来看立法者也清楚地认识到“法律规定的其他正当使用商标”的情形存在。

---

❶ 陆阳．商标指示性合理使用制度研究［D］．长沙：湖南师范大学，2013.

（二）使用的必要性

学界在论述必要性时只是对于指示使用效果的必要性做出探讨，没有看到指示性使用的必要性。商标的指示性使用是洛克所说的，“给公共领域留下足够好且足够多的东西”的现实需要。主观状态不同于客观需求，主观状态的客观化判断应该通过具体的行为模式，而不是求诸于一个见仁见智的心理状态。在配件贸易中，使用其他行为个体的产品是必不可少的，出于对商标的尊重，使用他人商标作为指示是有必要的。至于何为合理性的要求也太过原则性，不能给予司法实践指导，这应该是原则性的要求，应该寻找某一客观标准将其客观化。

在具体建构指示性使用的标准之前有必要对其正当性进行适当的研究。从本质上来说，商标的指示性使用对于商标的持有者来说是一种限制，在限制权利的同时必须为其找到正当的理由。

1. 指示性使用——权利保护的指南针

给予商标保护的目的是让公众在琳琅满目的商品中快速选择其认为物美价廉的商品，同时也是为了在商品侵权时快速找到商品的生产者，《侵权责任法》第43条规定：因产品存在缺陷造成损害的，被侵权人可以向产品的生产者请求赔偿，也可以向产品的销售者请求赔偿。在产品侵权生产者承担不真正连带责任的背景下，商标的指示可以节约消费者的维权成本。在现代社会，分工不断明确，产品不断精细，同一个市场主体的生产行为不可能完整地生产出整件商品，越是高科技的产品这种可能性就越大。在工作中（以及不幸在战斗中）许多各有专长的个人进行合作，所产生的成果，远远超过他们单干的总和，因而人类的经济组织发展成为非常复杂的专业活动的集合体。一台笔记本电脑，其操作系统以及处理器都来源于不同的制造商。消费者在选择商品时有权知道其产品的构成，因为构成分子对于产品的性能有着决定性的作用，其构成不同，用户的体验也会不一样。商标的指示性使用是保障消费者知情权的必要举措。

2. 经济效率的时代要求

在经济学的研究视阈下，提高经济效益的方法简单说来最根本的就是要减少成本投入，增加产出。成本的概念具体可以划分出时间成本等子概念。如前文所述，经济的高速发展使得商品多样，作为消费者选择的机会愈多，那么在没有明确指示的前提下，其做出选择所耗费的时间成本愈多。商标的指示性使用对于被使用的商标，其从客观的效果上来说，在使用者没有“搭便车”的主观心理状态下，其实在推广着该商标。如果排除这种主观上的恶意，其实对于使用者、被使用者来说都是提高收益的一种举措。商标权只是用于阻止他人将其商品当作权利人的商品出售，如果商标使用时只是为了告知真相而不是要欺骗公众，我们找不到禁止的理由，商标不是禁忌。

在时代分工日益精确的背景下，商品的组合是有必要且必须的。商标的指示性使用对于这样的技术困境的解决提供了解决思路，客观上提高了生产力。商标的指示性使用是符合商品经济发展的客观规律，贸易是一座不冒烟的工厂，其内生机制使得市场要素朝着最有利的方向流动。

3. 对商标的尊重

如前文所述，产品的组合成为提高生产力的应有之义。使用他人的产品，使其成为自己产品的一个部分，是产品所蕴含服务提高的一种途径，毕竟术业有专攻，社会分工不断地细化，专业化程度愈高，精密商品的组合生产，效果是一加一大于二。既然使用其他个体的劳动成果无可避免，那么商标的指示性使用本身就是对于被组合产品的尊重，是对给公共领域留下智力成果的个体的尊重。商标的指示性使用，追根到深层次是对于整个商标法体系的尊重，在一个法治国家，每个个体必须尊重个体以外的其他个体的权利，虽说使用他人的产品无可避免，然而在行使权利的同时，必须符合比例原则的要求与限制。尊重个体的权利，在社会角色日益变化的现代社会，每个个体都可能成为公共利益的奉献者，在荼毒他人权利的同时，就是在给自身享有权利掘坟墓。

商标的首要功能是区分商品或者服务的来源。商标的指示性使用，主观上或者客观上就是让商品与其生产者建立一一对应关系。这一功能的价值定位是对于商标的尊重，也是对商标背后苦心经营的个体的尊重。

4. 指示效果的必要性

如前文论述的商标指示性使用是客观的需要，在论述必要性时，有必要从其他的维度进行探讨，即指示效果的必要性。在指示性使用时，权利主体既要保障消费者的知情权不会受到侵害，又不能让消费者认为是被指示使用商标权利主体的产品即使用不得暗示其与原告存在赞助或许可关系。如何能满足这一条件仍旧要回到消费者本身，以消费者的认知为判断依据。

如何认定？笔者认为商标的指示性使用必须符合商业惯例。商业惯例的认定应该立足于被指示性使用商标的本身，即被指示使用的商标的样式、大小以及张贴的位置。在其他学者论述商标的指示性使用判断的构成要件时包含不引起混淆这一要件，笔者认为该要件包含在必要性之中，如果引起了误认或者混淆就是违背了必要性这一要件。在《最高人民法院关于审理商标民事纠纷案件若干问题的解答》中所列举的要件：不作为商标使用，[1] 使用只是为了说明或描述自己的商品或服务，都是必要性的应有之义。如果使用人将指示商标作为自己的商标使用，显然不符合指示性作用的要求，超出了指示的范围。指示性使用只是为了说明或者描述自己的商品或服务。

结　语

在论述商标指示性使用的必要性及其正当性的法理基础之上，结合学界以及司法实务界曾做出标准化的努力，笔者提出判断商标指示性使用的构成要件有二：（1）出于善意的使用；（2）使用的必要性。二者从主客观方面对使用者提出要求，二者是紧密相连，缺一不可的。任何在构成要件建构上的松懈势必会不正当地扩大指示性使用的外延，破坏法律的权威，违背私权神圣的正义观念。

---

[1] 具体参见《最高人民法院关于审理商标民事纠纷案件适用法律若干问题的解释》第1条第2项：复制、摹仿、翻译他人注册的驰名商标或其主要部分在不相同或者不相类似商品上作为商标使用，误导公众，致使该驰名商标注册人的利益可能受到损害的；第2条：据商标法第十三条第一款的规定，复制、摹仿、翻译他人未在中国注册的驰名商标或其主要部分，在相同或者类似商品上作为商标使用，容易导致混淆的，应当承担停止侵害的民事法律责任。其明确指出了将他人的商标作为自己的商标使用是侵权成立的基本前提。

从商标指示性使用判定的三要素到实务中提出的四要件再到笔者提出的主客观二元判定方法，其实都是为了更好地区别商标的指示性使用。笔者提出的构成要件希望可以给司法实务中的操作提供一定的借鉴，为商标的指示性使用判断标准统一化作出一定的努力。

商标侵权惩罚性赔偿司法适用问题研究

王　珏*

内容提要　惩罚性赔偿制度通过使侵权人承担补偿性损害赔偿数额1~3倍的赔偿责任，充分弥补了权利人的损失，加大了对侵权行为的惩罚力度，该制度对加强商标权保护有着积极作用。惩罚性赔偿制度实施已五年有余，通过对相关司法案例的收集分析发现，实践中权利人提请法院适用惩罚性赔偿的案件在商标侵权案件中占少数，而最终成功适用惩罚性赔偿的案件更少，这意味着商标侵权惩罚性赔偿制度并未达到预期效果。相关案例中反映出惩罚性赔偿制度适用难的原因主要是适用条件不明确、赔偿数额难以确定，对此可以从明确惩罚性赔偿制度的适用条件以及建立符合市场规律和满足权利保护要求的损害赔偿计算体系这两方面来完善惩罚性赔偿制度。

关键词　商标侵权；惩罚性赔偿；适用条件；赔偿数额

一、商标侵权惩罚性赔偿司法适用的现状

惩罚性赔偿制度正式实施五年有余，探究其司法适用状况不仅是检验移植的惩罚性赔偿制度是否符合中国实际情况的重要手段，更有利于反映该制度设计上的缺陷，从而通过解决该制度暴露出的问题优化制度设计。在中国

* 王珏，南京理工大学知识产权学院研究生。

裁判文书网以及无讼这两大案例检索平台上，以“惩罚性赔偿”为关键词，“侵害商标权纠纷”为案由的判决书进行搜索，对搜索所得案例进行整合排除重复案例后，结果显示截至2018年10月8日，符合条件的案件有49件。

1. 请求惩罚性赔偿的案件少

依照民事案件审理中的不告不理原则，在原告未提出惩罚性赔偿要求的情形下，法院不得主动判决被告承担惩罚性赔偿责任。案件整理过程中，排除了厦门雅瑞光学有限公司与宋跃侵害商标权纠纷一案，[1] 因为该案中原告没有主张惩罚性赔偿，而法官在裁判时超越职权范围自行对被告施加惩罚性赔偿，这显然违背了不告不理原则，故将该案件排除。

在中国裁判文书网中以“侵害商标权纠纷”为案由，案件检索起始时间限定在2014年5月1日即商标法修订后正式实施之日，检索结果表明截至2018年10月8日商标侵权案件共有80 731件，但其中仅有49件案例中原告向法院提出适用惩罚性赔偿。该组数据对比表明较少的权利人提起惩罚性赔偿，这也就意味着惩罚性赔偿制度并没有能够充分实现从法律条文向司法适用的转变，没有充分实现其预设的目的和功能。

通说认为惩罚性赔偿制度有弥补、惩戒、遏制功能：惩戒作用针对的是侵权人，通过使其承担数倍于权利人实际损失的赔偿责任，增加侵权人实施不法行为的成本从而预防其再次实施侵权行为；遏制作用针对的是潜在的侵权行为者，惩罚性赔偿的适用结果有预防其实施类似侵权行为的警示意义；弥补作用针对的是被侵权人，知识产权无形性特征使得权利人所遭受的损失往往难以计量，在此情形下，以填平原则为基础的补偿性损害赔偿难以实现对权利人损失的弥补，而惩罚性赔偿在一定程度上可以实现对权利人的充分补偿。[2] 按照常理来说，惩罚性赔偿应当有激励权利人提起诉讼，积极维护自己利益的效果，因为权利人可以获得数倍于自身损失的赔偿，这会提升权利人参与诉讼维护自身权利的积极性，但实践情况恰与此相反，被侵权人适用惩罚性赔偿的积极性并不高，这明显是与惩罚性赔偿制度预设的目标不一

[1] 惠州市惠城区人民法院（2014）惠城法民三初字第200号民事判决书。

[2] 夏友军．我国侵权法上完全赔偿原则的证立与实现［J］．环球法律评论，2015（2）．

致的。

2. 适用惩罚性赔偿的案件少

通过对案例判决书的分析发现，49 个案件中只有 2 个案例适用《商标法》第 63 条关于商标侵权惩罚性赔偿的规定，换言之，法院支持原告惩罚性赔偿诉请的案件数量相当之少。❶ 原告是否提出适用惩罚性赔偿的诉请是其对自身权利处分的结果，而在原告提出惩罚性赔偿要求的情形下，成功适用惩罚性赔偿的概率却如此之低，这不免令人怀疑该制度在设计上存在缺陷而使得相关条款适用困难，因此有必要对法院决定不适用惩罚性赔偿的理由进行梳理分析。

通过对 47 个法官不支持权利人惩罚性赔偿诉求案件的梳理分析，可以归纳出三种导致惩罚性赔偿不能适用的理由。（1）损害赔偿数额难以确定。42 个不适用惩罚性赔偿案件的法官在进行说理所阐明的理由都是因为侵权赔偿数额难以确定。❷（2）原告未能证明被告主观恶意或者情节严重。在科顺防水科技股份有限公司与张斌侵害商标权纠纷一案中，❸ 不适用惩罚性赔偿的原因是原告未能证明被告具有主观恶意，且被告行为客观上未造成严重后果。（3）被告未侵犯商标权。惩罚性赔偿适用的前提是商标侵权行为的存在，若被告本身不存在侵犯原告商标权的行为，自然无须承担赔偿责任。因为第三种理由并未涉及惩罚性赔偿的具体适用问题，故根据法院不适用惩罚性赔偿的前两种理由初步得出结论：惩罚性赔偿存在适用条件可操作性不强、赔偿数额难确定等问题。

---

❶ 北京高级人民法院（2017）京民终 413 号民事判决书、北京知识产权法院（2016）京 73 民初 93 号民事判决书。

❷ 法官对不适用惩罚性赔偿的理由阐述为“本案中尚无法确定涉案侵权行为造成的实际损失、实际获利或者涉案权利商标的许可使用费，因此，本案中适用惩罚性赔偿的前提条件尚不具备”，“原告未能举证证明其因侵权行为所遭受的具体损失，亦未能提供侵权获利的证据或者注册商标许可适用费”。

❸ 江苏省泰州市中级人民法院（2016）苏 12 民终 1408 号民事判决书。

二、商标侵权惩罚性赔偿司法适用的困境

在商标侵权领域引入惩罚性赔偿制度存在诸多价值，如充分弥补权利人损失，提高侵权人侵权成本，遏制侵权行为发生等。司法适用现状却偏离了制度的预设目标，对实践进行分析寻找偏离原因是矫正偏离的有效路径。

（一）惩罚性赔偿适用条件可操作性不强

1. 主观恶意认定模糊

在我国的民事立法中一般采用故意和过失来评价侵权人的主观状态，但在商标侵权惩罚性赔偿中，立法者使用了“恶意”一词。在实践中，由于没有具体的司法解释和相应的指导性案例可供参考，此时就需要法官自行对恶意的含义进行明确并结合案情对侵权人行为的主观状态进行判断，[1] 这必然会导致实践中同案不同判状况的发生。

通过对检索所得案件的分析，可以归纳出法院认为侵权人行为构成恶意的两种主要情形，一种是在迪尔公司等与约翰迪尔（北京）农业机械有限公司等侵害商标权纠纷案中体现的侵权人明知他人的注册商标仍实施侵权行为。[2] 另一种情形是在“FILA”商标侵权纠纷案中根据公示原则，推定侵权人应当知道已由商标管理部门公示的注册商标的存在，在此前提下认定侵权

---

[1] 钱玉文，李安琪．论商标法中惩罚性赔偿制度的适用——以《商标法》第63条为中心［J］．知识产权，2016（9）．

[2] 北京知识产权法院（2016）京73民初93号民事判决书。法官在判决书中对恶意进行释明时写道：“此处所称恶意应当仅限于明知而故意为之”，“约翰迪尔北京公司、约翰迪尔丹东公司及兰西佳联迪尔公司在多个省市、通过多种渠道、利用多种手段，并且在工商行政部门已经查处的情况下继续从事侵犯涉案商标专用权的行为，属于明知，其侵权情节已达到恶意程度”。

人主观上存在恶意。[1]

司法实践中主要是依赖一些具体情节来推测侵权人存在主观恶意，相对而言，侵权人明知他人注册商标仍实施侵权行为被认定为恶意侵权的情形更为多见。除上述所列举的侵权人在已经收到相关处罚的情形下，继续侵害同一权利人的情形外，常见的被认定为恶意侵权的情形还有故意攀附驰名商标，[2] 侵权人与权利人存在许可、代理等关系。[3]

对于恶意侵权的判断，我国目前尚无统一明确的标准，司法实践中对“恶意”的模糊界定不利于法律的安定性，使得司法实践中一般商标侵权案件适用了惩罚性赔偿，而且对那些本可以适用的案件也以不具有主观恶意为由而不予适用。[4] 因此，明确恶意侵犯知识产权中“恶意”的判定标准是解决商标侵权惩罚性赔偿适用困难的重要环节。

2. 情节严重认定模糊

惩罚性赔偿的适用，除了要满足侵权人恶意这一条件之外，还要求情节达到严重程度，主观状态的恶意是适用惩罚性赔偿的前提，而侵权行为的严重程度则是在确定具体数额时需考虑的要素。[5]

“情节严重”一词较多地运用于行政责任以及刑事责任的认定中，商标法将情节严重引入民事责任的认定中，在侵权人的主观状态是恶意的情形下，情节的严重程度决定了惩罚性赔偿的具体数额，但对于何种情节构成严

---

[1] 北京知识产权法院（2017）京 73 民终 1991 号民事判决书。法官对于恶意的理解则为应知，“商标受让人在受让时能够了解该商标的申请情况，受让后能够通过公开渠道查询到该商标的申请注册流程，其作为商标权人应当知晓该商标在申请注册时的情形，商标局早在 2010 年 7 月 19 日就以第 7682295 号“GFLA”商标与第 G691003A 号“FILA”商标近似为由，驳回了第 7682295 号“GFLA”商标的注册申请，在此情况下三方仍然继续生产和销售侵权商品，主观恶意明显”。

[2] 辽宁省沈阳市中级人民法院（2015）沈中民四初字第 105 号民事判决书。

[3] 上海市闵行区人民法院（2015）闵民三（知）初第 164 号民事判决书。

[4] 赵丽莉，单婷婷．商标侵权惩罚性赔偿制度适用研究［J］．新疆财经大学学报，2017（4）．

[5] 袁秀挺．知识产权惩罚性赔偿制度的司法适用［J］．知识产权，2015（7）．

重，商标法并未明确，这就导致情节严重的适用和恶意一样模糊不清，进而影响惩罚性赔偿的适用。在迪尔公司等与约翰迪尔（北京）农业机械有限公司等侵害商标权纠纷案，法院从侵权行为方式、侵权行为次数、侵权范围和侵权行为影响等角度来判断侵权人行为是否达到情节严重程度。[1] 还有的案件中，考虑到了侵权人的客观偿付能力和主观认错态度。[2]

适用惩罚性赔偿制度需要考量侵权人的行为是否满足相应的构成要件，即对主观恶意和客观情节严重进行充分考量，恶意与情节严重本身含义不明确，且相关法律并没有明确相应的判断规则，这就为惩罚性赔偿的适用造成障碍，也导致实践中出现同案不同判的情形，影响法律的安定性。

（二）商标侵权惩罚性赔偿数额难以确定

1. 商标侵权惩罚性赔偿数额计算顺序规定不合理

正如之前案件分析所得结果，绝大多数的案件都因赔偿数额难以确定而最终无法适用惩罚性赔偿。权利人提请法院对侵权人施加惩罚性赔偿的目的在于获得充分补偿，故惩罚性赔偿数额的确定是惩罚性赔偿制度适用的关键。[3] 我国采用的损害赔偿数额计算方式与大多数国家相同，不同之处在于我国还规定了三种损害赔偿数额计算方式的使用顺序，只有在无法通过前一种计算方式获得具体损害赔偿数额的情形下，才能使用下一种损害赔偿数额计算方式，损害赔偿数额计算方式使用顺序的限制在一定程度上也影响了惩罚性赔偿的适用。

损害赔偿数额计算顺位的规定意味着权利人应当按照计算顺位去收集相

---

[1] “约翰迪尔北京公司、约翰迪尔丹东公司及兰西佳联迪尔公司实施的被诉侵权行为方式多样，不仅在相同或类似商品上使用涉案商标，通过域名、企业名称等方式使用涉案商标，还通过注册商标的方式复制、摹仿、翻译驰名商标，同时，涉及的侵权商标众多，且在商标侵权的同时实施了多种不正当竞争行为，属于商标、不正当竞争全方位侵权，特别是在行政处罚后依然继续实施涉案侵权行为，侵权情节严重”。

[2] 广东省高级人民法院（2016）粤民终 64 号民事判决书。

[3] 黄娅琴．惩罚性赔偿研究：国家制定法和民族习惯法双重视角下的考察［M］．北京：法律出版社，2016：172.

关的证据，而自己的证据能否支撑诉求，必须经过庭审质证、认证、辩论后，方可知晓。❶ 如果权利人不能就某一损害赔偿数额计算方法所需数据适用提供相应的证明材料，则该损害赔偿数额计算方法便无法适用，权利人便需根据下一种损害赔偿数额计算方式重新收集证据，这极大地增加了权利人的诉累，也造成司法效率的降低。❷ 此外，权利人还可能因举证不能而承担赔偿不能的不利后果。

诉权是为保障民事主体权利而设定的救济性权利，权利主体享有处分自身权利的自由，商标权人也应享有选择适用何种损害赔偿数额计算方式的自由。❸ 损害赔偿数额计算顺位的规定，使得权利人需要花费大量的时间和精力就三种损害赔偿数额计算方式收集证据，以上三种损害赔偿数额计算方式本身存在难以举证的问题，计算顺位的规定进一步加重了权利人的诉累和举证难度。赋予权利人损害赔偿计算方式选择权不仅是对权利人诉权的尊重，还可以使得权利人集中时间、精力就某一方面进行证据收集，在一定程度上可以增加惩罚性赔偿适用的成功率。

2. 商标侵权惩罚性赔偿数额计算举证困难

实践中导致惩罚性赔偿适用率低的重要原因之一就是损害赔偿数额举证困难。虽然《最高人民法院关于审理商标民事纠纷案件适用法律若干问题的解释》第 15 条对相关数额的计算通过销售额等数据予以量化，但是举证难度并未因此下降。具体而言，权利人所遭受的损失包括直接损失和间接损失两部分。权利人遭受的直接损失主要表现为产品销售量减少，商品销量的变化原因是多样的，如该款商品替代品的出现、消费群体的变化甚至是季节都有可能会影响商品的销售，因此区分因和非因侵权行为导致的商品销量的减少难度较大；间接损失需要权利人证明其可获得的预期利益，但知识产权的

---

❶ 夏芬，叶薛之．以完善司法证据制度为视角谈商标侵权损害赔偿问题［J］．中华商标，2015（6）．

❷ 孙那．我国新《商标法》背景下商标侵权案件损害赔偿的司法适用［J］．科技与法律，2014（5）．

❸ 徐聪颖．制度的迷失与重构——对我国商标权惩罚性赔偿机制的反思［J］．知识产权，2015（12）．

无形性特点极大地增加了证明难度。

就侵权人获利举证而言，侵权产品的实际销售数量、销售单价等均由侵权人掌握，侵权人为逃避法律的制裁，往往会销毁或将相关侵权证据篡改，❶因此，完整真实的账簿是难以获得的，这就为权利人举证带来了困难。而许可费的计算需要以真实的许可费为基础，但商标申请量大、使用率低是我国商标市场一大现状，这也意味着被侵权的商标可能并未许可他人使用。此外，商标许可存在独占许可、排他许可等多种模式，不同模式下商标的许可费用存在较大差异，在同一商标以多种方式许可给他人使用的情形下，商标许可使用费用难以得出具体数值，这些情形都增加了商标许可使用费作为损害赔偿计算依据的难度。❷此外，法院通常会对原告方主张的许可使用费的合理性产生怀疑，进而排除对该种赔偿方法的适用。商标侵权损害数额难以确定直接限制了惩罚性赔偿的适用，使得惩罚性赔偿的功能难以发挥。

三、商标侵权惩罚性赔偿司法适用困境的解决措施

（一）明确惩罚性赔偿制度的适用条件

1. 明确主观恶意的判断规则

我国商标法对于损害赔偿责任的认定采用了过错责任原则，惩罚性赔偿制度的适用要求侵权人主观存在恶意，我国民事法律中很少使用“恶意”一词，对于商标侵权惩罚性赔偿构成要件中恶意的具体含义，有学者认为，恶意与故意都表明行为人存在明知不应为而为的主观状态，而恶意的不良程度更大，即恶意应当是相比较于故意而言更具有可责性的主观心态，其过错程

❶ 刘小鹏．从新百伦案看我国商标侵权赔偿原则的司法适用［J］．知识产权，2015（10）．

❷ 陈晓艳，程春华．商标侵权民事责任承担的举证责任分配及证明要求——以新商标法的规定为考察范围［J］．知识产权，2014（10）．

度也重于故意，[1] 还有学者认为恶意应当与故意同义。[2] 但仅从语义上来看，恶意与故意相比，更加强调侵权人行为的不良用意以及对结果的积极追求，且与惩罚性赔偿中的惩罚功能相对应，惩罚性赔偿的适用条件与一般侵权行为适用条件相比，应更加严格。[3]

对于恶意可以根据具体案件的实际情况予以判定，具体而言可以考量以下情形：（1）侵权人存在重复侵权行为，侵权人在因侵犯权利人的商标专用权而承担过相应责任的情形下再次侵犯他人商标权。（2）侵权人是否有可能接触到权利人产品，如侵权人与商标权人签订过代理、许可等合同。（3）侵权行为发生时，被侵权商标属于驰名、知名商标；驰名、知名商标具有较高的显著性和识别性，此类侵权行为的侵权人明显有假借驰名、知名商标的市场价值谋取不正当利益的意图。

2. 明确情节严重的判断规则

侵权行为是否达到严重程度影响着惩罚性赔偿是否适用以及赔偿数额的高低，因此有必要明确情节严重的判断规则。为保持法律一致性，可以参考著作权法和专利法相关规定作为情节严重的判断标准。[4] 著作权法修订草案采取了两次以上故意侵权的规定，而专利法修正案则采用列举的方式列明了惩罚性赔偿适用的考量因素，相比而言，专利法修正案所列举的考量因素值得在商标侵权情节严重判定中予以借鉴。

对于情节严重的判定以下因素可以作为参考：（1）侵权行为类型；（2）侵权行为所发生的次数；（3）侵权规模的大小；（4）权利人遭受损失的严重性；（5）侵权行为有无对市场秩序或公众利益造成重大不利影响等。侵权后果越严重，侵权行为的恶性程度越大，侵权人所应承担的惩罚性赔偿金额也就越高。

---

[1] 曹新明．知识产权侵权惩罚性赔偿责任探析［J］．知识产权，2013（4）．

[2] 侯凤坤．新《商标法》惩罚性赔偿制度适用情形研究［J］．知识产权，2015（10）．

[3] 袁博．商标侵权惩罚性赔偿现状的分析与出路［J］．中华商标，2016（9）．

[4] 钱玉文，李安琪．论商标法中惩罚性赔偿的适用——以《商标法》第63条为中心［J］．知识产权，2016（9）．

（二）完善商标侵权惩罚性赔偿数额计算体系

1. 取消商标侵权惩罚性赔偿数额计算顺位限制

惩罚性赔偿的功能之一在于弥补权利人因侵权行为遭受的损失，多种损害赔偿数额计算方式的设置是必要的，但是否有必要通过法律规定的方式预设各种计算方式的适用顺序是值得商榷的。

商标权人充分掌握着商标的价值、市场环境、产品销售量等信息，故权利人对采用何种损害赔偿计算方式更能反映自身所遭受损失以及各种损害赔偿举证能力也是最为了解的，计算方式顺序的限制剥夺了权利人的选择权，不利于权利人采取最有利的方式保护自身权益。

故取消惩罚性赔偿数额计算顺位的限制不仅符合世界知识产权立法的趋势，而且是对权利人处分自身民事权利行为的尊重，更有利于保障权利人合法权益。

2. 完善商标侵权惩罚性赔偿举证制度

（1）完善专家辅助人制度。就商标侵权损害赔偿数额的确定而言，权利人对于市场信息以及其他相关信息的掌握及收集能力肯定不及专业的调查评估机构，我国《民事诉讼法》第 79 条规定当事人在案件审理过程中可以申请有专门知识的人出庭，这些专业机构的人员能够得出更为准确的符合市场价值规律的损失数额，这些赔偿数额对于法院而言也更具有参考价值。

（2）建立证据披露制度。完善的程序法对于保障当事人的合法权益，实现实体公正有着重要意义。权利人损失难以举证不仅阻碍惩罚性赔偿制度的适用，而且对于商标权人的合法权益也难以保障。尤其是在举证证明侵权人获利时，侵权人相应的记载销售数额等相关信息的账簿等都由侵权人掌握，在此情形下，权利人的证明能力受到了限制。[1] 证据披露制度要求被请求方必须披露相关证据材料，不得隐瞒。除了诉讼参与人外，第三人如果掌握了

---

[1] 徐春建，刘思彬，张学军．知识产权损害赔偿的证据规则［J］．人民司法，2012（17）．

与侵权赔偿额认定相关的证据材料，如商品市场份额、商品利润额等，也有披露的义务。这就为权利人的举证提供了便利。若被申请人无正当理由拒不提供或者故意损毁、灭失相关证据时，可以对被申请人进行处罚，如果被申请人是被告时，则推定申请人的相应主张成立。

后　记

本书是在整理和编辑参加“知识产权与高质量发展”知识产权学术研讨会的青年知识产权人提交的论文的基础上形成的，是专门就经济高质量发展的相关知识产权问题进行深入探讨而形成的系列作品，凝聚了主编和25位作者的共同劳动。

本书的成果得以面世，首先要感谢组织和承办“知识产权与高质量发展”知识产权学术研讨会的南京理工大学、南京理工大学知识产权学院、江苏省知识产权发展研究中心、江苏省知识产权思想库、江苏省版权研究中心、知识产权与区域发展协同创新中心以及南京理工大学国防知识产权研究中心，它们的精心工作为优秀成果的集聚和思想火花的迸发提供了较好的平台和适宜的环境。

本书收录的作品得以展现，要诚挚地感谢为参会论文进行评阅的多位全国知名知识产权专家，他们的精心遴选对于提高出版成果的质量发挥了重要作用。同时，感谢南京理工大学的钱建平书记、梅术文老师、锁福涛老师、曹佳音老师、冯锋老师、敬彩霞老师、顾金霞老师、朱力影老师、崔宏达老师为研讨会的召开和本书出版所做的诸多基础工作，感谢张萌航同学、刘祎歆同学为本书的出版做了很多事务性工作。

本书的顺利出版还要感谢知识产权出版社给予的大力支持，特别是要感谢刘江编辑，他在本书出版的全过程中给予了高度专业的帮助和热情周到的服务。

本书是我们在2018年集中推出青年知识产权人成果努力的基础上所作的再一次尝试，我们相信这种持续性的工作可以有效激发青年知识产权人的创作活力，加快培育知识产权研究的新生力量，不断营造浓厚的知识产权学术氛围，使得更多的知识产权学人能够通过自己的研究成果推动经济的转型升级和创新发展，为知识产权强国建设和经济社会发展战略目标的实现贡献自己的力量。